Vertrauen. Macht. Wirtschaft.

Nicole Bogott · Branko Woischwill

Vertrauen. Macht. Wirtschaft.

Sicher führen in unsicheren Zeiten

Mit einem Geleitwort von Dagmar Wöhrl

Nicole Bogott
Wandlitz, Deutschland

Branko Woischwill
Berlin, Deutschland

ISBN 978-3-658-37399-3   ISBN 978-3-658-37400-6   (eBook)
https://doi.org/10.1007/978-3-658-37400-6

Die Deutsche Nationalbibliothek verzeichnet diese Publikation in der Deutschen Nationalbibliografie;
detaillierte bibliografische Daten sind im Internet über http://dnb.d-nb.de abrufbar.

Planung/Lektorat: Irene Buttkus
Springer Gabler ist ein Imprint der eingetragenen Gesellschaft Springer Fachmedien Wiesbaden GmbH und ist
ein Teil von Springer Nature.
Die Anschrift der Gesellschaft ist: Abraham-Lincoln-Str. 46, 65189 Wiesbaden, Germany

Vertrauen verbindet

Geleitwort

Dieses Buch ist mit einem Herzensprojekt von mir verbunden: In meiner gesamten Laufbahn war es mir stets ein Anliegen, die Bedeutsamkeit beruflicher Beziehungen und Menschlichkeit wirtschaftlicher Aktivität hervorzuheben. Deshalb ist eine fundierte Analyse von Vertrauen als Bindeglied zu Wirtschaft und Macht von elementarer Bedeutung.

Unabhängig davon, ob ich als Rechtsanwältin, Unternehmerin oder Bundestagsabgeordnete agiere, Vertrauen war stets der Schlüssel zum Erfolg. Als Investorin der Gründer-TV-Show „Die Höhle der Löwen" betone ich gern den Wert bzw. die Bedeutung, die von einem Familienunternehmen ausgeht. Warum? Weil es im Kern auch hier um Vertrauen geht. Doch was ist das Besondere bei Familienunternehmen, insbesondere als Wirtschaftsfaktor und hinsichtlich der Vertrauensthematik? Nun, in Familienunternehmen geht es oftmals effizienter mit der Erledigung von Arbeitsaufgaben voran, weil hier Eigeninitiative und offene Kommunikation an der Tagesordnung sind. Unzählige Instanzen ablaufen oder verschiedenste Formalitäten beachten, bevor eine Entscheidung getroffen werden kann? Das wird in familiär geprägten Firmen direkt und unkompliziert geklärt. Hierarchien werden erst gar nicht aufgebaut. Es gibt ein teilweise über viele Generationen gewachsenes Grundvertrauen, das natürlich die Arbeitsproduktivität positiv beeinflusst.

Zeitlos wichtige Prinzipien wie Integrität und Wahrheitstreue, die eine Vertrauenskultur ausmachen – all dies ist jedoch nicht nur in familiengeführten Firmen etablierbar. Vertrauensförderung kann in Familienunternehmen sowie sämtlichen anderen Firmen geschehen. Die Wirtschaft generell benötigt konkrete Kommunikationsstrukturen, um vertrauensvoll und zielorientiert zu agieren. Dieses Buch stellt beispielhaft eine Vielzahl solcher Strategien vor und leistet somit ohne Zweifel einen wertvollen Beitrag zur Steigerung von wirtschaftlichem Erfolg.

Ich wünsche allen Lesern und Leserinnen viele inspirierende Momente bei der Beschäftigung mit dieser überaus spannenden Lektüre.

Berlin   Dagmar Wöhrl
Februar 2022

Vorwort

„Wer einmal lügt, dem glaubt man nicht, auch wenn er mal die Wahrheit spricht." (Alte Volksweisheit)

Diese alte Volksweisheit signalisiert sowohl eine Angst als auch eine Sehnsucht, die wir innehaben: Die Angst, hinters Licht geführt zu werden und die Sehnsucht, vertrauen zu können. Sprichwörter können die tiefe Verankerung der Vertrauensthematik im Alltag sichtbar machen – auf vielfältige Art und Weise, z. B. durch Verhaltensregeln und Indizien für Vertrauenswürdigkeit. Aber auch abseits vom anfangs genannten Sprichwort kann sicher unstrittig festgehalten werden, dass die Vertrauensfrage Wirtschaft, Politik, Gesellschaft und Kultur in kontinuierlicher, allgegenwärtiger sowie bedeutsamer Weise prägt. Zentrale Fragen in diesem Buch lauten deshalb: Wie verhalten sich Führungskräfte vertrauenswürdig? Wie können sie Vertrauen aufbauen und strategisch eine Vertrauenskultur beeinflussen, um Machtverhältnisse im Sinne der Produktivitätssteigerung zu steuern? Am Anfang ausgewählter Abschnitte ist ein wahrscheinlich bekanntes Zitat aufgelistet. Dies ist zur Reflektion gedacht, um einen Denkanstoß zu geben: Stimmt das Zitat? Stimmt es zum Teil? Stimmt es für dieses Kapitel? Oder stimmt es nie?

Vertrauen ist eines der wertvollsten Elemente einer jeden Beziehung, wenn nicht das wertvollste Element, denn Vertrauen verbindet. Vertrauen ist der oft zitierte Klebstoff, der Beziehungen zusammenhält oder auch kitten kann. Dies gilt für alle Arten von Beziehungen – inklusive Geschäftsbeziehungen.

Das erste Wort, das mit Wirtschaft in Verbindung gebracht wird, ist vielleicht nicht unbedingt Beziehung, sondern wahrscheinlich eher das Wort Finanzen oder Geld. Doch in diesem Buch werden wir anschaulich darlegen, dass für eine florierende Wirtschaft vertrauensvolle Interaktionen elementar sind. **Ja, Vertrauen macht Wirtschaft.** Vertrauen beeinflusst, wie und ob wir in Beziehung treten, kooperieren und zusammenarbeiten. Geldfluss hängt mit unsäglich vielen individuellen Verbindungen und sozialen Verflechtungen zusammen. Somit ist Wirtschaft auch Beziehung(sarbeit).

Beziehungen sind davon geprägt, wie sich verschiedene Akteure zueinander verhalten, auch in der Wirtschaft. Doch wie gelingen diese Beziehungen? Dies ist eine der bewegendsten Fragen der Gegenwart, eine Zeit beeinflusst durch vielfältige

Ablenkungen und mannigfaltige Kommunikationswege. Beziehungen liegt immer ein Austausch zugrunde. Stets sind hierbei die Kommunikation und der jeweilige Kontext unerlässlich, um wirtschaftliche Projekte erfolgreich zu koordinieren.

Funktionierende Wirtschaftsbeziehungen basieren auf Vertrauen. Vertrauen ist gleichzeitig ein scheinbar unsichtbares und dadurch schwer zu greifendes Bindeglied für Beziehungen. Jedoch: Je erfolgreicher Vertrauenskommunikation gestaltet und mehr Vertrauen erfahren wird, umso größer wird die Wahrscheinlichkeit produktiver Zusammenarbeit und somit auch von wirtschaftlichem Erfolg. Doch eine soziale Beziehung ist immer eingebettet in einen situativen Kontext, der aus den vielfältigen Abhängigkeiten aller Akteure besteht und oft in komplexen Regelwerken und Richtlinien integriert ist. Kurz: den Machtverhältnissen. Vertrauen hat jedoch das Potenzial, Machtverhältnisse zu verschieben. Vertrauen verbindet. Es ermöglicht unter anderem die Verbindung zu den wichtigen Einflussfaktoren von Macht und Einfluss: Netzwerke, Ressourcen und Wissen. Durch Vertrauen kann das eigene Netzwerk erweitert werden. Durch Vertrauen werden Ressourcen mit einem geteilt. Durch Vertrauen kann Wissen erlangt werden. Vertrauen bestimmt die Richtung und den Erfolg von Beziehungen. Ohne Vertrauen kann weder der Mensch noch eine Gesellschaft existieren.

Machtvolle Akteure finden sich auf allen Ebenen: Sowohl Individuen, beispielsweise Mark Zuckerberg (Meta) oder Jeff Bezos (Amazon), also auch Unternehmen wie Tesla, Amazon, Meta, Netflix oder Google, sowie staatliche Behörden, die Rahmenbedingungen schaffen und umsetzen, können machtvoll sein. Egal auf welche Ebene geschaut wird, Macht ist ein wichtiges und zentrales Phänomen zur Umsetzung individueller und gemeinschaftlicher Ziele. Ob nun in der Wirtschaft, der Politik, der Kultur, der Wissenschaft oder generell in der Gesellschaft – Macht wird benötigt, um etwas zu bewegen, um Einfluss zu generieren und der eigenen Stimme Gehör zu verschaffen. Genau nach dieser Gestaltungsfreiheit streben zielorientierte Akteure. Hierbei ist Vertrauen ein zentrales Element.

In einer von vielfachen Unsicherheiten geprägten Welt kann die Vertrauensproblematik nicht genug betont werden (Block 2019). Wenn wir Vertrauen als Konzept nicht verstehen, können wir auch betrügerische oder missbräuchliche Situationen nicht deuten, nicht richtig mit ihnen umgehen. Das Gefühl, die Kontrolle zu verlieren, schürt bei vielen Angst. Angst kann das Urteilsvermögen paralysieren, den Handlungsspielraum einschränken und Kommunikation blockieren. In der Folge ist die Zusammenarbeit in Arbeitsteams beeinträchtigt. Wirtschaftliche Entwicklungen kommen nicht wirklich voran, wenn Angst der prägende Einflussfaktor ist. Stagnation ist die Folge. Für wirtschaftliche Aktivität ist solch eine Stagnation Gift. Vertrauensvoll orientierte Beziehungen sind elementar, um wichtige Handlungsspielräume zu erkennen und zu nutzen.

Dieses Buch vermittelt schrittweise Orientierung, die es ermöglicht, wirtschaftliche Herausforderungen mit einer Vertrauenskultur zu begegnen, um Ziele besser zu erreichen und Einfluss zu generieren. Hierbei ist zu beachten: Hundertprozentige Sicherheit ist eine Illusion. Vertrauen beinhaltet stets auch die Option, dass Vertrauen enttäuscht werden kann. Oder anders formuliert: Wenn es eine hundertprozentige Sicherheit geben würde, dann wäre das Konzept Vertrauen gar nicht mehr notwendig.

Halten wir fest: Vertrauen ist das Element, welches wirtschaftliche Aktivität und Innovationen möglich machen kann, da es ein elementarer Aspekt für jede Art von Beziehung ist und somit auch für die Wirtschaft unentbehrlich ist.

Nicole Bogott
Branko Woischwill

Literatur

Block D (2019) Post-truth and political discourse. Palgrave Pivot, Cham

Die Interviewpartner:innen

Georg Adlmaier-Herbst

Prof. Dr. D. Georg Adlmaier-Herbst leitet als Honorarprofessor die Forschungsstelle „Berliner Management Modell für die Digitalisierung (BMM)" am Berlin Career College der Universität der Künste Berlin. Er ist Modulverantwortlicher für mehrere Executive-Lehrgänge an der Universität St. Gallen (Schweiz). 2011 wurde er von der Zeitschrift „Unikum Beruf" zum „Professor des Jahres" gewählt. Im April 2019 erhielt er den PRO PR Awards Committee für sein Lebenswerk und den besonderen Beitrag für die Entwicklung der Public Relations (PR). Herbst hat über 25 Bücher über Marketing und Unternehmenskommunikation geschrieben.

Jenan Mouhamed Ali

Jenan Mouhamed Ali ist Nachhaltigkeitsexpertin mit langjähriger Praxiserfahrung im FMCG-Sektor sowie als Dozentin für Nachhaltigkeits- und Stakeholdermanagement tätig. Als Senior Manager Sustainability bei Coca-Cola Europacific Partners Deutschland GmbH verantwortet sie unter anderem das Nachhaltigkeits reporting und die Partnerschaften mit NGOs für das deutsche Coca-Cola-Geschäft. Nach einer Ausbildung zur Werbekauffrau arbeitete sie als Kundenberaterin im Marketing für verschiedene Agenturen, bevor sie Gesellschafts- und Wirtschaftskommunikation (Universität der Künste) sowie Nachhaltigkeits- und Qualitätsmanagement (Hochschule für Wirtschaft und Recht) studierte.

Frauke Austermann

Frauke Austermann ist Expertin für Internationale Beziehungen, HR und Organisationsentwicklung; Letzteres mit den Schwerpunkten People Analytics, Prozessoptimierung und Agile Transformation. Vertrauen ist der Schlüsselfaktor für erfolgreiche Agile Transformation – ein Thema, das Start-ups und Großkonzerne gleichermaßen beschäftigt. Frauke Austermann hat viele Jahre praktische Erfahrung in leitenden Funktionen in internationalen Organisationen – von Start-up über KMU bis Großkonzern; sowie verschiedenen Branchen und Industrien, darunter Konsumgüter/Chemie, Automobil, Journalismus, Politik und Hochschulbildung/Forschung. Sie wurde an der Freien

Universität Berlin in Politikwissenschaften promoviert und studierte Internationale Arbeitsbeziehungen, HR Management und Europastudien an der London School of Economics, der Sciences Po Paris, der Renmin University of China sowie der Maastricht University. Sie ist Autorin zahlreicher wissenschaftlicher Publikationen.

Frank Behrendt

Nach der Ausbildung an der Deutschen Journalistenschule startete Frank Behrendt bei Henkel seine Karriere. Es folgten Stationen bei Stein Promotions, Universal Music und RTL. Anschließend war er CEO der PR-Agentur KetchumPleon und Vorstand bei fischerAppelt. Seit 2017 ist er als Senior Advisor bei der Agenturgruppe Serviceplan tätig. Mit seinem Bestseller „Liebe dein Leben und NICHT deinen Job" wurde er auch außerhalb der Kommunikationsbranche bekannt. Sein neues Buch trägt den Titel: „Von Kindern lernen". Es zeigt auf, wie uns kindliche Perspektiven gelassener, glücklicher und erfolgreicher machen. 2017 wurde Frank Behrendt von der Deutschen Public Relations Gesellschaft als „PR-Kopf des Jahres" ausgezeichnet.

Thomas Borchert

Thomas Borchert ist Diplom-Volkswirt und kann auf eine Berufserfahrung im Kapitalmarktgeschäft von über 25 Jahren zurückblicken. 1991 bis 1995 studierte er Volkswirtschaftslehre an der Freien Universität Berlin mit den Schwerpunkten Banking & Finance und Kapitalmarkttheorie. In seiner Diplomarbeit befasste er sich mit entscheidungstheoretischen Ansätzen zu Vermögensentscheidungen unter Unsicherheit und Modellen zur Risikobewertung. 1995 bis 2004 war er als Portfoliomanager einer Kapitalverwaltungsgesellschaft tätig und für die Entwicklung von finanzanalytischen Modellen und Portfoliooptimierungsmodellen sowie das Management einzelner Aktienfonds verantwortlich. Berufsbegleitend erwarb er die Qualifikation des „Investmentanalyst/DVFA – Certified EFFAS Financial Analyst". 2004 baute er das Risikomanagement der Gesellschaft auf und war bis Ende 2019 als Referent Risikocontrolling tätig. Seit 2020 ist er als Risikocontroller in der Gesamtbanksteuerung einer öffentlichen Bank beschäftigt, wo er sich insbesondere mit der Modellierung von Marktrisiken und Gesamtbankstresstests befasst.

Sammar Essmat

Sammar leitet das Gender- and Private-Sector-Programm der IFC im Nahen Osten, in Zentralasien und in der Türkei (MCT). Sie leitet ein Team, das mit über einem Dutzend Kundenunternehmen in Ägypten, Marokko, Jordanien, Libanon, Irak und Pakistan zusammengearbeitet hat, um sie dabei zu unterstützen, mehr Frauen für ihre Belegschaft zu gewinnen und zu halten. Sie leitet auch die Mitimplementierung der ersten Mashreq Gender Facility der Weltbankgruppe in der Mashreq-Region und ihres Programms zur Förderung der wirtschaftlichen Teilhabe von Frauen im Libanon, im Irak und in Jordanien, wo ihr Team mit Wirtschaftsverbänden wie der American Chamber of Commerce in Egypt, Intaj in Jordanien und die libanesische Handels-,

Industrie- und Landwirtschaftskammer von Beirut und den Libanonberg (CCIA-BML) und die marokkanische CGEM Peer-Learning-Plattformen betreiben, die Unternehmen zusammenbringen, um Wissen über bewährte Verfahren bei der Schaffung flexiblerer und integrativer Arbeitsplätze auszutauschen. Sie war Global Gender Specialist for Investment Climate in der IFC und vor ihrer Tätigkeit bei der IFC leitete Sammar die Abteilung Handel und Investitionen der Deutsch-Arabischen Industrie- und Handelskammer. Sie hat einen M.Sc. in Organisationen des zivilen Sektors von der London School of Economics.

Timo Eßer

Timo Eßer ist promovierter Diplom-Kaufmann sowie zertifizierter Systemischer & Design Thinking Coach. Als Vertrauensexperte ist er unter dem Namen Eßer & Sohn als Berater, Coach und Sparringspartner in den Bereichen Leadership & Talent tätig. Zurzeit arbeitet er mit seinem Team im Bereich Supply Chain Management | People & Data Science im Rahmen des größten digitalen Transformationsprojektes in der Geschichte seines Arbeitgebers. Darüber hinaus ist er Lehrbeauftragter für Business Consulting & Digital Management an der FOM Hochschule für Oekonomie & Management in Düsseldorf. Im Rahmen seiner berufsbegleitenden Promotion im Bereich Arbeits- und Organisationspsychologie war er wissenschaftlicher Mitarbeiter am Wittener Institut für Familienunternehmen (WIFU) an der Universität Witten/Herdecke. Er hat an den Universitäten Köln und Witten/Herdecke sowie am Hasso-Plattner-Institut (HPI) in Potsdam studiert.

Stephanie Gattert

Stephanie Gattert ist ein fabelhaftes Beispiel des zweiten Bildungswegs. Nach zwei Berufsfachschulen und zwei examinierten Abschlüssen hatte ich das Gefühl, dass die Care-Arbeit nicht das richtige für mich ist und habe mich auf die Suche nach einer anderen Ausdrucksweise für mich gemacht. Privat und finanziell unabhängig konnte ich mir es damals leisten, mich neu zu orientieren und habe bei einer großen Agentur für Retail- und Merchandisingkonzepte durch einen Kontakt angeheuert. Relativ schnell hatte ich durch Internetrecherche und Networking zwei, drei Kunden*innen, eine Internetseite gebaut und zum 30. Geburtstag mir eine Weiterbildung „Fachwirtin für Visual Merchandising" quasi geschenkt. Mit 33 habe ich mich an der LMU für Philosophie & Soziologie eingeschrieben, aber nach zwei Semestern ernüchternd festgestellt, dass man nicht auf zwei Hochzeiten tanzen kann und mich exmatrikuliert. Seitdem bin ich mit tollen Projekten und unterschiedlichsten Anforderungen gerne selbständig.

Dominic Heinz

Dr. Dominic Heinz ist ein in Darmstadt von Arthur Benz promovierter Politikwissenschaftler und seit April 2021 DAAD Langzeitdozent an der Türkisch Deutschen Universität in Istanbul (Türkei). Zu Analysen der Schul-, Haushalts-, Rundfunkpolitik und Politikverflechtung konnte er sowohl in politikwissenschaftlichen Fachzeitschriften veröffentlichen, als auch Bücher und Buchbeiträge verfassen. Zuvor arbeitete er an den Universitäten in Lyon (Frankreich) und Cardiff (Vereinigtes Königreich) über Vertrauen und Transparenz in Mehrebenensystemen. Dazu erscheint mit Ian Stafford und Alistair Cole im Herbst 2021 das Buch „Analysing the Trust-Transparency Nexus" im britischen Verlag „Bristol University Press/Policy Press".

Jürgen Hesse

Diplom-Psychologe Jürgen Hesse leitete 25 Jahre lang als Geschäftsführer die Telefonseelsorge Berlin. 1992 gründete er das Büro für Berufsstrategie Hesse/Schrader. Zusammen mit Hans-Christian Schrader hat er über 200 Bücher zu Karriere- und Bewerbungsthemen veröffentlicht, die weltweit eine Auflage von ca. 8 Mio. erreicht haben.

Leo Hoffmann-Axthelm

Leo Hoffmann-Axthelm war von 2015 bis 2021 Koordinator der Eurozonen-Projekte von Transparency International in Brüssel und leitete zuletzt umfassende Studien zur Transparenz, Integrität und demokratischen Rechenschaftspflicht der drei zentralen EU-Institutionen: Kommission, Rat und Parlament. Gleichzeitig repräsentiert er die Internationale Kampagne zur Abschaffung von Atomwaffen (ICAN, Friedensnobelpreis 2017) gegenüber den EU- und NATO-Institutionen, deren deutsches Büro er 2013 gründete. Heute ist er wirtschafts- und finanzpolitischer Referent der Grünen Fraktion im Europäischen Parlament. Vor 2015 arbeitete er im Team des Generaldirektors der Generaldirektion Wirtschaft und Finanzen (ECFIN) der Europäischen Kommission sowie kurze Zeit als Abrüstungsattaché für die Ständige Vertretung der Republik Nauru bei den Vereinten Nationen in New York. Er studierte Internationale Beziehungen, Völkerrecht, Volkswirtschaftslehre, europäische Politik und Anthropologie in Berlin, Dresden, Buenos Aires und Brügge.

Beate Hüser

Seit über 20 Jahren arbeite ich in der digitalen Welt. Als Projektmanagerin und Consultant habe ich mit komplexen Datenbanken, Softwarelösungen, nativen Apps und Webseiten gearbeitet. Nach mehreren Stationen in verschiedenen Start-ups und Unternehmen genieße ich meine Selbstständigkeit als SEO-Expertin. Mit meinem technischen Hintergrundwissen ist es für mich der perfekte Schwerpunkt im Online-Marketing.

Hana Licina

Hana Licina studiert seit 2016 Fachjournalistik Geschichte und Geschichte an der Justus-Liebig-Universität Gießen. Neben ihrem Studium sammelte sie bereits zahlreiche berufliche Erfahrungen unter anderem als Radiomoderatorin und in der Marketingabteilung eines der weltweit erfolgreichsten Marken- und Designagenturen.

Jeremias Kettner

Dr. Jeremias Kettner ist Außenpolitikexperte und Wirtschaftsberater. Der Politikwissenschaftler schuf mit seinem Buch „Deutsche Außenpolitik gegenüber Katar von 1999 – 2014" das Standardwerk über die Beziehungen beider Ländern. Ein Buch über „Leadership und Public Diplomacy in Katar" erscheint demnächst bei Palgrave Macmillan. Von 2018 bis 2022 war Kettner stellvertretender Direktor des Arabischen Kulturhauses in Berlin. Sein Unternehmen Dr. Jeremias Kettner, The Bridge hat sich auf Market Intelligence, Business Diplomacy, Visibility & Impact, und Investitionsförderung spezialisiert. Er sitzt als zertifiziertes Aufsichtsratsmitglied in mehreren Auf- und Beiräten.

Christina Klein

Christina ist eine ehrenamtliche Helferin bei der Initiative Hanseatic Help. Hanseatic Help ist ein Verein, der Bedürftige mit Sachspenden versorgt. Im Laufe der Jahre hat sie verschiedene Aufgaben wie Fundraising, Kommunikation, Eventmanagement, Projektleitung und Strategieentwicklung übernommen. Ein weiterer Verein, den sie als Gründungsmitglied unterstützt, ist der Frauenmacht e. V. Sie ist Betriebswirtin und im Online-Marketing tätig, dort spezialisiert auf Recruiting und Events. Weiterhin ist Christina seit einigen Jahren selbstständig als Trainerin im Bereich Selbstentwicklung.

Miriam Marks

Miriam Marks studierte, nach ihrer Bankausbildung, nebenberuflich BWL und Jura an der Fachhochschule für Ökonomie und Management in Hamburg. Seit 21 Jahren arbeitet sie in Banken in der Marktfolge Kredit und betreut große Unternehmen bei vertraglichen und rechtlichen Fragestellungen der Kreditvergabe.

Guido Möllering

Prof. Dr. Guido Möllering promoviert 2003 in Cambridge und habilitiert 2011 an der Freien Universität Berlin, ist seit 2016 Direktor und Lehrstuhlinhaber am Reinhard-Mohn-Institut für Unternehmensführung an der Universität Witten/Herdecke. Zu seinen inhaltlichen Schwerpunkten zählen unter anderem: Kooperative Beziehungen, Netzwerk- und Allianzstrategien, Vertrauen in und zwischen Organisationen, Management von Offenheit und Transparenz, neue Führungs- und Arbeitsformen im digitalen Zeitalter sowie unternehmerische Verantwortung und Nachhaltigkeit. Guido Möllering hat in führenden Fachzeitschriften publiziert und ist unter anderem Autor des Buches Trust: Reason, Routine, Reflexivity (2006), Mitherausgeber des Handbook of Research Methods on Trust (2. Aufl., 2015) und Herausgeber des Journal of Trust Research.

Ana Maria Alvarez Monge

Costa-Ricanische Kommunikationsexpertin und Journalistin, spezialisiert auf Menschenrechte und Friedenspädagogik. An erster Stelle aber Unternehmerin mit Migrationshintergrund. Ana ist Gründerin und Geschäftsführerin des Sozialunternehmens Migration Hub Network gGmbH. Sie arbeitet als Coach und lehrt soziale Innovation und soziales Unternehmertum. Als Beraterin bringt sie sich in den Bereichen Migration, Flüchtlingsintegration und Kulturkompetenz ein. Unternehmern mit Migrationshintergrund steht sie als Mentor zur Seite. In den letzten zweieinhalb Jahren formte sie das Migration Hub Network zu einem kollaborativen Netzwerk für Sozialunternehmer und zu einer Plattform für Unternehmer mit Migrationshintergrund. Migration Hub Network wurde unter ihrer Führung als eines der 100 Wahrzeichen Deutschlands ausgezeichnet. Für die Förderung des sozialen Austauschs und die Integration von Migranten wurde das Unternehmen 2017 durch das Auswärtige Amt und das Deutsch-Israelische Zukunftsforum mit dem ersten Shimon-Peres-Preis ausgezeichnet. Sie ist Geschäftsführerin und Gründerin der Firma Migrapreneur.

Susana Moner
Marketing-Führungskraft mit 20 Jahren internationaler Berufserfahrung und leidenschaftliche Trainerin und Beraterin mit Fokus auf Innovation und interkulturelles Management. Diplom-Kommunikationswirtin durch die Universität der Künste Berlin und zertifizierte Kommunikations- und Business-Trainerin durch den Deutschen Berufsverband für Trainer, Berater und Coaches. Arbeitssprachen: Spanisch, Englisch, Deutsch, Italienisch und Französisch.

Robert Caspar Müller
Dr. Robert Caspar Müller, geb. 1978 in Frankfurt am Main, lebt und arbeitet in Berlin. Er forscht und unterrichtet an der Universität der Künste Berlin im Studiengang Gesellschafts- und Wirtschaftskommunikation und hat Lehraufträge an der Hochschule für Technik und Wirtschaft Berlin. Er ist zudem Mitgründer und Geschäftsführer des Instituts für Auftragskommunikation, einer Strategieberatung für Unternehmen und Institutionen.

Jack Nasher
Jack Nasher, geboren 1979, studierte und lehrte an der Oxford University und ist Professor an der Munich Business School und war in der Fakultät der Stanford University. Menschen lesen und überzeugen – das ist seine Expertise. Jack Nasher berät Unternehmen in Verhandlungsfragen und leitet das NASHER-Verhandlungsinstitut. Nasher gilt als einer der „führenden Verhandlungsberater der Welt" (FORBES) und „der Lügenpapst" (Süddeutsche Zeitung). Seine Bücher erschienen von China bis Russland. Er war zu Gast in über 100 Radio- und TV-Sendungen.

Katrin Redmann
Ihre beruflichen Stationen umfassen verschiedene Funktionen in Marketing, Vertrieb, Produktmanagement und Alliance Management. Ihr Schwerpunkt liegt in Innovation, Lifelong Learning, Nachhaltigkeit und Bildung. Sie ist Design Thinkerin, Intrapreneurin und Start-up-Mentorin mit Leidenschaft. Derzeit ist sie bei SAP verantwortlich für das Global Innovation Portfolio Scale von SAP NextGen & University Relations. Sie engagiert sich als SDG Ambassador für UN Global Goals, Global Digital Women, Women in Tech Africa, #WiDS Ambassador/Stanford, ideaseurope, Sigma Squared, UN

MUN, Social Impact lab, ESTIEM, EBAN, Falling Walls, WOL, 6degrees. Sie unterrichtet als Lehrbeauftragte Innovation und Digital Transformation an verschiedenen Hochschulen im In- und Ausland. 2020 schloss sie erfolgreich ihren Executive Leadership MBA an der Mannheim Business School ab. Seit 01.09.2022 führt sie ihre Karriere als Chief Operating Officer des SAP Labs Paris in Frankreich fort.

Stefan Rippler

Stefan Rippler ist Medienberater, Coach und Geschäftsführer der Rippler Media GmbH. Studium der Kommunikationswissenschaften, Medienpädagogik und Medieninformatik an der Universität Augsburg. 2007–2010 bei der Bauer Media Group in Hamburg und Madrid. 2010–2015 Geschäftsführender Redakteur der Computer Bild, danach Chefredakteur von DIY- und Wohnzeitschriften. Seit 2018 Medienberater, Dozent und Autor mehrerer Karriere-Fachbücher. Seine beruflichen Schwerpunkte: Digitale Transformation, Change-Management, Storytelling & Content.

Anna Roizman

Anna Roizman ist Expertin für Agilität und zukünftige Arbeitsmodelle. Nach dem erfolgreichen Diplom als Wirtschaftsmathematikerin am KIT war sie bei einem mittelständischen IT-Unternehmen als Test- und Qualitätsmanagerin sowie Scrum Master tätig. Seit 2017 begleitet sie bei Porsche die agile Transformation als Kulturbotschafterin sowie Mitglied von Agile@Porsche. In dieser unternehmensweiten Initiative coacht sie die internen sowie externen Teams und treibt insbesondere im Bereich Finanzen und IT die Themen agile Kompetenzen, Führung, Methoden, Mindset und Organisation.

Harald Wenzel

Harald Wenzel, Professor für die Soziologie Nordamerikas am John-F.-Kennedy-Institut der Freien Universität Berlin. Studium der Soziologie, Psychologie und Politischen Wissenschaft in Heidelberg und Philadelphia, John F. Kennedy-Fellow am Minda de Gunzburg Center der Harvard University. Forschungsschwerpunkte: soziologische Theorie, Medien, Religion, Katastrophen und „Visual Studies". Ausgewählte Monografien und Aufsatzsammlungen: George Herbert Mead zur Einführung (1990), Die Ordnung des Handelns. Talcott Parsons' Allgemeines Handlungssystem (1991), Die Amerikanisierung des Medienalltags (Hg., 1998), Die Abenteuer der Kommunikation. Echtzeitmedien und der Handlungsraum der Hochmoderne (2001), Different Germans – Many Germanies (Hg. Mit Konrad Jarausch und Karin Goihl, 2017).

Nils Wittke

Nils Wittke ist Inhaber von nwlconsulting, einer in Berlin ansässigen Unternehmensberatung, die sich auf die Beratung von nachhaltigem und ethischem Wirtschaften – für Umwelt Mensch und Unternehmen – spezialisiert hat. Er ist zertifizierter Auditor, Berater und Trainer der Gemeinwohl-Ökonomie und offizieller Schulungspartner des Deutschen Nachhaltigkeit-Kodex. Vor der Gründung von nwlconsulting war er sieben

Jahre als Umweltkoordinator für das Umweltmanagement von IKEA Deutschland verantwortlich und übernahm anschließend für mehr als drei Jahre die Verantwortung in der
Geschäftsleitung des Einrichtungshauses Halle/Leipzig. Nils Wittke studierte nach seiner
Ausbildung als Landschaftsgärtner und anschließender mehrjähriger Gesellentätigkeit an
der Universität mit dem Abschluss Dipl.-Ing. Landeskultur und Umweltschutz.

Inhaltsverzeichnis

Teil I   Vertrauen

1	**Ungewissheit als Standard**	3
	Literatur	5
2	**Institutionen im Wandel**	7
	2.1 Banken	8
	2.2 Expert:inneneinrichtungen	9
	2.3 Internationale Institutionen	9
	2.4 Justiz	10
	2.5 Medienanstalten	10
	2.6 Regierungen	11
	Literatur	12
3	**Bestandsaufnahme: Krisenstimmung**	15
	3.1 Brexit	15
	3.2 Corona-Pandemie	16
	3.3 Finanzkrise	16
	3.4 Klimakrise	17
	3.5 Krieg	17
	Literatur	18
4	**Krisenmanagement**	21
	4.1 Die Notwendigkeit von Krisenmanagement	22
	4.2 Zwischenfazit: Vertrauensbruch als Chance	23
	Literatur	25
5	**Vertrauen verstehen**	27
	Literatur	28

6   Vertrauen kommunizieren 31
   6.1   Element 1: Individualität der Interaktion 33
   6.2   Element 2: Mut zur riskanten Vorleistung 34
   6.3   Element 3: Die Situationsdefinition 35
   6.4   Element 4: Prozess-Relevanz................................ 35
   6.5   Element 5: Die Möglichkeit eines Projektabbruchs.............. 36
   Literatur... 37

7   Arten des Vertrauens 39
   7.1   Selbstvertrauen... 39
   7.2   Persönliches Vertrauen 41
   7.3   Systemvertrauen.. 42
   Literatur... 43

8   Ausblick: Vertrauen im Wandel...................................... 45
   8.1   Aufmerksamkeitsdefizite 45
   8.2   Geschwindigkeit.. 46
   8.3   Digitale Welten... 46
   8.4   Reflektion 47
   Literatur... 47

Teil II   Macht

9   Vertrauen und Führung 51
   9.1   Vertrauenskultur... 51
   9.2   Führungskräfte 54
   9.3   Kommunikation 56
        9.3.1   Klarheit................................... 56
        9.3.2   Transparenz 58
        9.3.3   Wahrheitstreue 60
   9.4   Prozess.. 62
   9.5   Teams... 64
        9.5.1   Humor 64
        9.5.2   Motivation 65
        9.5.3   Übereinstimmungsmechanismen.................. 66
        9.5.4   Zugehörigkeit.............................. 68
   Literatur... 69

10   Macht durch Vertrauen 71
   Literatur... 73

11   Das Power-Triangle®-Modell 75
   11.1   Der Zugang zur Macht...................................... 76
   11.2   Macht auf allen Ebenen 77

11.3   Die unsichtbare Macht   78
11.4   Die zwei Seiten der Macht   80
Literatur   81

12   Wirtschaftsfaktor Netzwerke   83
12.1   Kooperationspartnerschaften   84
12.2   Lobbyismus   84
12.3   Organisationsformen   85
12.4   Personalmanagement   86
12.5   Reputation   87
12.6   Synergieeffekte   87
12.7   Unternehmenskommunikation   88
12.8   Veranstaltungen   88
Literatur   89

13   Wirtschaftsfaktor Ressourcen   91
13.1   Budgets   91
13.2   Energiemanagement   92
13.3   Equipment   92
13.4   Standorte   93
Literatur   93

14   Wirtschaftsfaktor Wissen   95
14.1   Bildung   96
14.2   Expert:innenmeinungen   96
14.3   Informationen   96
14.4   Innovationen   96
14.5   Kreativität   97
14.6   Lernen   97
14.7   Trends   98
Literatur   98

Teil III   Wirtschaft

15   Vertrauen als Wirtschaftsfaktor   103
15.1   Entrepreneurship   103
15.2   Sozialunternehmertum   105
15.3   Intrapreneurship   106
15.4   Produktivität   106
15.5   Sozialkapital   108
15.6   Ethik und Moral   109
Literatur   111

16   Vertrauen in der Praxis 113
    16.1   Vertrauen und die Coronakrise – Interview mit Stephanie Gattert..... 113
    16.2   Vertrauensvolle Digitalität – Interview mit
            Georg Adlmaier-Herbst 117
    16.3   Vertrauen und Diversität – Interview mit Susana Perez Moner 119
    16.4   Vertrauen und Forschung – Interview mit Guido Möllering 120
    16.5   Vertrauensvolle Führung – Interview mit Katrin Redmann.......... 123
    16.6   Globales Vertrauen – Interview mit Sammar Essmat.............. 125
    16.7   Vertrauen als Gründungsfaktor – Interview mit Beate Hüser 127
    16.8   Interkulturelles Vertrauen – Interview mit Jeremias Kettner 129
    16.9   Vertrauen und Initiative – Interview mit Christina Klein............ 131
    16.10   Vertrauensvolle Kommunikation – Interview mit Frank Behrendt 133
    16.11   Vertrauen in Konzerne – Interview mit Jenan Mouhamed Ali........ 136
    16.12   Vertrauenswürdiges Management – Interview mit
            Frauke Austermann... 139
    16.13   Vertrauensvolle Digitale PR – Interview mit Stefan Rippler 143
    16.14   Vertrauen und Prinzipien – Interview mit Robert Caspar Müller...... 145
    16.15   Vertrauensvolles Projektmanagement – Interview mit
            Anna Roizman 147
    16.16   Vertrauen und Risiken – Interview mit Thomas Borchert 149
    16.17   Vertrauen und Soziologie – Interview mit Harald Wenzel.......... 151
    16.18   Vertrauensvolle Teams – Interview mit Timo Eßer 154
    16.19   Vertrauen und Transparenz – Interview mit
            Leo Hoffmann-Axthelm.. 159
    16.20   Vertrauenserweckende Wissenschaft – Interview mit
            Dominic Heinz... 161
    16.21   Vertrauen und Zukunft – Interview mit Hana Licina.............. 167
    Literatur.. 173

17   Die Top-10-Erkenntnisse 175

Nachwort 177

Literatur. 179

Teil I
Vertrauen

Ungewissheit als Standard

1

„Wie gewonnen, so zerronnen." (Alte Volksweisheit)

Krise als Dauerzustand (Handelsblatt 2022). Diese These kursiert nicht nur in den Medien, sondern kann auch die eigene individuelle Wahrnehmung beschreiben, wenn vielfältige globale Krisenherde (zdfheute 2022) und die daraus resultierenden Vertrauensbrüche (Linden 2022) in Betracht gezogen werden. Die zentrale Frage ist: Wie funktioniert Führung (Böcking und Traufetter 2022) in Zeiten solcher allumfassenden Unsicherheiten (Der SPIEGEL 2022b; Müller 2020) – insbesondere vor dem Hintergrund abrupter Strategiewechsel in Politik, Wirtschaft und Gesellschaft sowie vor dem Hintergrund hochkomplexer digitaler Innovationen? Ein Beispiel: Kryptowährungen eröffneten zunächst die Tür zu digitalen Währungsalternativen, wobei im Frühjahr 2022 Hyperinflation den Kryptomarkt bestimmte.

Schauen wir beispielhaft auf eine zentrale Frage der Wirtschafts-, Finanz- und Bankenkrise im Jahre 2007 (Illing 2013): Wer ist verantwortlich, wenn Banken scheitern? Vertrauen und Verantwortung sind zwei Konzepte, die miteinander verbunden sind. Insbesondere seit der Jahrtausendwende wurden traditionelle Institutionen vermehrt hinterfragt, denn der Austausch über das Weltgeschehen und ihre Rolle darin hat sich durch die Verbreitung digitaler Massenkommunikation stark intensiviert (Boehme-Neßler 2018). Instanzen, die Vertrauen scheinbar automatisch innehatten, können an alte, vertrauenswürdige Traditionen nicht vollständig anknüpfen. Doch nicht nur bei Institutionen, sondern auch bei Führungspersönlichkeiten bröckelte die scheinbar seriöse Fassade. Die Panama-Papers (Böcking 2021) entlarvten beispielsweise viele Menschen, die bisher als vertrauenswürdig galten, als Steuerhinterzieher:innen im großen Stil.

Medien berichten rund um die Uhr auf allen denkbaren Plattformen – während scheinbar eine Krise die nächste jagt: Krieg in der Ukraine, Corona-Pandemie, Klimakrise oder der Sturm auf das US-Kapitol. Fast täglich erreichen uns neue Meldungen, die unser Vertrauen in Verantwortlichkeit von Entscheider:innen und deren Institutionen,

© Springer Fachmedien Wiesbaden GmbH, ein Teil von Springer Nature 2022
N. Bogott und B. Woischwill, *Vertrauen. Macht. Wirtschaft.*,
https://doi.org/10.1007/978-3-658-37400-6_1

Unternehmen und Organisationen erschüttern. In den letzten zwei Jahrzehnten kam es gefühlt zu einer Informationsflut. Gleichzeitig hat sich die Art, wie Nachrichten ausgewählt, verbreitet und konsumiert werden, sehr gewandelt. Journalismus arbeitet teilweise Hand in Hand mit Künstlicher Intelligenz zusammen (Peiser 2019). Im Social Web stellen mehr oder weniger intelligente Algorithmen einen individuellen News-Mix zusammen, der oft genau das zeigt, was Empfänger:innen eh schon zu wissen glauben (Zweig et al. 2017; Meier 2021; Hooffacker et al. 2018).

Weiterhin haben traditionelle Medien wie Tages- und Wochenzeitungen nun Konkurrenz von Bürger:innen, die selbst zu Reporter:innen geworden sind und die durch eigene Blogs und Social-Media-Kanäle mehr oder minder zuverlässig informieren (Süddeutsche Zeitung 2017). Somit können gefährliches Halbwissen und Verschwörungsmythen vermehrt Teil des öffentlichen Diskurses werden (Appel und Mehretab 2020; Müller 2021). Ob nun Fernsehnachrichten, Onlineartikel oder Push-Benachrichtigungen auf dem Smartphone: Von überall prasseln auf Führungskräfte wirtschaftlich relevante Informationen herein und sorgen in ihrer zum Teil kaum überprüfbaren Fülle nicht selten für Orientierungslosigkeit. Wie können betriebswirtschaftliche Entscheidungsprozesse vor diesen Rahmenbedingungen fundiert realisiert werden?

Dies erzeugt bei einigen Medienkonsument:innen eine gewisse Resignation beziehungsweise Flucht in die Apathie. Vielen ist wahrscheinlich das sogenannte *doomscrolling* bekannt (Winkler 2021). Gerade in Krisenzeiten ist *doomscrolling* als eine Art, sich ziellos auf dem Smartphone berieseln zu lassen, nicht selten anzutreffen. Zerstreuung und Vermeidung können Wege sein, der Ungewissheit und Überforderung zu entgehen. Ein anderer Weg kann es aber auch sein, in die Aktion zu gehen und dadurch ein Gefühl von Selbstwirksamkeit und Sicherheit zu erlangen. Ein Beispiel ist die *Fridays for Future*-Bewegung (DER SPIEGEL 2022a; Hildebrandt 2020): Solche zivilgesellschaftlichen Bewegungen gehen unter anderem auf eine besondere Art des Vertrauens zurück: Das Vertrauen in die eigenen Stärken, beruflich sowie privat – das Selbstvertrauen (Schipper und Petermann 2022). Bewegungen wie *Fridays for Future* bzw. Klimaschutzinitiativen können als ein neues Selbstbewusstsein der Bürger:innen in Antwort auf althergebrachte Institutionen gesehen werden. Wiederum andere Akteure starten mit frischen Ideen als Entrepreneur:innen durch (Bogott et al. 2017).

Wenn die in diesem Kapitel aufgeführten globalen Unsicherheiten der Gegenwart angeschaut werden, so kann gleichzeitig die Verbindung zur Thematik Vertrauen als Wirtschaftsfaktor betrachtet werden. Vertrauen geht dem finanziellen Gewinn voraus. Wenn nun jedoch in Krisenzeiten wirtschaftliche Daten, Analysen, Prognosen sowie Ergebnisse eine besondere volatile Dynamik zeigen, dann gerät das Kartenhaus der Wirtschaftsplanung in ernste Turbulenzen (Kyriasoglou 2022; Haberl 2022). Vertrauen kann hierbei nicht nur wirtschaftliche Akteure verbinden, sondern im übertragenen Sinne auch als das notwendige Öl betrachtet werden, das im Getriebe der Wirtschaft dafür sorgt, dass der Motor nicht ins Stocken gerät.

Vertrauen verbindet bzw. ist das Bindeglied, das die Gesellschaft politisch und wirtschaftlich zusammenhält. Egal ob private oder professionelle Beziehungen, sie alle brauchen die notwendige Portion Vertrauen, um verlässlich und erfolgreich bestehen zu können. Auf einem vertrauensvollen Fundament werden von den jeweiligen Akteuren gemeinsam Regeln ausgearbeitet und allseitig erfüllt. Daraus kann sich ein verlässlicher wirtschaftlicher Handel entwickeln, der auch Krisenzeiten meistert.

Als Wirtschaftsfaktor ist Vertrauen eine unverzichtbare Variable. Durch die Fähigkeit, Handlungsspielräume zu beeinflussen, werden in Zeiten der Unsicherheit und Komplexität Produktivität, Kreativität sowie Innovationen gefördert.

Literatur

Appel M, Mehretab S (2020) Verschwörungstheorien. In: Appel M (Hrsg) Die Psychologie des Postfaktischen: Über Fake News, „Lügenpresse", Clickbait & Co. Springer, Berlin, S 117–126

Böcking D (2021) Pandora Papers: Die Steuertrickser sind längst nicht am Ende. Available via Spiegel. https://www.spiegel.de/wirtschaft/unternehmen/pandora-papers-warum-die-steuertrickser-laengst-nicht-am-ende-sind-a-6f9f8e88-8e40-46e4-9f70-a28a15e6c110. Zugegriffen: 22 Juni 2022

Böcking D, Traufetter G (2022) Weltwirtschaftsforum in Davos: Hier ist die Krise das Geschäftsmodell. Available via DER SPIEGEL. https://www.spiegel.de/wirtschaft/service/hier-ist-die-krise-das-geschaeftsmodell-a-4703d520-0f7b-41c1-8620-c1f2b633362c. Zugegriffen: 21 Juni 2022

Boehme-Neßler V (2018) Das Ende der Demokratie? Effekte der Digitalisierung aus rechtlicher, politologischer und psychologischer Sicht. Springer, Berlin

Bogott N, Rippler S, Woischwill B (2017) Im Startup die Welt gestalten. Springer, Wiesbaden

Der SPIEGEL (2022a) Fridays for Future. 220.000 Menschen demonstrieren in Deutschland für den Klimaschutz. Available via DER SPIEGEL. https://www.spiegel.de/panorama/gesellschaft/fridays-for-future-220-000-menschen-demonstrieren-in-deutschland-fuer-den-klimaschutz-a-6eab2e61-2806-493b-85ef-f72c2ecc9931. Zugegriffen: 23 Juni 2022

Der SPIEGEL (2022b) Stockholmer Friedensforscher Sipri: Welt steuert auf neues »Zeitalter der Risiken« zu. Available via Spiegel. https://www.spiegel.de/ausland/sipri-bericht-welt-steuert-auf-neues-zeitalter-der-risiken-zu-a-87816b03-9258-4c43-9bb3-915a1e9509f0. Zugegriffen: 21 Juni 2022

Haberl T (2022) Das Ende der Illusion. Available via Süddeutsche Zeitung. https://sz-magazin.sueddeutsche.de/leben-und-gesellschaft/das-ende-der-illusion-91356. Zugegriffen: 23 Juni 2022

Handelsblatt (2022) Friedensforscher. Sipri: Welt steuert auf neues Krisen-Zeitalter zu. Available via Handelsblatt. https://www.handelsblatt.com/politik/deutschland/friedensforscher-sipri-welt-steuert-auf-neues-krisen-zeitalter-zu/28365694.html. Zugegriffen: 21 Juni 2022

Hildebrandt A (Hrsg) (2020) Klimawandel in der Wirtschaft. Warum wir ein Bewusstsein für Dringlichkeit brauchen. Springer, Berlin

Hooffacker G, Kenntemich W, Kulisch U (Hrsg) (2018) Die neue Öffentlichkeit: Wie Bots, Bürger und Big Data den Journalismus verändern. Springer, Wiesbaden

Illing F (2013) Deutschland in der Finanzkrise. Chronologie der deutschen Wirtschaftspolitik 2007–2012. Springer, Wiesbaden

Kyriasoglou C (2022) Kritik am CEO: Der fragwürdige Führungsstil der SAP-Spitze wird zum Risiko. Available via manager magazin. https://www.manager-magazin.de/unternehmen/tech/sap-verliert-manager-wie-christian-klein-in-walldorf-den-frust-schuert-a-a2f8b342-afcd-41d9-b8f8-e34a9f53ba52. Zugegriffen: 22 Juni 2022

Linden P (2022) Vertrauenskrise. Gefühlt lügt einen jeder an. Available via t-online. https://www.t-online.de/nachrichten/deutschland/gesellschaft/id_91685502/gesellschaft-in-der-krise-gefuehlt-luegt-einen-jeder-an.html. Zugegriffen: 21 Juni 2022

Meier K (2021) KI als Anwendung im Journalismus: zwischen Misstrauen und Aufklärung. Available via AI Campus. https://ki-campus.org/blog/ki-im-journalismus#:~:text=Mit%20 immer%20vielf%C3%A4ltigeren%20Anwendungen%20von,%C3%9Cbersetzungen%2C%20 die%20die%20Reichweite%20von. Zugegriffen: 24 Juni 2022

Müller A-K (2021) Wahlkampf: Desinformation im Netz nimmt zu. Available via Spiegel Netzwelt. https://www.spiegel.de/netzwelt/web/bundestagwahl-2021-desinformation-im-netz-nimmt-zu-a-1acc95a2-0002-0001-0000-000177967139. Zugegriffen: 24 Juni 2022

Müller H (2020) Kurzschlusspolitik: Wie permanente Empörung unsere Demokratie zerstört. Piper, München

Peiser J (2019) The rise of the robot reporter. Available via The New York Times. https://www.nytimes.com/2019/02/05/business/media/artificial-intelligence-journalism-robots.html. Zugegriffen: 21 Juni 2022

Schipper M, Petermann F (2022) Selbstvertrauen. In: Schweer MKW (Hrsg) Facetten des Vertrauens und Misstrauens. Springer, Wiesbaden, S 87–102

Süddeutsche Zeitung (2017) Tagung: „Etablierter Journalismus verliert an Bedeutung". Available via Süddeutsche Zeitung. https://www.sueddeutsche.de/wirtschaft/medien-hamburg-tagung-etablierter-journalismus-verliert-an-bedeutung-dpa.urn-newsml-dpa-com-20090101-170609-99-779782. Zugegriffen: 23 Juni 2022

Winkler S (2021) Mit diesen Tipps nutzt du das Internet, ohne den Verstand zu verlieren. Available via kmpkt. https://www.welt.de/kmpkt/article234768250/Social-Media-Mit-diesen-3-Tipps-bist-du-online-ohne-durchzudrehen.html. Zugegriffen: 20 Juni 2022

Zdfheute (2022) Krieg, Corona und Klima. UN warnen vor Verschlimmerung der Hungerkrise. Available via zdfheute. https://www.zdf.de/nachrichten/politik/un-hungerkrise-verschlimmerung-ukraine-krieg-russland-100.html. Zugegriffen: 21 Juni 2022

Zweig K, Deussen O, Krafft T (2017) Algorithmen und Meinungsbildung. Inform Spektrum 40:318–326

Institutionen im Wandel

„Besser den Spatz in der Hand als die Taube auf dem Dach." (Alte Volksweisheit)

Wie bereits dargestellt: Unsicherheiten prägen heutzutage den gesellschaftlichen, wirtschaftlichen und politischen Alltag. Dieser konstante Faktor führt zu einer Neubewertung althergebrachter Institutionen. Die Corona-Pandemie zeigte deutlich, wie wechselhaft Regeln seitens politischer Institutionen auf das berufliche und private Leben weltweit gewirkt haben. Sichere Planbarkeit galt als ferner Traum. Wenn jedoch ein Klima der Unsicherheiten existiert, dann hat dies ganz konkrete Auswirkungen auf die wirtschaftliche Entwicklung des Landes. Prof. Henrik Müller von der TU Dortmund führt im Manager Magazin in seinem Artikel (Müller 2018) *„Diese verdammte Unsicherheit"* diese These weiter aus. Für ihn ist „Unsicherheit" eines der prägendsten Wirtschaftsworte der letzten Jahre Hierbei beruft er sich auf die gestiegene Nennung des Wortes im Wirtschaftsbericht der OECD, im Gutachten der Fünf Weisen sowie den globalen Index der wirtschaftspolitischen Unsicherheit (Economic Policy Uncertainty 2022).

Vertrauenskrisen entstehen, wenn es mehr Fragen als Antworten gibt. Die Konsequenz einer jeden Krise ist die Unsicherheit, die eine Vertrauenserschütterung hinsichtlich stabiler, erwartbarer Entwicklungen mit sich bringt (Enste 2021). In diesem Zusammenhang wird der Unterschied von Risiken und Unsicherheiten relevant und sichtbar. Risiken sind rational und mathematisch konkretisierbar. Auch wenn gewisse Schwankungen möglich sind und nicht immer alles wie geplant eintritt, so gibt es dennoch eine konkrete erwartbare Chance, dass bestimmte Ereignisse eintreten. So kann man Risiken eben auch kalkulieren und sich aus diesem Grund auf diese vorbereiten. Ein Beispiel ist das vom Wetterbericht in Zahlen konkretisierte Risiko von Niederschlägen in einer bestimmten Region. Der Unsicherheitsbegriff ist anders zu definieren. Im Kern bedeutet Unsicherheit, dass nichts berechnet oder konkret erwartet werden kann, da prinzipiell unbegrenzt vielfältige Entwicklungen möglich sind (Böhle und Weihrich 2009). Eine erfolgreiche Vorbereitung ist somit undenkbar. Diese Unsicherheit ist laut

© Springer Fachmedien Wiesbaden GmbH, ein Teil von Springer Nature 2022
N. Bogott und B. Woischwill, *Vertrauen. Macht. Wirtschaft.*,
https://doi.org/10.1007/978-3-658-37400-6_2

Müller nicht allein auf die Wirtschaft beschränkt, sondern betrifft auch die Politik und ist ebenfalls im Strukturwandel der Gesellschaft ablesbar (Müller 2018). Laut Müller fördert Unsicherheit weitere Unsicherheit. Dies ist sicherlich ein eher pessimistischer Ausblick, wobei es aber auch die Chance einer unerwarteten positiven Entwicklung beinhaltet (Müller 2018). Denn: Wenn alles unsicher ist, dann betrifft dies auch die pessimistischen Prognosen. Abseits dieser philosophischen Perspektive zeigen allerdings die bereits erwähnten globalen Unsicherheiten folgende Konsequenz auf: Sie führen zu massiven Irritationen hinsichtlich bisheriger Erwartungen an altbekannten Institutionen. Und somit können Vertrauensverluste gegenüber altbekannten Institutionen entstehen. Institutionen, die lange Zeit eine vertrauenswürdige Selbstverständlichkeit waren und nun hinterfragt und auf die Probe gestellt werden. Schauen wir uns nachfolgend ausgewählte Beispiele an.

2.1   Banken

Traditionelle Banken versuchten in der Vergangenheit mit Mitarbeiter:innen in teuren Anzügen und exklusiven Büros in den besten Standorten der Stadt zu zeigen: Uns kann man vertrauen. Hochglanzbroschüren vermittelten mit Bildern glücklicher Familien ein wohliges Gefühl: „Ja, dieser Institution vertraue ich mein Geld an." Doch diese traditionellen Marketingmethoden können nicht mehr richtig über finanzielle Sorgen der Bürger:innen und eine besorgniserregende Inflation hinwegtäuschen (Schleidt 2022). Die Bankenkrise hat gezeigt, dass selbst große Banken, die zuvor als sicherster Ort für eine Wertanlage galten, nicht immer vertrauensvoll agieren. Das hoffnungsvolle Motto systemrelevanter Banken „*Too big to fail*", konnte lediglich durch Steuergelder aufrechterhalten werden. Wer also uneingeschränktes Vertrauen in das nationale und internationale Banken- und Finanzsystem hatte, wurde spätestens durch die Finanzkrise 2007 eines Besseren belehrt. Ein Beispiel: Einer der Ausgangspunkte der Finanzkrise war ein auf sehr unsicherem Fundament errichteter Immobilienmarkt in den USA. Banken vergaben immer öfter Kredite an Personen mit geringen Bonitäten, da sie ein Geschäft darin witterten, die Kredite als Wertpapiere weiterzuverkaufen. Interessanterweise ist das Fundament dieser Krise bereits der Vertrauensverlust: Nach einer gewissen Zeit vertrauten sich die Banken gegenseitig nicht mehr und liehen sich weniger oder kein Geld. Es folgte eine Verkettung zahlreicher wirtschaftlicher Prozesse, unter anderem ein enormer Zahlungsausfall der Kreditnehmer:innen. Das zusammengebrochene Finanz- und Wirtschaftssystem Amerikas riss die gesamte Weltwirtschaft in eine Finanzkrise, die auch heute noch ihre Spuren hinterlässt (Clever und Ramb 2010). In der Folge dieser geplatzten Preisblase meldete die amerikanische Großbank Lehman Brothers Insolvenz an. Dies führte zu einer weltweiten Verunsicherung bei Märkten, Banken und Geldanleger:innen, die bis heute spürbar ist. In mehreren Staaten mussten die Banken mit öffentlichen Geldern der Steuerzahler:innen abgesichert werden, um einen Zusammenfall des gesamten Bankensystems zu vermeiden (Manager Magazin 2008).

Nicht umsonst spricht man davon, sein Geld den Banken *anzuvertrauen*. Zahlreiche Existenzen hingen von diesem Vertrauen ab. Umso dramatischer ist der Zustand, dass dieses Vertrauen missbraucht wurde. Die hinzukommende Komplexität der gesamten Prozesse und die unheimliche Menge an unterschiedlichen Akteuren, können einfache Bürger:innen schwer durchdringen. Ergo, auch Banken müssen lernen, dass Vertrauen nicht einfach durch Marketingkampagnen entsteht, sondern durch transparente, kooperative Kundenbeziehungen.

2.2 Expert:inneneinrichtungen

Das wissenschaftliche Expertentum erlitt in der jüngeren Vergangenheit ebenfalls einen Vertrauensverlust. Während der Corona-Pandemie wurden Expert:inneneinrichtungen, wie das Robert Koch-Institut (RKI) oder der deutsche Politiker, Epidemiologe und Bundesgesundheitsminister Karl Lauterbach, der mit seiner akademischen Expertise zu einer Vielzahl an Coronakrise-Fragestellungen beispielsweise in Nachrichtenmedien oder TV-Programmen häufig Stellung nahm, nicht selten angezweifelt (Tagesschau 2022; Jerabek und Kohler 2022). Hierbei wurde teilweise deutlich, dass nicht alle seiner Einschätzungen dauerhaft haltbar waren (Hassenkamp et al. 2022). In der Klimakrise sind ähnliche Szenarien beobachtbar. Es scheint, als begeben sich einige Expert:innen unterschiedlichster Fachgebiete öffentlich in einen regelrechten Konkurrenzkampf (Plickert 2009; Spengler 2015; Werner 2018; Weiler und Drießen 2020). Naturwissenschaftler:innen und Klimaschützer:innen fordern auf der einen Seite konkrete Veränderungen, während die Frage ist, wie die Wirtschaft mit den Rahmenbedingungen der Klimakrise umgeht und welche Weichen Führungskräfte für die Wirtschaft stellen (Fricke 2021). Bezüglich wissenschaftlicher bzw. Expert:innendebatten ist eine Erkenntnis sicher: Wissenschaftler:innen dürfen und müssen sich widersprechen! Sogar in der Naturwissenschaft, dort wo viele Menschen wahrscheinlich feste, sichere Formeln und unverrückbare Zusammensetzungen vermuten, gibt es immer wieder neue Erkenntnisse oder Paradigmenwechsel, die die Forschung verändern und vorantreiben. Es gibt also keinen Grund zur Panik, wenn beispielsweise Virologen:innen in Zusammenhang mit einem neuartigen Virus anderer Meinung sind. Ergo, eine vertrauensvolle Zusammenarbeit unter Wissenschaftler:innen beinhaltet einen fachkundigen Diskurs sowie Diskussionen und sogar Dispute auf wissenschaftlicher Ebene, denn der Austausch unterschiedlicher Expert:innen kann zu einer produktiven Weiterentwicklung führen.

2.3 Internationale Institutionen

Eine weitere Instanz, die Vertrauensverluste erlitten hat, sind internationale Institutionen. Regierungen folgen internationalen Protokollen nämlich nicht immer, obgleich sie diese einst unterschrieben haben. Ein Beispiel: Internationales Recht besagt, dass jede:r sich

für Asyl bewerben darf (Demandt 2004). Asyl ist ein Menschenrecht und die internationale Konvention hat unter anderem Deutschland unterschrieben. Doch viele Staaten
folgen internationalen Konventionen nicht. Der Staat ist allerdings nach wie vor das aus-
führende Organ für viele dieser Konventionen. Regierungsvertreter in Großbritannien
machten sogar 2020 keinen Hehl daraus, dass sie im Zuge der Brexit-Verhandlungen
gegen internationales Recht verstoßen würden (O'Carroll 2020). Wenn Länder das internationale Recht nicht anerkennen, können wir dann multilaterale Institutionen trauen,
dieses Recht zu erwirken? Ergo, internationale Institutionen benötigen Transparenz-Leit-
linien, die eingehalten werden und durchgesetzt werden können, um wieder weltweit
Vertrauen aufbauen zu können.

2.4   Justiz

Vertrauensverluste, die für die Wirtschaft relevant sind, sind auch in der Justiz zu
beobachten. Rechts- und Politikwissenschaftler Volker Boehme-Nessler stellt fest,
dass solch ein bedeutsamer Vertrauensverlust unsere Zeit prägt. Wenn die Politik
durch unzureichende Stellenbesetzungen und nicht angemessene Ausstattung Rahmenbedingungen erzeugt, in deren Konsequenz die Gerichte, Polizei und andere Institutionen
der Justiz nicht ordnungsgemäß arbeiten können, so kann ein Vertrauensverlust in der
Bevölkerung nachvollziehbar sein (Hipp und Meyer 2017). Gleichzeitig hat ein Vertrauensverlust in die Justiz Konsequenzen auf die Vertrauenswürdigkeit der Politik, die
die rechtlichen-Rahmenbedingungen nicht verbessert. Ein gutes Beispiel für die Verbindung von Justiz, Politik, Vertrauen, Macht und Wirtschaft sind digitale Räume. Nicht
selten sind diese noch ein straffreier Ort. Dies führt dazu, dass digitale Räume nicht von
allen Menschen gleichwertig genutzt werden können, weil sie für viele Menschen nicht
sicher sind. Somit geht viel Potenzial zur wirtschaftlichen Innovationsfähigkeit verloren.
Ergo, der wirtschaftliche Erfolg virtueller Plattformen hängt von juristischen Herausforderungen ab. Ein wichtiges Stichwort lautet: Datenschutz (Hoppenstedt 2022).

2.5   Medienanstalten

Wenn Medien die Qualität der Berichterstattung vernachlässigen, so kann dies Vertrauen
kosten (Süddeutsche Zeitung 2016). So kam es beispielsweise bereits vor, dass Videos in
Nachrichtensendungen in einem falschen Kontext gezeigt werden (Meisner 2014; Bähr
2014; Seviniç Basad und Böhm 2022). Zunehmend reagieren manche Menschen mit
dem Vorwurf der bewussten Manipulation und sprechen gar von der Lügenpresse (DER
SPIEGEL 2016a). Hinzu kommt, dass politische, gesellschaftliche sowie wirtschaftliche
Entwicklungen in der Medienberichterstattung aufgezeigt wurden, die für undenkbar
gehalten wurden. Siehe Brexit (Finke 2017). Siehe die Wahl von Donald Trump (DER

SPIEGEL 2016b). Wenn Medien diese Entwicklungen begleiten, werden diese somit vielleicht für manche Zielgruppen zum unliebsamen Überbringer von irritierenden Botschaften. Das Motto gilt nicht selten: Kurz, präzise und gut verständlich zu berichten, jedoch wird dadurch die Komplexität von Themen teilweise ignoriert. Die Zielgruppe kennt dann zwar nicht alle Fakten zu einem Thema, sie fühlt sich aber ausreichend informiert, um einen klaren Standpunkt zu vertreten (3sat 2020). Ergo, Zuschauer:innen vertrauen darauf, wahrheitsgemäße Informationen zu erhalten und Aufnahmen im wahren Kontext zu konsumieren. Medienhäuser müssen also durch nachvollziehbare, überprüfbare Verhaltensregeln Vertrauen zurückgewinnen.

2.6   Regierungen

Auch wenn der Koalitionsvertrag nach den Wahlen im Jahr 2021 relativ stringent ausgehandelt werden konnte, so dauerte es beispielsweise im Jahr 2017/2018 in Deutschland sehr lange, eine funktionsfähige Regierung zu bilden (Weßels et al. 2019). Die Frage ist, wie dies die Vertrauensfrage innerhalb der Gesellschaft und Wirtschaft beeinflusst hat. Nicht nur in Deutschland stellt sich diese Frage. Die Herausforderung einer funktionsfähigen Regierung kann in einem größeren Ausmaß auch in Großbritannien beobachtet werden. Besonders beim Thema *Brexit* gab es in den letzten Jahren enorme Pattsituationen, in denen es auf Regierungsebene in Großbritannien weder vorwärts noch rückwärts ging. Eine Kompromissfindung schien fast unmöglich. Das Parlament war lange gespalten (Puma 2019). Ähnliches kann auch in den USA beobachtet werden: Als die Regierung mit einer Haushaltssperre festgefahren war, die sich im Jahr 2019 zu einer der längsten in der Geschichte der Vereinigten Staaten hochstilisierte (Buchter 2019). Der Staat wird handlungsunfähiger durch Herausforderungen, die eines gemeinsam haben: Sie sind oft grenz- und sektorenübergreifend. Ergo, Politiker:innen müssen im vertrauensvollen Dialog mit Wähler:innen kompetent kommunizieren, um weiterhin als vertrauensvoll zu gelten (Huesmann 2022). Insbesondere die Herausforderung der Meinungsfreiheit in Zusammenhang mit der gesellschaftlichen Streitkultur ist hierbei nicht zu unterschätzen (DER SPIEGEL 2019).

Festzuhalten ist, dass nicht wenige altbekannte Institutionen gesellschaftlichen, politischen und wirtschaftlichen Unsicherheiten aktiv entgegenwirken müssen. Hierzu ist es wichtig zu verstehen, dass jeder Vertrauensverlust sich nach und nach negativ auf den Wert, der Institutionen zugemessen wird, auswirkt. So kann beispielsweise eine Institution vielleicht nicht mehr genug Fachpersonal finden, weil das Vertrauen in die Institution kaum noch vorhanden ist. Und wenn das Fachpersonal fehlt, dann kann die Leistungsfähigkeit abnehmen. Und wenn die Leistungsfähigkeit nicht mehr gegeben ist, dann steht die Zukunft der Institution auf dem Spiel. Führungskräfte sollten deshalb mit besonderem Interesse Strategien der Steuerung und des Managements hinsichtlich des Umgangs mit Unsicherheiten sowie Vertrauensfragen berücksichtigen.

Literatur

Bähr G (2014) Korrespondenten sind verantwortlich. „Tagesschau" und „Tagesthemen": ARD räumt falsches Flüchtlingsbild ein. Available via Focus Magazin. https://www.focus.de/kultur/medien/tagesschau-und-tagesthemen-ard-raeumt-falsches-fluechtlingsbild-ein_id_5001222.html. Zugegriffen: 22 Juni 2022

Böhle F, Weihrich M (Hrsg) (2009) Handeln unter Unsicherheit. Springer, Wiesbaden

Buchter H (2019) Ölbeben. Wie die USA unsere Existenz gefährden. Campus, Frankfurt a. M., S 114

Clever P, Ramb C (2010) Freiheit ohne Verantwortung verkommt. Die Finanz- und Wirtschaftskrise-Folgen für unternehmerisches Handeln und die gesellschaftliche Verantwortung von Unternehmen. In: Heimbach-Steins M (Hrsg) Weltwirtschaft und Gemeinwohl. Eine Zwischenbilanz der Wirtschaftskrise. Jahrbuch für Christliche Sozialwissenschaften, Bd 51. Aschendorff, Münster, S 53–63. https://www.uni-muenster.de/Ejournals/index.php/jcsw/issue/view/JCSW51

Demandt A (2004) Sternstunden der Geschichte. Beck, München, S 268

DER SPIEGEL (2016a) Vorwurf Lügenpresse. Alles gelogen? Available via DER SPIEGEL. https://www.spiegel.de/video/luegenpresse-medien-vorurf-analyse-klischee-video-1649702.html. Zugegriffen: 23 Juni 2022

DER SPIEGEL (2016b) US-Präsidentschaftsbewerber Donald Trump. Der Polit-Clown. Available via Spiegel. https://www.spiegel.de/video/donald-trump-us-praesidentschaftsbewerber-republikaner-video-1647382.html. Zugegriffen: 23 Juni 2022

DER SPIEGEL (2019) Rede des Bundespräsidenten. „Das nenne ich nicht Mainstream-Tugendterror, sondern Demokratie!" Available via DER SPIEGEL. https://www.spiegel.de/lebenundlernen/uni/steinmeier-respekt-voreinander-ist-keine-bedrohung-der-meinungsfreiheit-a-1297096.html. Zugegriffen: 24 Juni 2022

Economic Policy Uncertainty (2022) Available via economic policy uncertainty index. https://www.policyuncertainty.com/. Zugegriffen: 23 Juni 2022

Enste DH (2021) Wirtschaft und Corona: Die Bedeutung von Vertrauen in Krisenzeiten. Z Politikwissensch 31:479–486

Finke B (2017) Report. Alle lieben Europa. Available via Süddeutsche Zeitung. https://www.sueddeutsche.de/wirtschaft/report-alle-lieben-europa-1.3028524. Zugegriffen: 23 Juni 2022

Fricke T (2021) Unternehmer versus Lobbyisten. Wenn die Wirtschaft links wählt. Available via DER SPIEGEL. https://www.spiegel.de/wirtschaft/soziales/bundestagswahl-wenn-die-wirtschaft-links-waehlt-kolumne-a-3cf05e43-e38f-4252-bb02-7d43969c918f. Zugegriffen: 23 Juni 2022

Hassenkamp M, Weiland S, Feldenkirchen M (2022) Lauterbachs Kommunikationskrise: Der Talkshow Minister. Available via DER SPIEGEL. https://www.spiegel.de/politik/deutschland/karl-lauterbach-und-die-corona-impfpflicht-der-komprominister-a-6d85a3ef-22ac-4971-b20f-12a83d4466b8. Zugegriffen: 23 Juni 2022

Hipp D, Meyer C (2017) SPIEGEL-Gespräch mit Jurist Gnisa. „Ich verzweifle am Rechtssystem". Available via DER SPIEGEL. https://www.spiegel.de/spiegel/jens-gnisa-chef-des-deutschen-richterbunds-ueber-seine-zweifel-am-rechtsstaat-a-1162459.html. Zugegriffen: 22 Juni 2022

Hoppenstedt M (2022) Wegen EU-Datenschutzregeln. Meta bringt Rückzug von Facebook und Instagram aus Europa ins Spiel. Available via manager magaz. https://www.manager-magazin.de/politik/wegen-eugh-datenschutz-meta-bringt-rueckzug-von-facebook-und-instagram-aus-europa-ins-spiel-a-811577f8-db67-4778-b204-ca8fb650240e. Zugegriffen: 22 Juni 2022

Huesmann F (2022) Vertrauen in Demokratie sinkt. Available via Frankfurter Rundschau. https://www.fr.de/politik/vertrauen-in-demokratie-sinkt-91426178.html. Zugegriffen: 24 Juni 2022

Jerabek P, Kohler C (2022) „Verzerrtes Bild“: Lauterbach wegen Corona-Daten in der Kritik. Available via BR24 Deutschland&Welt. https://www.br.de/nachrichten/deutschland-welt/verzerrtes-bild-lauterbach-wegen-corona-daten-in-der-kritik,T1jNX2R. Zugegriffen: 23 Juni 2022

Manager magazin (2008) Rettungsplan im Detail: Wie die Regierung die Banken stützt. Available via manager magazin. https://www.manager-magazin.de/unternehmen/artikel/a-584407.html. Zugegriffen: 22 Juni 2022

Meisner M (2014) Falsche Bilder bei der ARD zum Ukraine-Konflikt. Propagandatricks – oder Pannen in Serie. Available via Tagesspiegel. https://www.tagesspiegel.de/gesellschaft/medien/falsche-bilder-bei-der-ard-zum-ukraine-konflikt-propagandatricks-oder-pannen-in-serie/10637680.html. Zugegriffen: 22 Juni 2022

Müller H (2018) Wirtschaftswort des Jahres. Diese verdammte Unsicherheit. Available via manager magazin. https://www.manager-magazin.de/politik/weltwirtschaft/henrik-mueller-unsicherheit-laehmt-die-wirtschaft-a-1245234.html. Zugegriffen: 22 Juni 2022

O'Carroll L (2020) Government admits new Brexit bill 'will break international law'. Available via The Guardian. https://www.theguardian.com/politics/2020/sep/08/government-admits-new-brexit-bill-will-break-international-law. Zugegriffen: 22 Juni 2022

Plickert P (2009) Der Streit unter den Ökonomen eskaliert. Available via Frankfurter Allgemeine. https://www.faz.net/aktuell/wirtschaft/wirtschaftswissen/wirtschaftswissenschaft-der-streit-unter-den-oekonomen-eskaliert-1653694.html. Zugegriffen: 23 Juni 2022

Puma JU (2019) Unternehmen erfolgreich transformieren. Erfolgsfaktoren kennen und eigene Stärken ausbauen. Schäffer-Poeschel, Stuttgart, S 9

Schleidt D (2022) Der Spargel-Indikator. Available via Frankfurter Allgemeine. https://www.faz.net/aktuell/rhein-main/angst-vor-inflation-der-spargel-indikator-zeigt-eine-grosse-not-18086770.html. Zugegriffen: 22 Juni 2022

Seviniç Basad J, Böhm J (2022) DIE ÖFFENTLICH-UNREDLICHEN. ARD blamiert sich dreifach mit Ukraine-Berichterstattung. Available via Bild.de. https://www.bild.de/politik/inland/politik-inland/ukraine-berichte-ard-blamiert-sich-dreifach-79670422.bild.html. Zugegriffen: 22 Juni 2022

Spengler J (2015) Ökologie und Ökonomie auf Versöhnungskurs. Available via Deutschlandfunk. https://www.deutschlandfunk.de/klimaschutz-oekologie-und-oekonomie-auf-versoehnungskurs-100.html. Zugegriffen: 23 Juni 2022

Süddeutsche Zeitung (2016) Merkel: Vertrauensverlust der Medien muss unruhig stimmen. Available via Süddeutsche Zeitung. https://www.sueddeutsche.de/politik/parteien-merkel-vertrauensverlust-der-medien-muss-unruhig-stimmen-dpa.urn-newsml-dpa-com-20090101-160602-99-167757.html. Zugegriffen: 22 Juni 2022

Tagesschau (2022) Lauterbach zu Isolationsregeln: „Das war ein Fehler“. Available via tagesschau. https://www.tagesschau.de/inland/lauterbach-kehrtwende-isolation-coronavirus-105.html. Zugegriffen: 23 Juni 2022

Weiler J, Drießen M (2020) Interview: „Die Volkswirtschaftslehre ignoriert die ökologischen Krisen“. Available via Ruhruniversität Bochum. https://news.rub.de/wissenschaft/2020-08-27-interview-die-volkswirtschaftslehre-ignoriert-die-oekologischen-krisen. Zugegriffen: 23 Juni 2022

Werner G (2018) Wie viel Ökologie verträgt unsere Wirtschaft? Interview mit dem Wirtschaftswissenschaftler Prof. Dr. Timo Busch. Available via Universität Hamburg. https://www.uni-hamburg.de/newsroom/forschung/2018-02-06-nachhaltigkeit-oekonomie-busch.html. Zugegriffen: 23 Juni 2022

Weßels B, Wolf C, Roßteutscher S et al (2019) Zwischen Polarisierung und Beharrung: Die Bundestagswahl 2017. Nomos, Baden-Baden, S 371

3sat (2020) scobel – gefühlte Wahrheit. Available via 3sat. https://www.3sat.de/wissen/scobel/scobel---gefuehlte-wahrheit-100.html. Zugegriffen: 23 Juni 2022

Bestandsaufnahme: Krisenstimmung

3

„Angst ist ein schlechter Ratgeber." (Alte Volksweisheit)

In Krisenzeiten ist das Abwägen komplexer Thematiken von Bedeutung. Wenn die Komplexität einer Entscheidungsfindung nicht klar und nachvollziehbar kommuniziert wird, kann dies Unsicherheit erzeugen. Die fehlende Nachvollziehbarkeit kann gar als Willkür bewertet werden. Natürlich gibt es immer wieder Entscheidungen, die das Vertrauen erschüttern (Wirth 2020). Wie Entscheidungen kommuniziert und eingeordnet werden, hat einen großen Einfluss auf die Vertrauenswürdigkeit politischer, wirtschaftlicher und gesellschaftsrelevanter Akteure. Gleichzeitig bedingen Wirtschaft, Gesellschaft und Politik einander. Im folgenden Abschnitt werden ausgewählte Krisen und ihre Auswirkungen auf den beschriebenen Vertrauensverlust in Wirtschaft, Gesellschaft und Politik erläutert.

3.1 Brexit

Als eine lokale Unsicherheit mit globalen Auswirkungen auf die Gegenwart kann zweifellos der sogenannte *Brexit* gelten. Im Jahr 2016 passierte etwas an der britischen Wahlurne, das kaum jemand ernsthaft vermutet hätte: Das Vereinigte Königreich stimmte mit sehr knapper Mehrheit für den Austritt aus der Europäischen Union (Berghahn 2021). Die lokalen und globalen Konsequenzen für die Finanz- und Wirtschaftspolitik, für die Planung von Investitionen oder die Prognose internationaler Handelsbeziehungen sind extrem. Großbritannien sendete eine klare Nachricht an die gesamte Welt und besonders nach Europa: Nichts ist mehr sicher. Auch nicht politische Strukturen, die über Jahrzehnte gewachsen sind. Es ist keine Übertreibung, wenn man in diesem Zusammenhang das Wort Krise in den Mund nimmt. Über die Gründe für diese Entwicklung kann man sicherlich ausführlich debattieren, hier interessieren die Auswirkungen auf das

© Springer Fachmedien Wiesbaden GmbH, ein Teil von Springer Nature 2022
N. Bogott und B. Woischwill, *Vertrauen. Macht. Wirtschaft.*,
https://doi.org/10.1007/978-3-658-37400-6_3

Vertrauen der Menschen, auf bestehende Machtverhältnisse und auf die Wirtschaft. Es bleibt ein Ereignis, das direkte, besondere Relevanz beim Thema Vertrauen hat. Wie will man wirtschaftlich planen und steuern, wenn die politischen und wirtschaftlichen Rahmenbedingungen so volatil sind?

3.2   Corona-Pandemie

Die wirtschaftlichen Folgen der Coronakrise werden noch Jahre, wenn nicht Jahrzehnte spürbar sein, obgleich es auch optimistische Sichtweisen hierzu gibt (Manager Magazin 2021). Während der Pandemie wurden viele Bürger:innen in Kurzarbeit versetzt oder konnten aufgrund gesundheitlicher Beeinträchtigungen oder Firmeninsolvenzen gar nicht mehr zur Arbeit gehen (DER SPIEGEL 2020). Existenzängste griffen um sich. Ein gut strukturiertes und organisiertes Krisenmanagement war oft nicht erkennbar (Rahnenführer et al. 2022). Diese vielfach unerwartete weltweite Pandemie, dessen Ausmaß sich nur Expert:innen hätten vorstellen können, hat vor Augen geführt, dass nichts in Stein gemeißelt ist: Politische Widersprüche im Minutentakt. Mitgliedstaaten der Europäischen Union gingen unterschiedlich mit dem Virus um. Während einige Leute Politiker:innen Leichtsinnigkeit vorwarfen, gingen andere Menschen, die nicht an die Existenz des Virus glaubten, gegen eingeführte Schutzmaßnahmen demonstrieren. Ein wichtiger Aspekt, der für eine gesunde Vertrauensbasis unabdingbar ist, ist Transparenz bei Entscheidungsprozessen (Lobo 2013). Ungeklärte Fragen können zu einem Gefühl von Unsicherheit, Frustration und schließlich Resignation führen.

3.3   Finanzkrise

Allein die Floskeln *„deutsche Wirtschaft"* oder *„deutscher Wirtschaftsmarkt"* beinhalten unzählige Facetten und drücken gleichzeitig wenig Konkretes aus. Bürgerinnen und Bürger, die sich nicht intensiv mit der Wirtschaft ihres Landes beschäftigen, verstehen kaum etwas, wenn diese Begrifflichkeiten verwendet werden. So traf viele Anleger:innen die weltweite Wirtschaftskrise im Jahre 2007 vollkommen überraschend. Menschen verloren ihre Anlagen, ihr Erspartes oder ihren Job, ohne zu verstehen, was überhaupt passiert ist (DER SPIEGEL 2008). Eine mehrdimensional orientierte Perspektive zu diesem Thema verfolgt Faltin: „Erst, wenn das Wirtschaftsgeschehen für die meisten Menschen verständlich und zugänglich geworden ist, und viel mehr Menschen als heute diese Möglichkeit auch aktiv wahrnehmen, haben wir das Ziel der Aufklärung erreicht: Menschen auch im Feld der Ökonomie mündig zu machen und sie in die Lage zu versetzen, offen, selbstbewusst und mutig in einer Gesellschaft mitzuwirken, in der die entscheidende Frage nach wirtschaftlicher Gestaltung nicht länger durch die wirtschaftliche Macht von Wenigen bestimmt wird (Faltin 2018)." Mit anderen Worten: Wenn kooperativ, vertrauensvoll wirtschaftlich und unternehmerisch agiert werden kann, so eröffnet sich die besondere Chance der Erlangung wirtschaftlicher Stärke bzw. Einfluss für unterschiedlichste Akteure.

3.4 Klimakrise

Die Charakterisierung der Klimakrise (Ebitsch et al. 2021) in einem Satz kann so erfolgen: Die globale Erderwärmung, verursacht durch die Erdbevölkerung, führt in ihrer Konsequenz zu irreparablen Schäden sowie zu bedrohlichen Szenarien für das gemeinsame Zusammenleben auf unserem Planeten, bis hin zur Unbewohnbarkeit (Stukenberg 2020). Bezüglich des Leugnens des Klimawandels machte Donald Trump mit sogenannten *„Fake News"*, den allbekannten „alternativen Fakten", die seine unhaltbaren Thesen und Lügen legitimierten, den Anfang (Spallek und Stukenberg 2021). Verbunden mit dieser besorgniserregenden Situation sind konkrete Herausforderungen für Wirtschaft und Politik, beispielsweise Verbote von Autos mit traditionellen Verbrennungsmotoren. Firmen, die zu sehr auf veraltete, umweltschädliche Technologien gesetzt haben, werden im Resultat mit massiven Umsatzeinbußen kämpfen müssen. Restriktionen erfordern innovative und wirtschaftliche Lösungen. Ein weiteres Beispiel ist das sukzessiv angestrebte Plastikverbot. Hier zeigt sich: Wo eine Tür sich schließt, kann sich eine andere Tür öffnen. Wenn die Politik beispielsweise Verpackungen aus Plastik einschränkt oder verbietet, dann ermöglicht dies bedeutsame wirtschaftliche Chancen für alternative Angebote, beispielsweise aus Stoff, Bambus oder Papier. Die Klimakrise erzeugt politisch veränderte Rahmenbedingungen, die durch vielfache Unsicherheiten geprägt sind und einen Einfluss auf die deutsche Wirtschaft haben (Wagner und Weitzman 2016).

3.5 Krieg

Afghanistan, Syrien, Ukraine: Drei Länder, die aufgrund von Krieg und Migration häufig medial präsent sind und politisch hinreichend diskutiert werden. Besonders 2015 wurde in Deutschland zu einem Jahr, in dem sehr viel Aufmerksamkeit auf das Thema Migration gelenkt wurde. Aufgrund der verheerenden Situation in Syrien und vielen weiteren politisch und wirtschaftlich volatilen Kontexten kamen eine Vielzahl von Migrant:innen und Geflüchteten nach Europa, besonders nach Deutschland. Angela Merkel kommentierte diesen Zuzug mit den berühmten drei Worten: „Wir schaffen das." Doch der weitere Prozess verlief nicht ohne Irritationen (Beyer et al. 2020). Die zentrale Frage seit jeher: Wie soll bei Krisen der Weltpolitik adäquat reagiert werden? Schaut man auf den Krieg in der Ukraine im Jahr 2022, so steht erneut die politische Führung der Bundesrepublik in der Kritik: Welche Signale der Unterstützung sendet Bundeskanzler Scholz? Wie erklärt er seine Strategie? Und wie wird ganz konkret etwas unternommen, um beispielsweise der Ukraine mit Waffenlieferungen zu helfen? (WELT 2022) Krieg und Migration sind in Deutschland demnach höchst destabilisierende Themenfelder, die immer häufiger ins Bewusstsein von Menschen rücken, da sie immer häufiger selbst betroffen sind.

Halten wir fest: Komplexe, vielfache Krisen bestimmen die Gegenwart, bestimmen die Politik, bestimmen die Wirtschaft. Krisen beeinflussen somit auch die Stimmung in der Wirtschaftswelt, denn Krisen haben einen so großen Einfluss auf das Sicherheitsgefühl von Menschen bzw. wirtschaftlich orientierten Akteuren. Wenn das Sicherheitsgefühl angekratzt ist, dann gibt es eine Reihe von Dynamiken zu beobachten. Es ist wichtig zu begreifen, dass die Wirtschaftswelt aus Menschen besteht, die immerwährend auf Krisen reagieren müssen, Entscheider:innen, Führungspersönlichkeiten, aber auch Menschen, die die Gesellschaft am Laufen halten, Systemrelevanz haben. Diese Akteure benötigen Vertrauen, um insbesondere in Krisenzeiten Handlungsfähigkeit beweisen zu können.

Literatur

Berghahn V (2021) Englands Brexit und Abschied von der Welt. Zu den Ursachen des Niedergangs der britischen Weltmacht im 20. und 21. Jahrhundert. Vandenhoeck & Ruprecht, Göttingen

Beyer S, Elger K, Volk C (2020) Fünf Jahre „Wir schaffen das". Irrte Merkel, oder hatte sie recht? Available via DER SPIEGEL. https://www.spiegel.de/politik/deutschland/angela-merkel-und-ihr-wir-schaffen-das-hatte-die-kanzlerin-recht-a-00000000-0002-0001-0000-000172636936. Zugegriffen: 24. Juni 2022

DER SPIEGEL (2008) Verbraucherschutz. Grüne wollen Deutsche zum Finanzcheck schicken. Available via DER SPIEGEL. https://www.spiegel.de/politik/deutschland/verbraucherschutz-gruene-wollen-deutsche-zum-finanzcheck-schicken-a-584282.html. Zugegriffen: 24. Juni 2022

DER SPIEGEL (2020) Coronakrise in den USA. Autovermieter Hertz meldet Insolvenz an. Available via DER SPIEGEL. https://www.spiegel.de/wirtschaft/unternehmen/hertz-autovermieter-wegen-corona-krise-insolvent-a-dd0afbbc-b0d8-41d3-9482-25059bf196df. Zugegriffen: 25. Juni 2022

Ebitsch S, Gardner L, Groß S et al (2021) Wie das Wetter zur Klimakrise wird. Eine Deutschlandreise in interaktiven Grafiken. Available via Süddeutsche Zeitung. https://www.sueddeutsche.de/projekte/artikel/wissen/klimawandel-wie-das-wetter-zur-klimakrise-wird-e460552. Zugegriffen: 24. Juni 2022

Faltin G (Hrsg) (2018) Handbuch Entrepreneurship. Springer, Wiesbaden, S 33

Lobo S (2013) S.P.O.N. – Die Mensch-Maschine. Die vernetzte Krise. Available via DER SPIEGEL. https://www.spiegel.de/netzwelt/web/kolumne-von-sascha-lobo-die-vernetzte-krise-a-890949.html. Zugegriffen: 24. Juni 2022

manager magazin (2021) Ifo-Index steigt stark. „Deutsche Wirtschaft schüttelt Corona-Krise ab". Available via manager magazin. https://www.manager-magazin.de/unternehmen/ifo-geschaeftsklima-steigt-stark-deutsche-wirtschaft-schuettelt-corona-krise-ab-a-fc3226ae-6774-4be3-a5be-cc227c071ddb. Zugegriffen: 24. Juni 2022

Rahnenführer K, Zerres C, Breyer-Mayländer T et al (2022) Die Corona-Transformation. Krisenmanagement und Zukunftsperspektiven in Wirtschaft, Kultur und Bildung. Springer, Wiesbaden

Spallek S, Stukenberg K (2021) »Klimabericht«-Podcast. Rechte Klimawandel-Leugner – wie das Gift des Zweifels in die Parlamente sickert. Available via DER SPIEGEL Spiegel. https://www.spiegel.de/wissenschaft/mensch/klima-die-rechten-und-die-klimakrise-wie-das-gift-des-zweifels-in-die-parlamente-sickert-a-8455b13b-3efe-43c2-9368-9d3630d57f14. Zugegriffen: 24. Juni 2022

Stukenberg K (2020) Klimakrise. Die Katastrophe ist da... Available via DER SPIEGEL. https://www.spiegel.de/wissenschaft/mensch/waldbraende-in-den-usa-und-klimakrise-die-katastrophe-ist-da-a-6fd2a5e2-6de6-49eb-b9d7-a9990aa59eac. Zugegriffen: 24. Juni 2022

Wagner G, Weitzman ML (2016) Klimaschock: Die extremen wirtschaftlichen Konsequenzen des Klimawandels. Ueberreuter, Wien

WELT (2022) Besuch in Litauen. Scholz verteidigt deutsche Haltung zu Waffenlieferungen an die Ukraine. Available via WELT. https://www.welt.de/politik/ausland/video239224187/Besuch-in-Litauen-Scholz-verteidigt-deutsche-Haltung-zu-Waffenlieferungen-an-die-Ukraine.html. Zugegriffen: 24. Juni 2022

Wirth H-J (2020) Psychoanalytiker über mündige Bürger in der Pandemie. Kontrolle ist gut, Vertrauen ist besser. Available via DER SPIEGEL. https://www.spiegel.de/psychologie/corona-muendige-buerger-und-die-politik-kontrolle-ist-gut-vertrauen-ist-besser-a-33ea9910-034c-4d5b-96d5-e88611ccec7f. Zugegriffen: 24. Juni 2022

Krisenmanagement

4

„Der Weg ist das Ziel." (Alte Volksweisheit)

Krisen zeigen eindrücklich, wie bedeutsam Vertrauen für eine stabile Krisenbewältigung ist (Stukenberg 2020). Sobald Prozesse für Menschen nicht mehr nachvollziehbar sind, steigt ihre Irritation und befördert Misstrauen. Für die Schwerpunkte von diesem Buch stellt sich somit die Frage: Wie können Führungskräfte vor diesem Hintergrund produktiv aktiv werden? Wie kann durch gutes Management die Vertrauensfrage beeinflusst werden? Schauen wir auf ein Alltagsbeispiel, das von Managemententscheidungen (in diesem Fall Management im Bereich Marketing, Branding, Einzelhandel) beeinflusst ist: Konsument:innen gehen in den Supermarkt und kaufen Bio-Produkte, weil sie sich vielleicht gesund ernähren wollen. Doch diese Entscheidung zieht unter Umständen zahlreiche Fragen nach sich: Kann dem gemachten Bio-Versprechen vertraut werden? Einfach auf das Bio-Siegel schauen – das ist sicherlich ein erster Schritt. Aber das wird der Komplexität der Situation nicht gerecht. Die Frage ist nämlich: Nach welchen Standards arbeiten die jeweiligen Gütesiegel? Wo können deren Standards nachgelesen werden? Und welche Standards werden von anderen Gütesiegeln verwendet? Wo gibt es hierzu eine Übersicht, der vertraut werden kann? Selbst wenn wir bei diesen Fragen Klarheit haben, so gibt es noch viele weitere Fragen, die relevant erscheinen. Wenn wir uns für ein Siegel entschieden haben, ergibt sich die nächste Herausforderung: Wer kontrolliert die Standards des Gütesiegels? Wie sind diese Überprüfer:innen geschult, sodass sie mögliche Fehler oder gar Schummeleien erkennen könnten? (Klawitter 2017) Und selbst wenn die Gutachter:innen zur Überprüfung in der Lage sind, bleibt noch die Frage, wie verlässlich bzw. vertrauenswürdig sie in ihrer Arbeit sind. Was ist mit Bestechung durch die Produzent:innen vor Ort? Was ist mit Korruption? Und wenn diese Aspekte sichergestellt sind, bleibt die Frage, was mit den Bio-Produkten auf dem Weg von vielleicht Südamerika nach Deutschland alles passiert. Werden sie vielleicht ausgetauscht, durch Lagerung in ihrer Qualität verändert oder beeinträchtigt durch gewisse

© Springer Fachmedien Wiesbaden GmbH, ein Teil von Springer Nature 2022
N. Bogott und B. Woischwill, *Vertrauen. Macht. Wirtschaft.*,
https://doi.org/10.1007/978-3-658-37400-6_4

Schadstoffe, der sie nur aufgrund der Reise ausgesetzt sind? Ein letzter Punkt, um die komplizierte Komplexität der Produktions- und Warensysteme der Moderne aufzuzeigen: Wie gesund sind die Bio-Produkte abseits der Bio-Reinheit? Allein das Stichwort Mikroplastik ist hier zu nennen (Süddeutsche Zeitung 2018). Verbraucher:innen sind verständlicherweise nicht selten irritiert und ratlos.

Fragen über Fragen, die Misstrauen wecken können, sobald keine zufriedenstellende Antwort zu finden ist. Wobei Führungskräfte bzw. das Marketingmanagement die Chance haben, wahrgenommene Risiken zu reduzieren, Vertrauen aufzubauen. Als Beispiele können Kampagnen genannt werden, in denen möglichst lückenlos und transparent der Weg von der Produktion bis zum Verkauf aufgezeigt wird. Eine weitere Strategie ist die Zusammenarbeit mit vertrauenswürdigen Kooperationspartnern, z. B. Greenpeace oder WWF. Leider gehört der Begriff *„Greenwashing"* in diesen Zusammenhang und ist mit Misstrauen verbunden. Er thematisiert eindrücklich, dass die Grenzen zwischen Sein und Schein sehr weit auseinanderliegen können. Der Neologismus bezieht sich auf PR-Strategien von Unternehmen, die die Nachhaltigkeit ihrer Produkte anpreisen, obwohl diese auf den zweiten Blick deutlich weniger oder sogar überhaupt nicht nachhaltig sind (Reil 2015).

4.1   Die Notwendigkeit von Krisenmanagement

Krisen sollten professionell gemanaged werden, damit unterschiedliche Zielgruppen (z. B. Medien, Konsument:innen, Aktivist:innen) erkennen, wie die Krise zu bewerten und wie der weitere Verlauf der Krise einzuschätzen ist. Auf diese Weise kann Vertrauen aufgebaut werden, oder bei ungeschickten Aktivitäten auch Misstrauen erzeugt werden. Jedoch, im Idealfall haben es Führungskräfte in der Hand, durch konkrete Steuerung Vertrauen zu kommunizieren. Vertrauensforscherin Rachel Botsman (2017) spricht von einer zwingenden Verbindung bzw. Gemeinschaft zwischen Vertrauen und wirtschaftlicher Innovationskraft. Und in diesem Feld kann wirtschaftliche Macht oder Einfluss bzw. Vertrauen als Wirtschaftsfaktor etabliert werden. Die beispielhaft aufgezeigten Krisen beweisen: Vertrauen zeigt einen sehr fluiden bzw. dynamischen Charakter. Dies wird auch beim Thema Verträge sichtbar. Vor dem Hintergrund der in diesem Kapitel genannten Krisen und Unsicherheiten könnte jetzt ein Wirtschaftsvertreter bzw. eine Wirtschaftsvertreterin sagen, dass es für all diese Unwägbarkeiten in der Wirtschaft eine klare Lösung gibt und diese Lösung lautet Verträge. Mit Verträgen wird klar und verbindlich geregelt, wer wie was wo warum etc. anbietet, produziert, erstellt oder liefert. Verträge regeln alles und sorgen für Sicherheit. Soweit die Theorie. Leider ist es in der Praxis nicht so einfach. Zunächst einmal kann die Erstellung von Verträgen mit einem hohen Aufwand, beispielsweise der Zeitfaktor bei der Ausarbeitung und Aushandlung von Verträgen, verbunden sein. Der Verhandlungsexperte Jack Nasher bringt es auf den Punkt: „Verhandlungen dauern viel länger und sind deutlich kostenintensiver, wenn man dem Verhandlungspartner nicht vertraut." Und dieser Aufwand ist ebenfalls ein Wirtschaftsfaktor bzw. kann zu einer wirtschaftlichen Belastung führen.

Gleichzeitig ist die erhoffte Sicherheit eher trügerisch. Im *Spiegel* wird ein Interview mit dem Politiker Wolfgang Schäuble sowie der Klima-Aktivistin Luisa Neubauer präsentiert, bei dem es auch um die Sicherheit bzw. Gültigkeit von Verträgen geht (Feldenkirchen und Schaible 2020). Im Kern lautet die Botschaft von Neubauer: Zur Not gültige Verträge der Wirtschaftswelt brechen, um Klimaziele zu erreichen. Der *Spiegel* merkt daraufhin an, dass das Rechtssystem darauf setzt, dass man sich auf Verträge verlassen kann. Und hiermit wird implizit auch die Vertrauensfrage angesprochen. Luisa Neubauer entgegnet dazu, dass Verträge nie eine ultimative Garantie darstellen, Vertragsbrüche zum Geschäft dazu gehören und es deshalb lediglich darauf ankommt, welche Verträge wann gebrochen werden. Eine diskussionswürdige Perspektive, die zweifellos Irritationen hinsichtlich der Vertrauenswürdigkeit von wirtschaftlichen Vereinbarungen sowie konkreten, rechtsgültigen Verträgen erzeugen kann. Nasher ergänzt zum Thema Verträge: „Man sucht sich ja bei Verträgen möglichst die Partner aus, die eine gewisse Sicherheit vermitteln. Natürlich kann der abgeschlossene Vertrag nochmals ein Extra an Sicherheit geben, aber direkt am Anfang aller schriftlichen Vereinbarungen steht bereits ein Vertrauensvorschuss, ein Investment an Vertrauen." Festzuhalten ist, dass unabhängig von aktuellen Krisen die Vertrauensthematik offensichtlich mit der Macht-Thematik verbunden ist, weshalb in diesem Buch beide Perspektiven und ihre Verknüpfungen betrachtet werden.

4.2   Zwischenfazit: Vertrauensbruch als Chance

Fest steht, dass die Krisenhaftigkeit der heutigen Zeit viele Optionen für Vertrauensbrüche beinhaltet, die von Führungskräften professionell gemanagt werden sollten. Vertrauensbrüche können als Teil einer generell sehr brüchigen, ja generell sehr abenteuerlichen Kommunikation (Wenzel 2001) bezeichnet werden. Führungskräfte sollten deshalb nicht nur die Option eines Vertrauensbruchs berücksichtigen, sondern Strategien zum Umgang mit Brüchen. Vertrauensbrüche können von unterschiedlicher Größe sein, sowohl als kleine Irritation, als auch scheinbar unüberwindbare Enttäuschungen. Spannend ist in diesem Zusammenhang nicht nur die Frage, wie groß der wirtschaftliche Schaden ist, der jedes Jahr durch Misstrauen, z. B. in Arbeitsteams oder zwischen verschiedenen Zweigstellen einer Firma, entsteht. Spannend ist ebenfalls die Frage, wie mit nicht erfüllten Erwartungen umgegangen wird. Wobei, und dies belegt ein weiteres Mal die Komplexität des Themas, Vertrauensbrüche in der Wirtschaft eine Herausforderung sind, die nicht nur Risiken, sondern auch konkrete wirtschaftliche Chancen beinhalten. Zunächst einmal ist ein Vertrauensbruch die Nichterfüllung konkreter Erwartungen, beispielsweise wenn eine Firma auf ihren Social-Media-Plattformen eine Botschaft veröffentlicht, die die Zielgruppe in ihren Erwartungen enttäuscht. Vielleicht wurde ein Witz gemacht, der nicht lustig ist oder bestimmte Leute verletzt.

Es ist also ein Vertrauensbruch entstanden, der besonders in den sozialen Medien unter Umständen sogar einen sogenannten *Shit-Storm* nach sich ziehen kann.

Irritationen und Brüche erschüttern Vertrauen, doch Verantwortung zu übernehmen kann es wieder aufbauen. Aus diesem Grund brauchen Menschen in Führung Mut zur Auseinandersetzung mit Brüchen und Mut zur Auseinandersetzung mit Missverständnissen, gepaart mit der Zuversicht, dass Brüche, Enttäuschungen und Missverständnisse perspektivisch positiv beeinflusst werden können. Dies bedeutet, dass der Vertrauensbruch mit der richtigen Reparatur-Strategie neue Chancen eröffnet. Bestseller-Autor Covey sagt hierzu: „Es ist wichtig, dass wir unsere Fehler auch wiedergutmachen! Es gilt, alles tun, was in unserer Macht steht, um unsere Fehler zu beheben – und noch ein bisschen mehr […] Für die Unternehmen bedeutet diese Vertrauensregel, dass sie Fehler, die sie ihren Kunden gegenüber gemacht haben, korrigieren müssen (Covey 2009)." In diesem Sinn gilt es den Fehler genau zu analysieren, offen einzugestehen und den entstandenen Vertrauensbruch bestmöglich zu reparieren. Wenn das gelingt, dann kann sukzessive wieder Vertrauen aufgebaut werden. Ja, es ist vielleicht sogar möglich, dass nach einem Vertrauensbruch, der erfolgreich repariert wurde, schlussendlich mehr Vertrauen vorhanden ist als vor dem Bruch. Die Erklärung hierfür ist einfach: Durch das richtigen Managen eines Vertrauensbruchs kann über die konkreten Handlungen und Aktivitäten erkannt werden, wie eine Führungskraft in einer Krise handelt und ob sie in der Lage ist, eine vertrauensvolle Problemlösung zu finden. Durch aktives Krisenmanagementh und die unmittelbar erlebte Reparatur gibt es ein authentisches Beispiel für vorhandene Vertrauenswürdigkeit. Krisenmanagement als Chance könnte man auch sagen. Vertrauen kann stärker werden, wenn es sich an konkrete Erfahrungen einer Interaktion knüpft, selbst wenn diese Erfahrungen vormals enttäuscht wurden.

Trotz allem ist der Umgang mit Vertrauensbrüchen in der Praxis nicht einfach zu handhaben. Für die Wirtschaftswissenschaftlerin und Finanzexpertin Miriam Marks steht fest: „Ob man Fehler wieder gut machen kann, hängt im Kern von der Schwere des Vertrauensbruchs ab. Leichtere Vergehen oder Brüche sind einfacher zu reparieren, z. B. durch eine Phase der Bewährung, in der ein:e Arbeitnehmer:in unter besonderer Beobachtung steht und bei erfolgreicher Bewährung wieder schrittweise in den üblichen, normalen Arbeitsalltag integriert wird. Bei besonders schwerwiegenden Vertrauensbrüchen kann vielleicht eine Versetzung innerhalb der Firma ein Signal sein, im Sinne von: Sie haben einen großen Fehler gemacht und für den Moment ist etwas Abstand der richtige Weg. Eine Rückkehr nach dieser besonderen Phase sollte prinzipiell nicht ausgeschlossen sein, aber sicherlich auch nicht zu schnell erfolgen."

Somit ist es wichtig, wie von Business Consultant Jeremias Kettner (Abschn. 16.8) beschrieben, in Firmen eine Kultur zu etablieren, die Klarheit, Fairness und konkrete Regeln im Umgang mit Fehlern aufzeigt und somit dadurch auch wieder Unsicherheiten reduzieren kann, was Vertrauen fördert. Cerwinka/Schranz bringen es auf den Punkt: „Fehlerkultur schafft Vertrauen: Wer misstrauisch agiert, wird sich immer und überall mehrfach absichern und jedes Risiko vermeiden. Wer dann, sollte trotzdem etwas schiefgelaufen sein – und das tut es immer wieder –, sofort einen Schuldigen sucht, verstärkt dieses Misstrauen. So entsteht ein Klima der gegenseitigen Verdächtigungen, unter dem alle Beteiligten leiden. Wer hingegen offen und konstruktiv mit den Fehlern, egal, wem sie passiert sind, umgeht, schafft und stärkt das gegenseitige Vertrauen der Mitarbeiter untereinander und ebenso zwischen den Hierarchiestufen. Vertrauen ist die beste Basis für eine effiziente und für alle befriedigende Teamarbeit. […] Oftmals stärkt das richtige Reagieren auf eine Beschwerde von außen mehr das Vertrauen, als wenn erst gar nie ein Fehler aufgetreten wäre. Erst im Schadensfall beweist sich die wahre Kundennähe (Cerwinka und Schranz 2014).“

Halten wir fest: Führungskräfte sollten bei Vertrauensbrüchen die besondere Chance erkennen, durch professionell gesteuerte Reparaturmaßnahmen zu zeigen, dass Vertrauen wieder neu aufgebaut werden kann.

Literatur

Botsman R (2017) Who can you trust? How technology brought us together and why it might drive us apart. Portfolio Penguin, New York

Cerwinka G, Schranz G (2014) Fehler erlaubt. Aus Fehlern lernen, statt Schuldige zu suchen. Linde, Wien, S 60–61

Covey SMR (2009) Schnelligkeit durch Vertrauen. Die unterschätzte ökonomische Macht. Gabal, Offenbach am Main, S 168

Feldenkirchen M, Schaible J (2020) Bundestagspräsident trifft Klimaaktivistin. „Wenn Frau Neubauer jetzt Ja sagt, ist es Quatsch“. Available via DER SPIEGEL. https://www.spiegel.de/politik/deutschland/luisa-neubauer-und-wolfgang-schaeuble-ueber-die-schuld-der-aelteren-generation-am-klimawandel-a-00000000-0002-0001-0000-000173621997. Zugegriffen: 25. Juni 2022

Klawitter N (2017) Schwindel in der Biobranche. 487.545 Kilo falsche Möhren. Available via DER SPIEGEL. https://www.spiegel.de/spiegel/bioprodukte-tricks-und-mogeleien-der-oekobranche-a-1142419.html. Zugegriffen: 24. Juni 2022

Reil H (2015) Greenwashing versus Nachhaltigkeit. Oder: das Problem von allzu großer Ehrlichkeit. GBI-GENIOS, München

Stukenberg K (2020) Politischer Umgang mit Covid-19. Faserland. Available via DER SPIEGEL. https://www.spiegel.de/wissenschaft/medizin/corona-krise-kommentar-zum-politischen-umgang-faserland-a-1cb9cf65-e3f2-4423-bf91-0b484aa9430e. Zugegriffen: 24. Juni 2022

Süddeutsche Zeitung (2018) Ernährung. Ist Mikroplastik im Fleur de Sel ein Risiko für Verbraucher? Available via Süddeutsche Zeitung. https://www.sueddeutsche.de/wirtschaft/ernaehrung-ist-mikroplastik-im-fleur-de-sel-ein-risiko-fuer-verbraucher-dpa.urn-newsml-dpa-com-20090101-180119-99-707924. Zugegriffen: 25. Juni 2022

Wenzel H (2001) Die Abenteuer der Kommunikation. Echtzeitmedien und der Handlungsraum der Hochmoderne. Velbrück Wissenschaft, Weilerswist

Vertrauen verstehen

5

„Aller Anfang ist schwer." (Alte Volksweisheit)

Wahrscheinlich kennt jeder Mensch das Gefühl, wenn sich etwas nicht stimmig anfühlt. Das Herz beginnt vielleicht etwas schneller zu schlagen, die Stirn runzelt sich und es herrscht ein flaues Gefühl im Magen. Das Bauchgefühl (Gigerenzer 2007) schlägt Alarm: *Kann ich hier vertrauen?* Doch was bedeutet das eigentlich, zu vertrauen? Woran kann erkannt werden, ob zu vertrauen die richtige Option ist oder nicht? Die Frage nach dem Vertrauen zieht weitere Fragen nach sich: *Will ich mich hierauf einlassen, ein Teil davon sein?* Und ganz fundamental: *Ist es hier sicher?* Wenn sich Menschen in diesem Zwiespalt befinden, dann werden oft rationale Erklärungen zu Abläufen gesucht, die eigentlich unterbewusst stattfinden.

Gesellschaftliche, wirtschaftliche sowie kulturelle Rahmenbedingungen prägen das Konzept des Vertrauens. „Aus wissenschaftlicher Sicht stellt sich Vertrauen als äußerst vielschichtiges Phänomen dar, welches in nahezu allen Bereichen des ökonomischen und sozialen Lebens anzutreffen ist und sich dennoch, oder gerade deshalb, einer einheitlichen Definition entzieht. Aufgrund der Multidimensionalität und hohen Komplexität des Themas bietet es sich an, das Phänomen des Vertrauens unter Zuhilfenahme verschiedener Wissenschaftsdisziplinen und damit aus unterschiedlichen Perspektiven und auf mehreren Ebenen zu beleuchten. (Vollmar et al. 2013)."

Ob nun vertraut wird oder auch nicht, so ergibt sich in der Konsequenz oft etwas mehr Klarheit. Der Soziologe Luhmann spricht von der Reduktion der Komplexität (Luhmann 1973). Das bedeutet, dass Vertrauen innerhalb der vielfältig möglichen Wege Klarheit aufzeigt. Durch die abwägende Reflexion „Kann ich vertrauen, ja oder nein?" und die Entscheidung des Vertrauens oder Misstrauens ergibt sich der Vorteil, dass nicht sämtliche Unwägbarkeiten bis zum Exzess analysiert werden müssen, sondern Entscheidungen effektiv getroffen werden können. Ariane Jäckel ist spezialisiert im Bereich Arbeits- und Organisationspsychologie. Sie knüpft an Luhmann an und betont, dass

Vertrauen ein sozialer Mechanismus der Komplexitätsreduktion ist – vor dem Hintergrund doppelter Kontingenz, beeinflusst von sozialer Interaktion (Jäckel 2018). Somit wird durch Vertrauen ein situatives Risiko eingegangen. Das Ziel lautet jedoch: Sicherheit herstellen. Nach Maslow ist das Sicherheitsbedürfnis eines der elementarsten Bedürfnisse eines Menschen, gleich nach den physiologischen Existenzbedürfnissen wie Nahrung, Wasser, Schlaf und Fortpflanzung. Jedes Bedürfnis stellt eine Motivation dar zu handeln (Maslow 1954). Durch Vertrauen wird also eine Verbindung aufgebaut, um Risiken zu kalkulieren und Kooperation zu ermöglichen oder zu vermeiden. Zusammengefasst kann formuliert werden:

Vertrauen verbindet

Dies ist die Grundthese, die die Autor:innen dieses Buches verwenden. Ob im Detail juristische Aspekte, psychologische Dimensionen, politische Perspektiven, ökonomische Differenzierungen oder auch soziologische Herausforderungen detailliert betrachtet werden – Vertrauen ist ein elementarer Bestandteil menschlicher Beziehungen (Ehmke 2019). Vertrauen ist notwendig, um Austauschprozesse erfolgreich zu koordinieren. Schön argumentiert: „Vertrauen hat in der Wirtschaft einen hohen Stellenwert für das Gelingen zwischenmenschlicher Beziehungen und für die Zusammenarbeit in Projekten, Prozessen und im Führungskontext. Vertrauen erzeugt emotionale Bindung von Mitarbeiterinnen und Mitarbeitern zum Unternehmen und zur Führungskraft. Vertrauen erhöht damit über das Vehikel ‚Bindungswirkung‘ die Rentabilität, die Produktivität und reduziert Qualitätsmängel (Nink 2019) in Unternehmen (Schön 2020)." Kommunikation und ihr jeweiliger Kontext (Rommerskirchen 2017) – beides spielt in der Auseinandersetzung mit der Vertrauensfrage eine sehr wichtige Rolle. Kommunikation kann helfen herauszufinden, ob Vertrauen die richtige Option ist. Gleichzeitig kann Kommunikation den Vertrauensaufbau beeinflussen (Woischwill 2017). Schauen wir uns dies im nächsten Abschnitt etwas genauer an.

Literatur

Ehmke E (2019) Kommunikation und Vertrauen in betrieblichen Krisensituationen. Eine linguistische Analyse am Beispiel der Bankenkrise. Springer, Wiesbaden

Gigerenzer G (2007) Bauchentscheidungen. Die Intelligenz des Unbewussten und die Macht der Intuition. C. Bertelsmann, München

Jäckel A (2018) Gesundes Vertrauen in Organisationen. Eine Untersuchung der Vertrauensbeziehung zwischen Führungskraft und Mitarbeiter. Springer, Wiesbaden, S 26

Luhmann N (1973) Vertrauen: Ein Mechanismus der Reduktion sozialer Komplexität. Ferdinand Enke, Stuttgart

Maslow AH (1954) Motivation and Personality. Harper & Row, New York

Nink, M (2019) Engagement Index Deutschland 2018. Pressemitteilung der Gallup GmbH, Download am 27.01.2020 unter: https://www.gallup.de

Rommerskirchen J (2017) Soziologie & Kommunikation. Theorien und Paradigmen von der Antike bis zur Gegenwart. Springer, Wiesbaden

Schön W (2020) Vertrauensorientiertes Projektmanagement. Top-10-Erfolgsfaktoren für Projekte und Veränderungsprozesse. Springer, Wiesbaden, S 5

Vollmar J, Becker R, Hoffend I (Hrsg) (2013) Macht des Vertrauens. Perspektiven und aktuelle Herausforderungen im unternehmerischen Kontext. Springer, Wiesbaden, S 7

Woischwill B (2017) Vertrauen und Kommunikation bei einer Dienstleistung. Eine prozessorientierte Studie. Springer, Wiesbaden

Vertrauen kommunizieren

6

„Worten sollten Taten folgen." (Alte Volksweisheit)

Wenn Geld die Chance beinhaltet, einen Wert zu vermitteln, so beinhaltet Vertrauen die Chance, Sicherheit bei der Handlungskoordination zu vermitteln. Kommunikation ist hierbei ein wichtiges Hilfsmittel. Auf verschiedenen Ebenen muss Vertrauen interaktiv strategisch aufgebaut werden. Wirtschaftliche Austauschprozesse sind natürlich auch kommunikativ geprägt. So können erfolgreiche Märkte beispielsweise als Gespräche charakterisiert werden (Belz et al. 2008). Diese Gespräche dienen als Barometer, um auf der Skala zwischen Vertrauen und Misstrauen wirtschaftliche Beziehungen einzuordnen. Das bedeutet, dass Marktteilnehmer:innen, z. B. Käufer:in und Verkäufer:in, sich ständig in einem prozessualen, interaktiven Austausch befinden, um ihre individuellen Ziele schrittweise durch die kontinuierliche Analyse der Vertrauenswürdigkeit von vorliegenden Situationen zu erreichen. Konkret kann Kommunikation folgende Frage beantworten: Woher wissen wir, wem oder was wir sicher vertrauen können?

Hierzu dient das Beispiel einer traditionellen Taxifahrt als Illustration der Chance und Wirkung von Kommunikation als Vertrauensindikator. Bei einer Taxifahrt, die ohne den Gebrauch einer App stattfindet, begegnen sich Anbieter:in und Kund:in häufig in dieser Konstellation: Beide sind einander unbekannt, wollen aber das wirtschaftlich orientierte Projekt, eine sichere Taxifahrt, durch eine vertrauensvolle Kommunikation erfolgreich realisieren. Die Dienstleistung soll professionell erbracht werden. Dazu ist jedoch eine interaktive Aushandlung in solchen Konstellationen notwendig. Welche Präferenzen hat der oder die Fahrgast:in? Welche Erwartungen kann der Taxifahrer bzw. die Taxifahrerin erfüllen? Diese Aushandlung ist an eine kommunikative Interaktion gekoppelt. Diese Interaktion ist ein individuelles Projekt, dessen Ergebnisse sich jeweils auf die betreffenden Akteure beziehen: Sowie ein:e neue:r Fahrgast:in einsteigt, egal ob er oder sie Ähnlichkeiten zum vorherigen Fahrgast:in hat und deshalb in ähnlicher Weise als

vertrauenswürdig bewertet werden könnte, muss eine neue Aushandlung der Vertrauensfrage erfolgen. Individuell, interaktiv und Schritt für Schritt.

Interessant ist in diesem Zusammenhang die Perspektive der digital vermittelten
Taxifahrt via App. Wie funktioniert dann die Lösung der Vertrauensproblematik?
Nach welchen Kriterien wird entschieden, ob man vertrauen kann? Welche Möglichkeiten der Selbstdarstellung und der Interaktion sind für die Taxifahrer:innen vor,
während und nach der Taxifahrt möglich? Antworten auf diese Fragen thematisieren
eine neue, besondere Komplexität, die ein Forschungsfeld eröffnet, bei dem Vertrauenskommunikation mit überaus dynamischen Rahmenbedingungen konfrontiert wird.
Nicht zu vergessen ist die Perspektive hinsichtlich des Systemvertrauens, bei der die
Vertrauensfrage nicht in Richtung Taxifahrer:in (persönliches Vertrauen), sondern eher
in Richtung App-Anbieter (Systemvertrauen) gestellt wird. Hierdurch erhält der App-
Anbieter gleichzeitig eine besondere Macht: Wie werden Taxifahrer:in bei Kunden-
beschwerden sanktioniert? Aber auch die Kund:innen erhalten eine besondere Macht:
Durch die Bewertung bzw. Beschwerden in Form des digitalen Feedbacks kann durchaus
der zukünftige berufliche Erfolg eines Taxifahrers, einer Taxifahrerin beeinflusst werden.
Wobei sich dann natürlich auch die Frage stellt, ob man einem digitalen Feedback stets
vertrauen kann.

Bei wirtschaftlich orientierten Perspektiven auf die Vertrauensthematik wird nicht
selten der *Rational-Choice*-Ansatz thematisiert. Die *Rational-Choice*-Theorie (Treibel
2006) untersucht die Vertrauensfrage unter der Annahme zweier rational agierender
Akteure, wie beispielsweise bei der eben beschriebenen Taxifahrt. Innerhalb dieses
Theorierahmens sind die Aspekte Gewinn, Verlust und Wette von besonderer Bedeutung.
Auf der Basis einer durchdachten Kalkulation kann entschieden werden, ob die Höhe
des möglichen Gewinns oder Verlusts hinsichtlich der konkreten Chancenverteilung eine
verlässliche Wette bzw. die Investition von Vertrauen ermöglichen. Dieser insbesondere
von Coleman vorgeschlagene Ansatz (Coleman 1995) erscheint in der Theorie nachvollziehbar, ist jedoch in der Praxis der alltäglichen Wirtschaftswelt schwierig umsetz-
bar. Insbesondere bei einer unsicheren Informationsgrundlage ist eine verlässliche
Kalkulation fraglich. Schauen wir zur besseren Illustration nochmals auf das Beispiel
Taxifahrt: Jemand steigt in ein Taxi ein und der Taxifahrer bzw. die Taxifahrerin fragt
sich, ob der Fahrgast oder die Fahrgästin vertrauenswürdig ist. Diese Frage hat nicht nur
einen wirtschaftlichen Hintergrund hinsichtlich der Bezahlung der Fahrt, sondern auch
einen physischen Hintergrund. Es kann sogar um Leben und Tod gehen, was wiederum
die Verbindung des Vertrauensbegriffs zum Sicherheitsbedürfnis darstellt. Wenn ein:e
Fahrgast:in ein:e Taxifahrer:in am Ende der Fahrt mit einem Messer bedroht, weil er
oder sie die Tageseinnahmen erbeuten will, dann ist auch eine Verletzung des Fahrers
oder der Fahrerin möglich, die im schlimmsten Fall lebensbedrohlich wird.

Wenn man die Rational-Choice-Theorie auf dieses Beispiel anwendet, so würde der
oder die Taxifahrer:in direkte, leicht wahrnehmbare Indikatoren der Vertrauenswürdigkeit beim Fahrgast:in suchen, z. B. ein teurer Business-Anzug (Gambetta und Hamill

2005). Hierzu würde dann eine Kalkulation erfolgen: Wie groß ist die Chance, dass ein Geschäftsmann oder eine Geschäftsfrau eine:n Taxifahrer:in überfällt, um sein oder ihr Geld zu stehlen? Auf der Basis einer solchen Kalkulation erfolgt dann die Wette, welches Ereignis besonders wahrscheinlich ist. So weit so gut. Beim Beispiel Taxifahrer:in und Fahrgast:in zeigt sich jedoch auch die Grenze der Rational-Choice-Theorie: Welche Indikatoren, die Vertrauenswürdigkeit vermitteln sollen, sind tatsächlich gültige und verlässliche Indikatoren? Und selbst wenn diese Herausforderung gemeistert ist, so stellt sich die Frage, wie kann eine zuverlässige Kalkulation der Vertrauensfrage bei einer Taxifahrt gelingen, wo noch viele andere Gegebenheiten, beispielsweise der nicht zu unterschätzende Straßenverkehr oder die Bedienung des Taxi-Fahrzeugs, beim Thema Sicherheit beachtet werden müssen? (Gambetta und Hamill 2005)

Nachfolgend wird deshalb abseits von der *Rational-Choice*-Theorie ein kommunikativ orientierter Ansatz beim Umgang mit der Vertrauensproblematik vorgestellt, der in besonderer Weise auf die Herausforderung Vertrauen als Wirtschaftsfaktor ausgerichtet sein wird. Hierzu werden fünf Elemente benannt, die bei dem Austausch zwischen Akteuren relevant sind, um Vertrauen aufzubauen (Woischwill 2017). Insbesondere Führungspersönlichkeiten sollten diese Elemente aktiv im Arbeitsalltag berücksichtigen, um nicht nur die Vertrauensfrage, sondern auch die Machtfrage zu steuern.

6.1   Element 1: Individualität der Interaktion

Der Sozialwissenschaftler Endress charakterisiert Vertrauen als ein Interaktionsprodukt (Endress 2002). Zur erfolgreichen Gestaltung dieses Anpassungsprozesses zwischen zwei Akteuren erlangt Sprache besondere Relevanz. Eine vertrauenswürdige Beziehung ist somit zunächst einmal auf die richtige Kommunikation und Interaktion angewiesen. Wirtschaftspsychologe und Managementberater Schön weist darauf hin, dass Vertrauen und Kommunikation ganz konkret verbunden sind, „Vertrauen ist umso größer, desto besser und umfassender die Kommunikation in einem Team ist. Vertrauen ist umso größer, desto konstruktiver die Kooperation in einem Team ist (Schön 2020)." Ein Beispiel: Eine Firma kommuniziert mit den Konsument:innen via E-Mail entweder mithilfe von Standardformulierungen, die als Bausteine zusammengesetzt werden oder situativ, individuell und stets konkret auf den jeweiligen Gesprächsablauf bezogen. Dies sind zwei unterschiedliche Kommunikationsvarianten, die zweifellos verschiedenartig erfolgreich Vertrauen aufbauen können. „Das Vertrauen der Kunden lässt sich heute nur noch sehr begrenzt durch Mittel der Marketingkommunikation, wie z. B. Werbung und Öffentlichkeitsarbeit stimulieren (Belz et al. 2000, S. 58). Wesentlich für den Vertrauensaufbau sind der persönliche Kontakt und die direkte Interaktion mit Anbietern (Vollmar et al. 2013, S. 229)."

▶   **Erkenntnis** Je individueller und situativer angepasst die Vertrauens-
    kommunikation einer Führungsperson ist, desto vertrauenswürdiger kann
    die Interaktion gelingen. Vertrauensvolle Führung beruht somit darauf, das
    Gegenüber individuell wahrzunehmen und dies der anderen Person auch
    kommunikativ zu vermitteln. Gutes Zuhören, aktives Zuhören ist hierbei ein
    ganz konkreter Weg zum Erfolg (Specht und Penland 2016).

6.2   Element 2: Mut zur riskanten Vorleistung

Ein weiteres Element ist die riskante Vorleistung (Hartmann 2011). Was bedeutet das?
Ein erster Schritt im Sinne einer riskanten Vorleistung kann ein Vorschlag sein. Dieser
wird als riskant betitelt, da er von anderen Akteur:innen abgelehnt werden kann. Ein
Vorschlag beinhaltet jedoch die Chance, einen Vertrauensvorschuss zu erhalten. Ein
konkretes Beispiel: Ein:e Kund:in besucht eine Ladenfiliale und wird direkt von einem/
einer Mitarbeiter:in freundlich begrüßt: „Hallo, wie kann ich Ihnen helfen?" Diese
Begrüßung ist eine riskante Vorleistung, denn sie kann erwidert werden, aber auch
ignoriert werden. Mut und Verwundbarkeit sind Merkmale, die beispielsweise bei
Führungskräften notwendig sind, um eine riskante Vorleistung zu initiieren, um im Idealfall einen Vertrauensvorschuss erhalten zu können. „Der Vertrauensgeber muss bereit
sein, sich verwundbar zu machen (‚Willingness to be vulnerable‘), wobei diese Bereitschaft durch Kontrollverzicht gekennzeichnet ist. […] Vertrauen sollte vielmehr als
bilateraler sozialer Tauschprozess verstanden werden, weil sich für den Vertrauensgeber
mit der Erbringung seines Vertrauensvorschusses in der Regel die Erwartung der Reziprozität verbindet. Er erwartet also ein positives Verhalten des Vertrauensnehmers z. B.
in Form eines Vertrauensbeweises (Konzept der Erwartungsreziprozität von Vorleistung
und Gegenleistung). Diese Konzeption von Vertrauen als bilateralem Prozess findet sich
in verschiedenen Vertrauenskonzeptionen (Dasgupta 1988; Gambetta 1988; Lane 1998;
Lewis und Weigert 1985; Luhmann 1989; Mayer et al. 1995; Zündorf 1986) , welche
häufig ein weiteres essentielles Merkmal von Vertrauen nennen: die positive zukunfts-
bezogene Erwartungshaltung (Krause 2010)." Mit anderen Worten: Wer Vertrauen aufbauen will, sollte als Führungskraft mutig vertrauensvoll vorangehen – selbst wenn dies
möglicherweise nicht erwidert wird.

▶   **Erkenntnis** Vertrauen erfordert eine riskante Vorleistung. Das Zulassen
    einer gewissen Verwundbarkeit ist eine solche riskante Vorleistung, denn
    diese Verwundbarkeit kann auch missbraucht werden. Die Steuerung zur
    Entwicklung einer positiven zukunftsbezogenen Erwartungshaltung durch
    mutige zwischenmenschliche Kommunikation ist ein Führungsmerkmal,
    das Zusammenarbeit vertrauensvoller und zielführender gestaltet.

6.3   Element 3: Die Situationsdefinition

Als weiteres Element ist die Situationsdefinition (Wenzel 2001) zu nennen. Durch die wechselseitige Interaktion können beide Akteure das spezifische Projekt, für das Vertrauen aufgebaut werden soll, zusammen konkretisieren. Auf diese Weise kann sich eine gemeinsame Identität entwickeln und hierdurch die jeweilige Situation definieren. Ein Beispiel: Jemand kommt in ein Geschäft und wird von einem Berater oder einer Beraterin direkt freundlich auf aktuelle Sonderangebote aufmerksam gemacht, im Sinne des baldig zu erwartenden Kaufs. Die Situation wird unmittelbar in eine bestimmte Richtung gelenkt. Auch wenn ein Kauf vielleicht gar nicht intendiert war, so erlangt das Verkaufsgespräch bzw. die forcierte, zielgerichtete Situationsdefinition besondere Aufmerksamkeit und somit erhält ein späterer Kauf besondere Chancen. Generell ist die Situationsdefinition überaus relevant, um Situationen zielgerichtet zu definieren, um Vertrauen aufzubauen oder zu erhalten und beispielsweise im Arbeitsalltag im Team motiviert Herausforderungen zu meistern. „Die Entwicklung von Vertrauen ist darüber hinaus eine freiwillige Leistung. Nach übereinstimmender Ansicht kann Vertrauen nicht von außen erzeugt werden. Man kann höchstens Signale setzen und Rahmenbedingungen schaffen, die vertrauensförderlich sind, muss aber abwarten, ob das Angebot angenommen wird. Damit zeigt Vertrauen Parallelen zur Unternehmenskultur. Man kann sie nicht erzwingen, sondern nur günstige Wachstums- bzw. Umweltbedingungen bereitstellen (Schein 1990, S. 177) (Vollmar et al. 2013, S. 226)."

▶   **Erkenntnis** Die zielgerichtete Situationsdefinition kann schrittweise Vertrauen aufbauen. Führungskräfte können durch die passende Definition einer Situation eine individuelle und vertrauensvolle gemeinsame Identität etablieren, welches das gemeinsame Miteinander vertrauensvoll stärken kann.

6.4   Element 4: Prozess-Relevanz

Als weiteres Element ist die Prozess-Relevanz bzw. Prozesshaftigkeit der Kommunikation zu nennen. Vertrauen benötigt Zeit beim Aufbau (Hartmann und Offe 2001), wobei Vernunft, Routinen und Reflexivität (Möllering 2006) besondere Relevanz erlangen. Hierzu beschreibt der Sozialwissenschaftler Möllering beispielsweise Lerneffekte, die mit solchen Prozessen verbunden sein können (Möllering 2013). So gibt es vielleicht zurückliegende Projekte, aus denen man lernen kann, wie eine Firma mit der Vertrauensfrage umgeht. Gleichzeitig gibt es bei den betreffenden Akteuren Lerneffekte im Umgang mit der Vertrauensfrage. Und all dies kennzeichnet die Prozess-Relevanz bzw. Prozesshaftigkeit beim Thema Vertrauen. Ein Beispiel: Ein:e Dienstleister:in erhält durch digitale User:innen Feedback. Auf diese Weise wird mehrfach in Erfahrung gebracht, dass die Zielgruppe ein gewisses Angebot vermisst und gleichzeitig bestimmte Angebote sehr wertgeschätzt werden. Mit diesen Lerneffekten kann der/die Dienstleister:in die Dienstleistungen stetig optimieren bzw. anpassen. Und mit diesem Prozess kann Vertrauen stetig gesteigert werden. „Vertrauen kann in der Regel nur graduell über einen langfristigen Prozess aufgebaut werden. Dagegen ist Vertrauen relativ einfach zerstörbar. Eine Enttäuschung kann ausreichen, um Vertrauen nachhaltig zu erodieren (Götz 2006b, S. 62; Neuberger 2006, S. 20; Shiv et al. 1997, S. 293). Wird Vertrauen hingegen bestätigt, intensiviert sich das erlebte Vertrauen und weitere Vertrauenshandlungen gewinnen an Wahrscheinlichkeit (Kramer und Tyler 1996) . Der Aufbau von Vertrauen ist daher ein gradueller Prozess der kontinuierlichen Unsicherheit und Bestätigung." (Vollmar et al. 2013, S. 226)

▷   **Erkenntnis** Die Investition in Zeit bzw. in einen schrittweisen Prozess ist von elementarer Relevanz für die Vertrauensbildung. Führungskräfte sind angeraten, Vertrauensaufbau als Prozess zu verstehen und diesen Prozess aktiv zu beeinflussen, beispielsweise durch situativ angepasste Kommunikation und eine entsprechende Reflexion des bisherigen Prozesses. Jeder Prozessschritt ist einzigartig und gleichzeitig ein Teil eines großen Mosaiks, welches aus verschiedenen Episoden der erfolgreichen Vertrauenskommunikation entsteht.

6.5 Element 5: Die Möglichkeit eines Projektabbruchs

Das letzte Element, welches für kommunikatives Vertrauen besonders relevant ist, ist die Möglichkeit des Projektabbruchs zu beachten. Während die Sozialwissenschaftler Abels (2007) und Hartmann (2011) die Widersprüchlichkeit von Kommunikation als stetige Herausforderung bei Vertrauensprojekten thematisieren, ist festzuhalten, dass der prozesshafte Charakter des Vertrauensprojekts kontinuierliche Projektabbrüche erlaubt bzw. als Option behält. Ein Beispiel: Zwei Firmen planen eine engere Zusammenarbeit. Hierzu werden Verhandlungen aufgenommen und Verträge formuliert. Im Laufe dieser Aushandlungsaktivitäten kann es aber auch jederzeit zu einem Abbruch der geplanten Zusammenarbeit kommen, weil sich beispielsweise unversöhnliche Ansichten gegenüberstehen, die unauflösbar erscheinen und somit das Vertrauen in eine Kooperation grundlegend erschüttern. Business Consultant Jeremias Kettner (Abschn. 16.8) beschrieb es im gemeinsamen Gespräch: „Vertrauen begründet sich auf offener und transparenter Kommunikation, zumindest jedoch darauf, dass sich ein:e Verhandlungspartner:in auf die bereits getroffenen Aussagen seines Gegenübers verlassen kann. Sollte sich etwas an einer einmal getroffenen Abmachung ändern, müssen die Gründe unverzüglich der anderen Seite mitgeteilt werden." Diese Perspektive baut allerdings nur Vertrauen auf, wenn sie in ein klares Regelwerk eingebettet ist: „Hier spielen meines Erachtens klare Regeln, im Sinne von juristisch aufgesetzten Verträgen, eine bedeutende Rolle. Darin werden klar nachvollziehbar die Spielregeln definiert und im Streitfall kann jede Seite sich auf solche Vertragswerke berufen. Auch hier ist Kommunikation wichtig. Nur wenn ich es schaffe über Empathie das Vertrauen meines Gegenübers zu gewinnen, wird er bereit sein auch mir zuzuhören, sodass ich meine Ideen und Vorstellungen eines Geschäftes formulieren kann. Zuletzt muss hinzugefügt werden, dass Vertrauen zunächst eine subjektive Wahrnehmung bzw. ein Gefühl ist. Wie gesagt helfen im Streitfall vorher aufgesetzte Verträge, die als Grundlage für Gerichtsverfahren oder eine Lösung durch Mediation dienen können."

▶ **Erkenntnis** Führungskräfte sollten sich bewusstmachen, dass beim Vertrauensaufbau jederzeit ein Abbruch möglich ist. Gleichzeitig kann aktiv versucht werden, solchen Abbrüchen entgegenzuwirken, z. B. durch situativ angepasste Vertrauenskommunikation sowie die gemeinsame Vereinbarung gewisser Regeln. Es ist die Führungspersönlichkeit, die zumindest beeinflussen kann, ob jemand einen Abbruch der Situation anstrebt.

Literatur

Abels H (2007) Einführung in die Soziologie, Bd 2, Die Individuen in ihrer Gesellschaft. VS Verlag, Wiesbaden

Belz C, Kernstock J, Reinecke S, Reinhold M, Rudolph T, Schögel M, Senn C, Tomczak T. 2000. Marketing Change. Tipps und Reflexionen zur Entwicklung des Marketing. St.Gallen: Thexis

Belz C, Schögel M, Arndto et al (2008) Interaktives Marketing. Neue Wege zum Dialog mit Kunden. Gabler, Wiesbaden

Coleman JS (1995) Grundlagen der Sozialtheorie. Handlungen und Handlungssysteme. Oldenbourg, München

Dasgupta, P. (1988). Trust as a commodity. In D. Gambetta (Ed.), Trust: Making and breaking cooperative relations (pp. 49–72). New York: Blackwell

Endress M (2002) Vertrauen. Transcript, Bielefeld

Gambetta, D. (1988).Can we trust trust? In D. Gambetta (Ed.), Trust: Making and breaking cooperative relations (pp. 213–237). New York: Blackwell

Gambetta D, Hamill H (2005) Streetwise. How taxi drivers establish customers trustworthiness. Russell Sage Foundation, New York

Götz K. 2006b. Vertrauen als funktionale Systemeigenschaft. In: Götz K (Hrsg). 2006. Vertrauen in Organisationen. München, Mering: Rainer Hampp; 59–71

Hartmann M (2011) Die Praxis des Vertrauens. Suhrkamp, Berlin

Hartmann M, Offe C (Hrsg) (2001) Vertrauen. Die Grundlage des sozialen Zusammenhalts. Campus, Frankfurt a. M.

Kramer RM, Tyler TR. 1996. Trust in Organizations. Frontiers of Theory and Re-search. Thousand Oaks CA: BookSurge Publishing

Krause DE (2010) Macht und Vertrauen in Innovationsprozessen. Ein empirischer Beitrag zu einer Theorie der Führung. Springer, Wiesbaden, S 136

Lane, C. (1998). Introduction: Theories and issues in the study of trust. In C. Lane & R. Bachmann (Eds.), Trust within and between organizations (pp. 1–30). Oxford: Oxford University Press

Lewis, D. J. & Weigert, A. (1985). Trust as a social reality. Social Forces, 63 (4), 967–985

Luhmann, N. (1989). Vertrauen – Ein Mechanismus zur Reduktion sozialer Komplexität (3. Aufl.). Stuttgart: Enke

Mayer, R. C., Davis, J. J. and Schoorman, F. D. (1995). An integrative model of organizational trust. Academy of Management Review, 20 (3), 709–734

Möllering G (2006) Trust: reason, routine, reflexivity. Elsevier, Amsterdam

Möllering G (2013) Process views of trusting and crises. Bachmann, Reinhard; Zaheer, Akbar: Handbook of Advances in Trust Research. Elgar, Cheltenham, S 285–305

Neuberger O. 2006. Vertrauen vertrauen? Misstrauen als Sozialkapital. In: Götz K. 2006. Vertrauen in Organisationen. München, Mering. Rainer Hampp; 11–55

Schein EH. 1990. Organizational Culture. In: American Psychologist; 45(2): 109–119

Shiv B, Edell JA, Payne JW. 1997. Factors affecting the Impact of Negatively and Positively Framed Ad Messages. In: Journal of Consumer Research; 24: 285–294

Schön W (2020) Vertrauen, die Führungsstrategie der Zukunft. So entstehen Vertrauen, Wirkung und persönlicher Erfolg. Springer, Berlin, S 46

Specht C, Penland PR (2016) Aktives Zuhören. Wer etwas zu sagen hat, muss zuhören können. Available via Zeit Online. https://www.zeit.de/karriere/2016-02/aktives-zuhoeren-kommunikation-verbesserung/komplettansicht. Zugegriffen: 25 Juni 2022

Treibel A (2006) Einführung in soziologische Theorien der Gegenwart. Springer, Wiesbaden

Vollmar S, Becker R, Hoffend I (Hrsg) (2013a) Macht des Vertrauens. Perspektiven und aktuelle Herausforderungen im unternehmerischen Kontext. Springer, Wiesbaden,

Wenzel H (2001) Die Abenteuer der Kommunikation. Echtzeitmedien und der Handlungsraum der Hochmoderne. Velbrück Wissenschaft, Weilerswist

Woischwill B (2017) Vertrauen und Kommunikation bei einer Dienstleistung. Eine prozess-orientierte Studie. Springer, Wiesbaden

Zündorf, L. (1986). Macht, Einfluss, Vertrauen und Verständigung. Zum Problem der Handlungskoordinierung in Arbeitsorganisationen. In R. Seltz, U. Mill und E. Hildebrandt (Hrsg.), Organisation als soziales Sys-tem. Kontrolle und Kommunikationstechnologien (S. 33–65). Berlin: Sigma

Arten des Vertrauens

7

„Der Mensch denkt und Gott lenkt." (Alte Volksweisheit)

Das Verständnis des Konzeptes Vertrauen hat sich im Wandel der Zeit geändert. Insbesondere durch die Industrialisierung wurde erkennbar, dass die Vertrauensfrage an Popularität erlangte. Hierzu Frevert: „Die Karriere der Vertrauensfragen begann im 18. Jahrhundert, setzte sich im 19. Jahrhundert mit gesteigerter Intensität fort und erlebte im letzten Drittel des 20. Jahrhunderts einen Höhepunkt (Frevert 2013)." Schauen wir uns nachfolgend drei ausgewählte Facetten der Vertrauensthematik an.

7.1 Selbstvertrauen

Führungskräfte werden diese Erfahrung vielleicht schon gemacht haben: Motivationsredner:innen und motivierende Mitarbeiter:innenseminare zielen nicht selten darauf ab, das Selbstvertrauen des Publikums zu stärken. Selbstvertrauen kann als eine Form von innerer Sicherheit bezeichnet werden, die sich auf den wirksamen Einsatz eigener Fähigkeiten bezieht. Beim Selbstvertrauen geht es um die Beziehung mit sich selbst. Dadurch, dass getan wird, was man sich selbst vornimmt, werden positive Erwartungen sich selbst gegenüber erfüllt. Erreichte Ziele und das Gefühl, sich selbst vertrauen zu können, steigern gleichzeitig auch das Selbstbewusstsein und den Selbstwert. Der eigene eben beschriebene Selbstwert kann im Austausch mit Kolleg:innen, Geschäftspartner:innen, Institutionen oder übergeordneten Strukturen eine wichtige Rolle spielen. Den Zusammenhang von beruflichem Erfolg und Selbstvertrauen beschreibt auch die Psychologin Lemper-Pychlau (2015) und hebt hierbei unter anderem den positiven Umgang mit Unsicherheiten (siehe Kap. 1) hervor sowie die Chance, als Akteur:in mit Selbstvertrauen auch das Umfeld begeistern zu können (Lemper-Pychlau 2015). Der Wirtschaftswissenschaftler Däfler ergänzt in diesem Zusammenhang die

Bedeutung von Selbstvertrauen hinsichtlich dynamischer Arbeits- und Lebensumstände, die psychologisch eine gewisse Form von Gelassenheit erfordern, um individuelle berufliche Ziele engagiert zu verfolgen (Däfler 2020). Diese Gelassenheit entsteht aus dem sich-auf-sich-selber-verlassen. Wer die eigenen Fähigkeiten und Verhaltensweisen einschätzen kann, ist gelassen und strahlt dies auch selbstbewusst aus.

Das Vertrauen ins Selbst ist Grundpfeiler für wichtige wirtschaftliche Phänomene wie Entrepreneurship, Intrapreneurship und Social Entrepreneurship, da durch Selbstvertrauen die eigene Innovationsfähigkeit positiv beeinflusst werden kann. Die Verbindung von Vertrauen in sich selbst als Wirtschaftsfaktor im Bereich einer Gründung beschreiben Freiling und Harima wie folgt: „Ferner wird Gründungsmotivation nicht entstehen können, wenn man selbst nicht vollends überzeugt ist, ein solches Vorhaben auch verwirklichen zu können. Dieser erste Baustein von Gründungsmotivation wird auch „gründungsbezogene Selbstwirksamkeit" (entrepreneurial self-efficacy) genannt (Bandura 1997). Sie beschreibt den Glauben und das Vertrauen in die eigenen Möglichkeiten (Ressourcen und Fähigkeiten), den Herausforderungen eines Gründungsvorhabens ungeachtet aller Unwägbarkeiten gewachsen zu sein (Shane et al. 2012); Freiling und Harima 2019)."

Um Verantwortung zu übernehmen und besonders auch mit Kritik umzugehen, ist Selbstvertrauen ebenfalls essenziell wichtig. Bei Selbstvertrauen geht es gerade auch darum, stellenweise die eigene Mittelmäßigkeit zu akzeptieren und dadurch Demut empfinden zu können, ohne kontinuierlich nach Bestätigung von außen suchen zu müssen. Wenn Fehler mit einkalkuliert werden und mit diesen souverän umgegangen wird, dann werden Krisenfestigkeit durch Selbstvertrauen ausgestrahlt. Frauke Austermann erläutert hierzu (Abschn. 16.12): „Wenn man das Gefühl bekommt, dass eine Person sich selbst nicht vertraut, warum sollten andere Menschen dies tun? Entsprechend ist Selbstvertrauen häufig an wirtschaftlichen Erfolg gekoppelt. Insbesondere in der Wirtschaft ist dieser Zusammenhang zu erkennen, zum Beispiel, wenn man typische Herangehensweisen von Frauen und Männern miteinander vergleicht: Verschiedene Studien belegen, dass Männer dazu tendieren, ihre Fähigkeiten zu überschätzen, während Frauen dazu tendieren, ihre Fähigkeiten zu unterschätzen. Viele Frauen würden sich zum Beispiel nur auf eine Stelle bewerben, wenn sie sicher sind, dass sie alle gelisteten Kriterien erfüllen. Männer sind hier häufig „selbstbewusster" und würden sich auch bewerben, wenn sie beispielsweise nur acht von zehn Kriterien einer Stellenanzeige erfüllen."

Austermann ergänzt weiterhin: „Ebenfalls kann man sagen, dass auch das Umfeld Frauen und Männer in die stereotypischen Raster einordnet und somit einer selbstbewussten Frau zu Bescheidenheit rät und einem schüchternen Mann Mut zuspricht. Diese Wechselwirkung und Logik zieht sich durch über Vorstellungsgespräche, Gehaltsverhandlungen und Beförderungen. Das Resultat ist, dass Männer weltweit deutlich häufiger einflussreiche Positionen in Wirtschaft und Politik bekleiden als das bei Frauen der Fall ist. Kulturelle Unterschiede gibt es allerdings auch hier (beispielsweise nordische Länder versus Deutschland)." Doch auch hier kann man leichte Unsicherheiten bewältigen. Frauke Austermann erklärt: „Durch systematisches Erarbeiten,

Erkennen und Einordnen der eigenen Fähigkeiten im Vergleich zu Anforderungen und Mitbewerber:innen sowie durch Rollenmodelle, die zeigen, was möglich ist, kann Selbstvertrauen systematisch positiv beeinflusst werden."

▶ **Erkenntnis** Selbstvertrauen kann für Führungskräfte von essenziell wichtiger Bedeutung sein, wenn Vertrauen in einem vorgeschlagenen Weg aufgebaut werden soll. Gleichwohl ist die Balance zu finden, um nicht durch überzogenes Selbstvertrauen kontraproduktiv die eigene Vertrauenswürdigkeit zu erschüttern. Weiterhin ist es wichtig, das Selbstvertrauen der Mitarbeitenden zu stärken, sodass sie an ihre eigene Selbstwirksamkeit glauben.

7.2 Persönliches Vertrauen

Als Grundlage gilt: „Doch das „sich selbst vertrauen können" entfaltet eine weitere wichtige Wirkung, denn nach Luhmann (2014) ist es eine Voraussetzung für die Bereitschaft, anderen vertrauen zu können (Schön 2020a)." Begegnen sich zwei unbekannte Menschen, stellt sich ultimativ die Vertrauensfrage: Kann ich dieser Person vertrauen? Vertraut diese Person mir? Auf die Arbeitswelt bezogen: Kann ich dem oder der neuen Mitarbeiter:in vertrauen, diese Aufgabe zur erfolgreichen Bearbeitung übergeben? Vertraut mir ein:e Mitarbeiter:in in der Zusammenarbeit? Hierbei geht es dann um persönliches Vertrauen. In diesem Sinne ist persönliches Vertrauen (teilweise auch interpersonales Vertrauen genannt) beispielsweise in der Arbeitswelt als ein Projekt zu verstehen, das Kompetenz benötigt (z. B. kompetente Selbstdarstellung von beruflichen Stärken), Ressourcen verlangt (z. B. Zeit investieren in Beziehungspflege zu Kolleg:innen) sowie die Relevanz von Netzwerken betont (z. B. der Austausch im Arbeitsteam untereinander, um sich wechselseitig Vertrauen zu versichern). Schön betont hierbei die Wichtigkeit der Wechselseitigkeit dieser Perspektive: „Das interpersonale Vertrauen bezieht sich auf die Interaktion einer vertrauensgebenden Person und einer vertrauensnehmenden Person. Dies können Kollegen sein, aber auch Personen aus der Geschäftsleitung eines Unternehmens. Die Geschäftsleitung (GL) – der CEO, die Chefin, der Chef – steht immer unter besonderer Beobachtung der Mitarbeiterschaft, aber auch im Fokus der Öffentlichkeit. Ihr Verhalten erzeugt Wirkung in beiden Aspekten der Vertrauensbildung (Schön 2020b)." Hierbei wird wiederum deutlich, wie wichtig der Faktor Kommunikation ist, um sich wechselseitig zu orientieren, koordinieren sowie zu entscheiden: Kann ich vertrauen? Wird mir vertraut? Wieso? Wieso nicht? Hierzu können die bereits vorgestellten fünf Elemente vertrauensvoller Kommunikation zurate gezogen werden. In der Kommunikation zum Aufbau persönlichen Vertrauens wird abermals die Relevanz der Selbstdarstellung betont.

Der Soziologe Goffman stellt hierzu fest: „Denn wenn die Tätigkeit des Einzelnen Bedeutung für andere gewinnen soll, muß er sie so gestalten, daß sie während der Interaktion das ausdrückt, war er mitteilen will (Goffman 2008)." Die hierbei auftretenden emotionalen Effekte sind insbesondere für die Arbeitswelt nicht zu unterschätzen. Goffman erklärt: „Wenn jemand spürt, daß sein Image stimmig ist, dann reagiert er typischerweise mit Gefühlen von Vertrauen und Sicherheit. Überzeugt von seinem Verhalten, glaubt er seinen Kopf hochhalten und sich selbst offen anderen darstellen zu können. Er fühlt sich irgendwie sicher und unbefangen (Goffman 1986a)." Und diese emotionalen Effekte können natürlich auch in die andere Richtung wirken und somit die individuelle Leistungsbereitschaft, Leistungsfähigkeit bzw. Arbeitsproduktivität in der Wirtschaftswelt blockieren. Goffman schreibt hierzu: „Mangel an verständiger Unterstützung kann ihn bestürzen, ihn verwirren und ihn momentan unfähig zum Interagieren machen (Goffman 1986a)." Persönlichen Begegnungen zwischen Kolleg:innen können zu zeitintensiven Abstimmungsprozessen führen, um persönliches Vertrauen aufzubauen oder zu erhalten. Goffman erklärt hierzu: „Ein Großteil der Aktivität während einer Begegnung kann als die Bemühung eines jeden verstanden werden, die Situation und alle nichtantizipierten und nichttendierten Ereignisse, die die Interaktionsteilnehmer in ein schlechtes Licht setzen könnten, zu bewältigen (Goffman 1986b)."

▶   **Erkenntnis** Führungskräfte haben es auf der Hand, durch ihre Person die eigene Vertrauenswürdigkeit gegenüber anderen zu steuern. Das betrifft nicht nur die situativ angepasste Selbstdarstellung, sondern auch die ganz konkreten Aktivitäten im Arbeitsalltag. Gleichzeitig geht es darum zu antizipieren, ob einem selbst vertraut wird und wie man das persönliche Vertrauen im zwischenmenschlichen Bereich der Mitarbeitenden begleitet. Dies beginnt beispielsweise bei der Kommunikation mit Bewerber:innen im Vorstellungsgespräch, in deren Probezeit sowie generell bei ihrer alltäglichen Mitarbeit.

7.3   Systemvertrauen

Die Vervielfachung von beruflichen Spezialisierungen, Produktionsweisen oder grenzüberschreitender Handelsbeziehungen steigerte die Komplexität der Systeme, der Wirtschaftswelt und damit auch die Unsicherheit. Somit wurde während der Industrialisierung in den letzten 200–300 Jahren die Vertrauensthematik in der Wirtschaftswelt und ihrer übergeordneten Systematik stetig relevanter. Mehr und mehr Firmengründungen bieten unterschiedlichste Produkte oder Leistungen an, ohne gleichzeitig auf eine jahrhundertelange Familientradition verweisen zu können. Durch die veränderten Rahmenbedingungen (z. B. Industrialisierung, gesellschaftliche Differenzierung, Institutionalisierung) gab es vermehrt eher unbekannte Situationen zu meistern und es stellte sich somit immer häufiger die Vertrauensfrage. Diese Entwicklung führte dazu, dass ein System von vielschichtigen Kontrollmechanismen entstanden ist, das auf Systemvertrauen beruht. Die Welt bzw. die Wirtschaftswelt wurde mit der Industrialisierung immer komplexer und durch vielschichtigere Variablen schwieriger zu verstehen. Gab es früher vielleicht nur einen Joghurt im Kaufmannsladen im Angebot, so gibt es heute im gut sortierten Supermarkt vielleicht 20–30 verschiedene Joghurts – alle individuell vom Marketing bzw. Branding positioniert, mit unterschiedlichen Produktmerkmalen. Ein ambitionierter Vergleich allein dieses Angebots hat somit den Charakter einer wissenschaftlichen Abschlussarbeit und macht die Komplexität der gegenwärtigen Wirtschaftswelt beispielhaft deutlich. Es ist das Systemvertrauen, welches bei der Orientierung hilft, denn man vertraut (oder auch nicht) nicht einer einzelnen, persönlich bekannten Person, z. B. dem Milchbauern oder der Milchbäuerin, sondern man vertraut vielleicht der Lebensmittelindustrie allgemein oder der Joghurt-Branche oder einem Lebensmittelkonzern in spezieller Art – um beim Beispiel zu bleiben.

Die Entwicklung des Systemvertrauens (Giddens 1990; Luhmann 1973) charakterisiert die institutionalisierten Regeln und Strukturen, die unter gewissen Voraussetzungen dabei verhelfen, Vertrauen aufbauen zu können, wie es beispielsweise bei Luhmann (1973) und Giddens (1990) vorgestellt wird. Konkret kennzeichnet Systemvertrauen bei Giddens (1990) sogenannte Zugangspunkte, bei denen Vertreter von abstrakten Systemen auf Individuen oder Gruppen von Individuen treffen.

Im Jahr 2021 gab es ein gut verständliches Beispiel, wie Führung Systemvertrauen beeinflussen kann. Der damalige deutsche Gesundheitsminister Jens Spahn hat durch seine Auftritte in der Bundespressekonferenz, durch seine Argumentation neueste Entwicklungen der Coronavirus-Krise in unterschiedlicher Weise präsentiert. Wenn es ihm hierbei gelingt, die Risikobewertung zur Coronavirus-Krise innerhalb der Bevölkerung zu verringern und das Vertrauen in das deutsche Gesundheitssystem zu stärken, dann ist das ein Beispiel für Systemvertrauen.[1]

▶ **Erkenntnis** Professionelle Führung sollte analysieren sowie einordnen, wann für die Erreichung wirtschaftlicher Ziele persönliches Vertrauen und wann Systemvertrauen von besonderer Bedeutung ist und entsprechend die Wahrnehmung von Vertrauenswürdigkeit steuern.

Literatur

Bandura, A. (1997). Self-efficacy: The exercise of self-control. New York: Freeman

Däfler M-N (2020) Das Passwort fürs Leben heißt Humor. Die 44 Geheimnisse gelassener Menschen. Springer, Wiesbaden

Freiling J, Harima J (2019) Entrepreneurship. Gründung und Skalierung von Startups. Springer, Wiesbaden, S 18

---

[1] Zweifellos gab es bei der Kommunikation von Herrn Spahn eine große Vielfalt an Sichtweisen – positive und negative Einordnungen. Nicht zu ignorieren sind natürlich auch die Fragen hinsichtlich zur generellen politischen Integrität von Herrn Spahn.

Frevert U (2013) Vertrauensfragen. Eine Obsession der Moderne. Beck, München, S 25

Giddens A (1990) The consequences of modernity. Stanford University Press, Stanford

Goffman E (1986a) Interaktionsrituale. Über Verhalten in direkter Kommunikation. Suhrkamp, Frankfurt a. M., S 13

Goffman E (1986b) Interaktionsrituale. Über Verhalten in direkter Kommunikation. Suhrkamp, Frankfurt a. M., S 48

Goffman E (2008) Wir alle spielen Theater. Die Selbstdarstellung im Alltag. Piper, München, S 31

Lemper-Pychlau M (2015) Erfolgsfaktor gesunder Stolz. Wie Sie Ihre Selbstzweifel loswerden und Ihr Leben genießen. Springer, Wiesbaden

Luhmann N (1973) Vertrauen. Ein Mechanismus der Reduktion sozialer Komplexität. Enke, Stuttgart

Luhmann N (2014) Vertrauen. Ein Mechanismus der Reduktion sozialer Komplexität. UVK Verlagsgesellschaft mbH, Konstanz

Shane, S., Locke, E. A., & Collins, C. J. (2012). Entrepreneurial motivation. Human Resource Management Review, 13, 257–279

Schön W (2020a) Vertrauen, die Führungsstrategie der Zukunft. So entstehen Vertrauen, Wirkung und persönlicher Erfolg. Springer, Berlin, S 69

Schön W (2020b) Vertrauen, die Führungsstrategie der Zukunft. So entstehen Vertrauen, Wirkung und persönlicher Erfolg. Springer, Berlin, S 45

Ausblick: Vertrauen im Wandel

8

„Die Wände haben Ohren." (Alte Volksweisheit)

Ausgewählte Varianten des Vertrauens und ihre Verbindungen zur Wirtschaftswelt wurden bereits vorgestellt. Diese Arten des Vertrauens können den Menschen in unterschiedlicher Art und Weise beeinflussen. Die Frage ist: Welche Rahmenbedingungen werden die Auseinandersetzung mit der Vertrauensfrage zukünftig in der Wirtschaftswelt prägen? Schauen wir beispielhaft auf ausgewählte Herausforderungen für Führungskräfte, die heute und morgen sehr wahrscheinlich von Relevanz sind und sein werden.

8.1 Aufmerksamkeitsdefizite

Die Zuwendung zu digitalen Endgeräten kann die Vertrauenskommunikation zwischen Menschen, besonders in der Arbeitswelt, negativ beeinflussen. Wer nicht richtig auf den oder die Gesprächspartner:in konzentriert ist, weil vielleicht gerade eine Nachricht auf dem Handy eingetroffen ist, verringert Chancen beim Vertrauensaufbau in zweifacher Hinsicht. Einmal wird die eigene Vertrauenswürdigkeit unter diesem Verhalten leiden. Des Weiteren wird es schwieriger wahrzunehmen und zu entscheiden, ob der oder die Gesprächspartner:in vertrauenswürdig ist. Aufmerksamkeitsdefizite (Reh et al. 2015; Endres et al. 2022) bedrohen somit die Entwicklung von persönlichem Vertrauen, was wiederum unterschiedlichste unerwünschte Folgen haben kann.

© Springer Fachmedien Wiesbaden GmbH, ein Teil von Springer Nature 2022
N. Bogott und B. Woischwill, *Vertrauen. Macht. Wirtschaft.*,
https://doi.org/10.1007/978-3-658-37400-6_8

8.2   Geschwindigkeit

Eine weitere Herausforderung ist die mit der Digitalisierung verbundene Geschwindigkeit von Interaktion (Kaiser et al. 2021). Die Wirtschaftswissenschaftlerin Ehmke erklärt
hierzu: „In Zeiten von Sozialen Netzwerken wie Facebook, Twitter oder YouTube braucht
es lediglich Sekundenbruchteile, um eine Botschaft mit Millionen von Nutzern zu
teilen (Ehmke 2019a, S 4).“ Dies führt oft dazu, dass Nachrichten digital ausgetauscht
werden, die nicht wohl überlegt sind, oder auch aus Gefühlen von Anxiety (Angst-
störung), geteilt werden. Man kann hier an *Trolls* denken. Für die PR-Verantwortlichen
der Unternehmen bedeutet dies ein kaum kalkulierbares Risiko, denn ist eine Unter-
nehmensnachricht einmal im Netz unterwegs, ist eine Kontrolle der anschließenden
Kommunikation nahezu unmöglich. Die Auswirkungen für die Wirtschaft sind überaus groß. Ehmke stellt hierzu fest: „PR-Mitarbeiter werden durch die enorme Popularität der Sozialen Netzwerke mehr als je zuvor vor die Herausforderung gestellt,
potenziellen Krisen kommunikativ weitestgehend vorzubeugen und imageschädigende
Kommunikationsinhalte gar nicht erst entstehen zu lassen. In Anbetracht der permanenten
‚Gefahr‘ durch das Eintreffen einer plötzlichen und unerwarteten Krisensituation ist dies
freilich ein besonders anspruchsvolles Unterfangen (Ehmke 2019b, S 5).“

Die Frage ist somit, wie man mit der Herausforderung Geschwindigkeit als
Führungskraft umgeht. Welche Regeln werden erstellt, um in gewissen Momenten auch
Entschleunigung zu ermöglichen und somit Prozessen die Chance zu geben, die Ver-
trauensfrage erfolgreich zu beeinflussen.

8.3   Digitale Welten

Eine weitere spannende Herausforderung ist die Digitalität (Kaiser et al. 2021), Techno-
logie und die damit verbundenen Vertrauensfragen (Jäcke 2020). Wie kann sichergestellt werden, dass jemand authentisch ist, allein durch digitale Kommunikation
beispielsweise via LinkedIn? Wie können sich Personen von digitalen Plattformen
zurückziehen oder diese erst gar nicht nutzen und trotzdem effektive, vertrauensvolle
Austauschprozesse mit anderen erzielen? Wie kann ein digitales Leben in kontrollierter
Form aussehen? All diese Fragen thematisieren grundlegend wichtige Phänomene, die
in den nächsten Jahren auch die Vertrauensfrage im Wirtschaftssektor beeinflussen
wird. Wenn beispielsweise ein:e Geschäftspartner:in die Kommunikation mit einer
bestimmten Messenger-App bevorzugt, aber der oder die andere Geschäftspartner:in
diesen Weg ablehnt – wie kann dann wirtschaftliche Zusammenarbeit produktiv
gestaltet werden?

Gleichzeitig ist die Politik gefragt, um die notwendigen Rahmenbedingungen zu
setzen. Die Datenschutzgesetze der EU sind ein erster Schritt in diese Richtung (Your
Europe 2021). Es geht also einmal um die individuellen Verhaltensweisen und dann

aber auch um die Gesetze, die auf nationaler und internationaler Ebene diese digitalen Technologien strukturieren. Und das wird Schritt für Schritt auch die Vertrauensthematik beeinflussen. Wenn die Risiken klarer zu erkennen und kalkulieren sind, dann wird auch die Frage der Vertrauenswürdigkeit einfacher zu beantworten sein. Trotz aller stets bleibender Unsicherheiten sollte versucht werden, Strukturen in digitalen Welten zu etablieren, die wirtschaftliche Austauschprozesse positiv beeinflussen (Kaiser et al. 2021).

8.4 Reflektion

Wirtschaftliche Unsicherheiten erzeugten besondere mentale Belastungen für Führungskräfte (Geramanis und Hermann 2016). Vertrauen beruht auf Informationen bzw. der Kommunikation von Informationen und deren Bewertung (Wenzel 2001; Woischwill 2018). Jedoch, wie können wir Informationen erhalten? Da Führungskräfte generell nicht alles selbst erleben können, beruhen gewisse Einschätzungen auf der richtigen Auswertung und Kommunikation basierend auf medialer Berichterstattung. Vor dem Hintergrund unterschiedlichster Unsicherheiten, bedeutsamer ökonomischer Krisen, komplexer wirtschaftlicher Risikobewertungen stellt sich die Frage, wie abseits vom nicht empfehlenswerten blinden Vertrauen eine aktive Auseinandersetzung mit der Vertrauensfrage in der Wirtschaftswelt gelingen kann (Keuper und Sommerlatte 2016; Posé 2016).

Literatur

Ehmke E (2019a) Kommunikation und Vertrauen in betrieblichen Krisensituationen. Eine linguistische Analyse am Beispiel der Bankenkrise. Springer, Wiesbaden

Ehmke E (2019b) Kommunikation und Vertrauen in betrieblichen Krisensituationen. Eine linguistische Analyse am Beispiel der Bankenkrise. Springer, Wiesbaden

Endres E-M, Puzio A, Rutzmoser C (Hrsg) (2022) Menschsein in einer technisierten Welt. Interdisziplinäre Perspektiven auf den Menschen im Zeichen der digitalen Transformation. Springer, Wiesbaden

Geramanis O, Hermann K (2016) Führen in ungewissen Zeiten. Springer, Wiesbaden

Jäcke A (2020) Vertrauen und Führung im Kontext digitaler Arbeit. Trust and leadership in the context of digital work. Gruppe. Interaktion. Organisation. Zeitschrift für Angewandte Organisationspsychologie (GIO) 51:169–176. https://link.springer.com/article/10.1007/s11612-020-00516-y

Kaiser S, Kozica A, Böhringer F et al (2021) Digitale Arbeitswelt. Wie Unternehmen erfolgreich die digitale Transformation gestalten können. Springer, Wiesbaden

Keuper F, Sommerlatte T (Hrsg) (2016) Vertrauensbasierte Führung. Devise und Forschung. Springer, Berlin/Heidelberg

Posé U (2016) Von der Führungskraft zur Führungspersönlichkeit. Vom Wert einer Vertrauens- und Verantwortungskultur. Springer, Wiesbaden

Reh S, Berdelmann K, Dinkelaker J (Hrsg) (2015) Aufmerksamkeit. Geschichte – Theorie –
    Empirie. Springer, Wiesbaden

Wenzel H (2001) Die Abenteuer der Kommunikation. Echtzeitmedien und der Handlungsraum der
    Hochmoderne. Velbrück Wissenschaft, Weilerswist

Woischwill B (2018) Vertrauen und Kommunikation bei einer Dienstleistung. Eine prozess-
    orientierte Studie. Springer, Wiesbaden

Your Europe (2021) Datenschutz im Rahmen der Datenschutz-Grundverordnung. Available via
    Your Europe. https://europa.eu/youreurope/business/dealing-with-customers/data-protection/
    data-protection-gdpr/index_de.htm. Accessed 25 Jun 2022

Vertrauen und Führung

9

„Wie in den Wald hineingerufen wird, so schallt es heraus." (Alte Volksweisheit)

Führungskräfte sind Menschen, die die meiste Macht in Unternehmen haben. Sie können unternehmerische Ziele besser erreichen, indem sie vertrauensfördernde Maßnahmen in ihren Führungsstil integrieren (Gräser 2016). Dies ist von essenzieller Bedeutung, denn Vertrauen verhilft zu mehr Einflussnahme. Hierbei ist es wichtig, dass es bei nachhaltig erfolgreicher Führung immer um eine angemessene Mischung von Vertrauen und Kontrolle geht (Posé 2016). Schauen wir nun konkreter auf Schlüsselbegriffe, die die Herausforderung Vertrauen als Einflussfaktor der Wirtschaft prägen und von Führungskräften beim Aufbau einer Vertrauenskultur berücksichtigt werden sollten.

Hierbei charakterisieren wir folgende Struktur: Zum Aufbau einer 1) Vertrauenskultur, die Handlungsspielräume erweitert, sollten 2) Führungskräfte ihre 3) Kommunikation als 4) Prozess betrachten, um 5) Teams zu beeinflussen.

Die vorgestellten Strategien basieren vorrangig auf Expert:inneninterviews und dokumentierten Sekundäranalysen. Sie sollten zielgerichtet von Führungspersonen angewendet werden, um in der Arbeitswelt eine vertrauensvolle Atmosphäre und Kultur zu etablieren, um Dinge zu bewegen. Der individuell passende Mix dieser Aspekte kann im Arbeitskontext besondere Synergien hervorrufen, die die Innovationskraft und Leistungsfähigkeit aller beteiligten Mitarbeiter:innen steigern können.

9.1 Vertrauenskultur

Führungskräfte haben die Chance, einen Rahmen zu schaffen, indem sie eine positive Vertrauenskultur etablieren und aufrechterhalten, um ihren Wirkungsspielraum zu erweitern. Schön stellt hierzu fest: „Die Vertrauenskultur bezieht sich auf die innerbetriebliche Kommunikation, das Handeln und das Miteinander im Unternehmen,

© Springer Fachmedien Wiesbaden GmbH, ein Teil von Springer Nature 2022
N. Bogott und B. Woischwill, *Vertrauen. Macht. Wirtschaft.*,
https://doi.org/10.1007/978-3-658-37400-6_9

welches durch Berechenbarkeit, ein gemeinsames Interesse und wechselseitiges Vertrauen geprägt ist. Ziel ist ein auf ein gemeinsames Ziel hin orientiertes vertrauensvolles Miteinander, das ohne Misstrauen und Kontrolle funktioniert und somit die zur Verfügung stehenden persönlichen und betrieblichen Ressourcen in die Erreichung der gemeinsamen Ziele und der gemeinsam definierten individuellen Aufgaben investiert. Dadurch ist das innerbetriebliche Agieren durch Eigen- und Gruppenverantwortlichkeit, gegenseitiges Interesse, Respekt und Wertschätzung geprägt. Eine umgesetzte Vertrauenskultur resultiert in einer Beschleunigung von Prozessen bei gleichzeitiger Reduktion der Prozesskosten und einer hohen individuellen Eigenverantwortlichkeit der im Unternehmen agierenden Menschen jeder Hierarchiestufe (Schön 2020a, S. 38–39.)."

Interessant ist, dass im Prinzip jede Firma schon automatisch eine mehr oder weniger starke Vertrauenskultur hat. Schön weiterhin hierzu: „Jedes Unternehmen hat eine Vertrauenskultur, unabhängig davon, ob die Ausprägung eher positiv oder negativ ist. Die wichtige Frage lautet deshalb: Wie stark ist die Vertrauensorientierung im Unternehmen ausgeprägt und wie vertrauenswürdig handelt die Vorstands- und Geschäftsleitungsebene gegenüber den Mitgliedern der Organisation? In der Alltagskommunikation wird der Begriff ‚Vertrauenskultur' immer im positiven Sinne verwendet, sprich als implizite Beschreibung einer Vertrauensorientierung (Schön 2020a, S. 132)."

Die unternehmerisch wichtigen Faktoren Innovation und Kreativität sind eng mit einer Vertrauens- und Fehlerkultur verbunden. Sie sind Schlüsselfaktoren, die die Produktivität und den Erfolg einer Unternehmung positiv beeinflussen können. Eine hilfreiche Strategie hierbei kann das *Design Thinking* sein. Hierzu formulieren Frieling und Harima: „Durch kontinuierliches Lernen und die Nutzung unserer kollektiven Kreativität und Intuition ist es möglich, für jedes Problem eine Lösung zu finden – auch wenn sich die oftmals vielen kleinen Schritte und Iterationsschleifen zeitweise wie Stillstand anfühlen. Das Prinzip Vertrauen beginnt mit dem Zutrauen in sich und in eigene Fähigkeiten. Gerade, wenn wir noch keine Design-Thinking-Erfahrung besitzen, kann es passieren, dass wir unsere Eignung bei Problemerkundung oder Ideenbildung hinterfragen. Die Angst, von Anderen bewertet zu werden, ist häufig die größte Barriere, die überwunden werden muss, um sich kreativ entfalten zu können. Dabei hilft das Vertrauen in die eigene Lernfähigkeit und die Erweiterung des eigenen Horizonts. Jeder Lernerfolg in Bezug auf den Problemkontext und die Lösung beflügelt unsere Kreativität und bringt neue Ideen (Freiling und Harima 2018)." Es wird klar, dass kreative Prozesse einen fördernden und vertrauensvollen Rahmen brauchen, in dem sie Raum finden. Die drei Arten des Vertrauens, das Selbstvertrauen, das persönliche Vertrauen und das Systemvertrauen sind hierbei von besonderer Relevanz.

Führungskräfte sind ein ausschlaggebender Faktor, eine Vertrauenskultur zu erzeugen, in dem Prozesse kreativ gestaltet und von ihnen gelenkt werden können. Einen Schritt weiter geht Schön, wenn er ausführt: „Die Fähigkeit, Vertrauen aufzubauen, ist eine Schlüsselkompetenz erfolgreicher Führungskräfte. Und im Sinne der hier diskutierten Thematik betrifft dies nicht nur das obere Management, sondern alle Personen, die Teams disziplinarisch oder in einer Matrixstruktur führen. […] Es gilt die Sinnhaftigkeit der Projektziele und die Richtigkeit der gewählten Vorgehensweise vertrauenswürdig zu transportieren und in Meetings (Situationsanalysen, Workshops etc.) durch die Art des Agierens, Abholens, Einbeziehens eine vertrauenswürdige Atmosphäre zu erzeugen. Wie entsteht Vertrauen? Diese Kompetenz sollte in zeitlich vorgelagerten Maßnahmen (Workshops, Coachings etc.) entwickelt werden (Schön 2020a, S. 40–41)."

Halten wir an dieser Stelle fest: Eine Vertrauenskultur ist wichtig, um den Spielrahmen einer Führungskraft zu erweitern und kann durch situativ passende, kommunikative Strategien den Erfolg und die Leistungsfähigkeit einer Unternehmung positiv beeinflussen. Wirtschaftswissenschaftler Kollmann stellt in diesem Zusammenhang das Prinzip der ethischen Führung vor. Ethische Führung basiert dabei auf bestimmten Werten. „Ethische Führungskräfte handeln insbesondere wertorientiert und transparent. Für sie steht das Vertrauen und die soziale Verantwortung der Mitarbeiter an höchster Stelle. Dieses Vertrauen soll auf der anderen Seite dazu dienen, dass Mitarbeiter sich wohlfühlen und das Vertrauen durch Leistung zurückzahlen (Kollmann 2020, S. 34)." Es ist zu berücksichtigen, dass das eigene Wertesystem einer jeden Führungskraft von besonderer Bedeutung ist, Vertrauen kulturell zu erzeugen. Individuelle Werte stehen hierbei natürlich im Austausch mit gesellschaftlichen Normen. Dominic Heinz (Abschn. 16.20) erklärt zur Wirkung gesellschaftlicher Normen auf die Vertrauensbildung: „Nur die Kultur oder die Normen sagen den Akteur:innen, ob bzw. wann es Vertrauen gibt und wann nicht. In manchen Fällen der Kultur oder der Normen kann es auch dazu zu gehören, eben genau nicht zu vertrauen oder das Vertrauen auszunutzen." Robert Caspar Müller (Abschn. 16.14) führt aus, dass das eigene Menschenbild eine Voraussetzung für das Entstehen von Vertrauen ist: „Wenn alle von eigenen Interessen geleitet, von einer strikt rationalen Nutzenmaximierung im Sinne des bekannten Homo oeconomicus ausgehen würden, wäre Vertrauen letztlich überflüssig, da sich Verhalten mittels mathematischer Modelle berechnen ließe. Nicht zuletzt in der Politik werden Menschenbilder implizit oder explizit kommuniziert. So stellt sich ganz aktuell die Frage, ob politische Entscheider auf die Vernunft der Bürgerinnen und Bürger im Sinne eines verantwortungsvoll handelnden Homo sapiens vertrauen oder ob sie eher das Bild von Homer Simpson als anthropologisches Mängelwesen vor Augen haben." Diese Analysen unterstreichen, wie wichtig das individuelle Wertesystem ist und dass es bei jedem Menschen eine soziale Komponente der Vorprägung gibt. Dieser Prägung sollte bewusst wahrgenommen werden, um die eigene Kompetenz vertrauensvoll aufbauen zu können und gleichzeitig den Grad der Vertrauenswürdigkeit anderer Menschen zu analysieren. „Costa (2000) identifiziert [...] drei Bereiche, die dem Vertrauensgeber im Wesentlichen zur Evaluierung der Vertrauenswürdigkeit des Vertrauensnehmers im organisationalen Kontext dienen:

1. Charakter: Bewertung der Integrität, Loyalität und Diskretion des Vertrauensnehmers.
2. Rollenkompetenz: Bewertung, ob der Vertrauensnehmer die Fertigkeiten, Fähigkeiten und das Wissen hat, um eine Aufgabe zu erfüllen.
3. Motive und Intention: Bewertung, ob die Absichten hinter den Handlungen des Vertrauensnehmers als fair empfunden werden (Vollmar et al. 2013, S. 46)."

9.2   Führungskräfte

Wie bereits beschrieben: Führungskräfte sollten sich als *Vertrauensmanager:innen* begreifen, die ihre Aufgabe wahrnehmen und mit den richtigen Strategien eine produktionsfördernde Vertrauenskultur in der eigenen Organisation oder Abteilung etablieren, um ihre eigene Wirkkraft zu stärken. Indem sie die in diesem Kapitel vorgestellten Fähigkeiten kultivieren, werden sie zu *Vertrauensmagneten,* die eine vertrauensvolle Atmosphäre mit vertrauenswürdigen Mitarbeiter:innen kreieren können (Schön 2020a, S. 34–35). Timo Eßer (Abschn. 16.18) beschreibt den Effekt, der ein vertrauensvolles Arbeitsklima auf Mitarbeiter:innen hat: „Ein Aspekt ist die nicht zu unterschätzende Kraft, die freigesetzt wird, wenn ein:e Mitarbeiter:in das Gefühl hat, dass sein:e Vorgesetzte:r ihm/ihr vertraut. Dies darf allerdings kein blindes Vertrauen sein. Darüber hinaus sollte das Vertrauen konsistent mit der eigenen Fachkompetenz, Arbeitserfahrung und positiven Einfluss auf die Teamdynamik sein. Aus diesem Vertrauen bzw. dem Gefühl des ‚vertraut werdens‘, entsteht Freiheit und psychologische Sicherheit bei dem oder der Mitarbeiter:in. Zwei Faktoren, die als Booster für seine Zufriedenheit, Leistungsbereitschaft und -fähigkeit wirken." Hinsichtlich der Anforderungen einer Vertrauenskultur stellt Kollmann fest: „Damit die Angst vor möglichen Veränderungen (bspw. Wegfall des Arbeitsplatzes) unter Mitarbeitern genommen wird, ist es wichtig, dass mit Vertrauen und Empathie innerhalb der Organisation Veränderungspläne kommuniziert werden (Kollmann 2020, S. 28)." Wenn Vertrauen in die Führungskraft fehlt, kann dies zu folgenden Konsequenzen führen: Schwindender Austausch unter den Mitarbeiter:innen, innovative Ideen werden nicht vorgestellt, das Verharren im Absicherungs-Denken, Manifestierung von Bürokratie, Bedeutsamkeit vom Kontrollbedürfnis, Entstehung von Konflikten, Veränderungen werden nicht angegangen sowie fehlende Motivation (Schön 2020b, S. 21–29).

Damit Vertrauen, die eigene Position im Unternehmen als Führungskraft stärken kann, muss diese zuallererst von der Führungsperson selbst vorgelebt werden, um Mitarbeiter:innen zu motivieren. Authentizität ist hierbei ein bedeutendes Merkmal, um dieses Ziel zu erreichen. Sie steht mit der vermuteten Vertrauenswürdigkeit einer Person in enger Verbindung, weshalb Führungskräfte Authentizität auf professionelle Art und Weise kultivieren sollten (Keuper und Sommerlatte 2016; Posé 2016). Authentizität bedeutet also, mit Integrität die eigenen, einzigartigen Werte klar und offen zu vertreten und zu leben (Breyer-Mayländer 2020). Es geht im Kern um Glaubwürdigkeit. Wenn Werte, die gelebt und klar kommuniziert werden, als intrinsisch wahrgenommen werden, dann sind Führungspersonen authentisch. Sagt eine Person etwas, das nicht zu ihr passt, erzeugt das kognitive Dissonanz. Authentizität lässt die Motivation der Führungskraft klar erkennen. Diese wird dann passend zur Persönlichkeit der Person wahrgenommen und ihr wird vertraut. Diese vertrauensfördernde Strategie sollte nicht nur im Arbeitsalltag gelebt und vertreten werden, sondern auch in Stress- oder Konfliktsituationen.

Breyer-Mayländer ergänzt in diesem Zusammenhang, dass es auch hierbei um konkrete Räume geht, genauer gesagt um Handlungsspielräume, bei denen der eigene Einfluss geltend gemacht werden kann. Durch Authentizität wird im Idealfall interpersonelles Vertrauen erzeugt. Die Herausforderung ist zu erspüren, wie viel Nähe und Distanz zwischen Mitarbeiter:innen und Führungspersonal in deren Handlungsspielräumen angemessen ist: „In Wirtschaftsunternehmen stellt sich daher immer wieder aufs Neue die Frage, wie man denn eine sinnvolle Balance von Nähe und Distanz hinbekommen kann. Wahrt man zu viel Distanz, wirkt man unnahbar. Das kann zwar für die Macht grundsätzlich förderlich sein, es hat jedoch den Nachteil, dass Führende in dieser Rolle meist auf formale Machtbasen begrenzt werden. Bei zu viel Distanz können die Geführten nicht ohne Weiteres emotional erreicht werden und die gerade in klassischen Führungsbeziehungen gewünschte Vertrauensbildung kann auch nur schwer einsetzen, wenn jemand zu distanziert wirkt und zu wenig über sich preisgibt. Sobald man jedoch die Distanz aufgibt, wirkt man vielleicht zwar menschlicher, manchmal jedoch auch allzu menschlich. Gerade in Arbeitsbeziehungen signalisieren Mitarbeitende in Studien und Befragungen recht deutlich, dass ihnen eine zu große Nähe zu den Führungskräften auch nicht wirklich sympathisch ist (Breyer-Mayländer 2020)." Dies zeigt, dass zu viel Nähe Vertrauen einbüßen kann. Wenn eine Führungskraft private Sorgen und Gedanken auf der Arbeit mit den Kolleg:innen teilt, dann könnte diese Kraft so wirken, als würde sie selbst nach Halt suchen. Wenn durch zu viel Nähe jedes Gefühl aus einer Führungskraft herausbricht, kann dies zu Irritationen führen. Die Frage stellt sich, ob einer Führungspersönlichkeit vertraut werden kann, wenn diese ihre eigenen Gefühle und ihr eigenes Leben nicht leiten kann. Zu den Chancen von Nähe, unter Erwähnung des Faktors Authentizität, argumentiert Breyer-Mayländer: „Die gezielte Herstellung von Nähe schafft eine Form der Nahbarkeit und ist damit eine Voraussetzung dafür, dass das ‚Publikum‘, seien es nun Mitarbeitende, Investoren oder Kooperationspartner, für sich ein Gefühl dafür entwickeln können, ob sie eine Person als authentisch wahrnehmen, das bedeutet, ob man deren Aussagen und die Handlungen als stimmig empfindet. Die Authentizität wiederum ist die Voraussetzung für Glaubwürdigkeit, die eine notwendige Voraussetzung dafür ist, um im weiteren zeitlichen Verlauf, wenn man Erfahrungen mit der Person sammeln konnte, Vertrauen wachsen zu lassen (Breyer-Mayländer 2020)."

Im Zusammenhang der erfolgreichen Einflussnahme soll kurz der Einflussfaktor Gewissen thematisiert werden. Das Gewissen kann unsere Persönlichkeit prägen. Integrität ist hierbei ebenfalls ein bedeutsamer Aspekt, den auch Cohen und Sherman (2014) beschrieben und analysiert haben (Cohen und Sherman 2014). Ein schlechtes Gewissen wird unser Selbstwertgefühl irritieren, inneren Stress erzeugen und somit unsere berufliche Selbstdarstellung beeinflussen; sie unglaubwürdig machen. In der Konsequenz wird unsere Vertrauenswürdigkeit im Arbeitskontext darunter leiden und hierdurch auch die eigene persönliche berufliche Entwicklung negativ beeinflussen. Auch die eigene Intuition kann durch Stress negativ beeinflusst werden. Das sogenannte Bauchgefühl, kann bei Menschen in Führung eine entscheidende Rolle spielen, vertrauensvoll zu agieren. Oft ist die Intuition der unerklärliche Effekt, der Gefühl und Verstand in Kombination zu einer besonderen dritten Intelligenz vereint (Gigerenzer 2008). Ein schlechtes Gewissen und Stresssituationen können dazu führen, dass die eigene Intuition schwer greifbar ist. Die eigene Intuition zu kultivieren, ist für Führungskräfte von großem Nutzen in der komplexen Arbeitswelt der Gegenwart, da es unmöglich ist, alle Fakten und Daten jederzeit parat zu haben und intensiv zu analysieren. Und dies ist in der Moderne eigentlich die Regel. Es gibt einfach zu viele Informationen, zu viele Fakten, zu viele Details, die man berücksichtigen könnte und müsste. Hieran anknüpfend hat der Psychologe Gerd Gigerenzer eine interessante Publikation mit dem Titel „Bauchentscheidungen: Die Intelligenz des Unbewussten und die Macht der Intuition" verfasst, in der die Bedeutung einer verkürzten Informationsgrundlage sowie die Relevanz der Intuition analysiert wird (Gigerenzer 2008). Er zeigt mit unterschiedlichen Beispielen und Studien auf, dass unter anderem in der Wirtschaft eine zu 100 % rational kalkulatorische sowie intensiv abwägende Analyse losgelöst von der alltäglichen Realität ist und auch nicht ratsam erscheint. Jeremias Kettner (Abschn. 16.8) ergänzt zu diesem Punkt: „Eine vollständige und lückenlose Informationslage als Basis für Entscheidungen ist eine Illusion. Zwar können Risikoanalysen und Szenarioplanungen gewisse Entwicklungspfade beschreiben, welche uns befähigen, vorbereitet zu sein. Trotzdem müssen wir in einer zunehmend komplexen und unsicheren Welt stärker lernen mit Unsicherheiten umzugehen. Am Ende kann man eben nur sich selbst und seinem Urteil vertrauen. Gute Führung baut sicherlich auf offener Kommunikation innerhalb des Teams auf. Auch hilft eine Kultur des Dialogs enorm bei der Gewinnung verschiedener Perspektiven auf einen Sachverhalt. Allerdings gibt es hier eine Grenze, denn zu viele Meinungen wirken kontraproduktiv und hemmen das Vertrauen in die Führung, von der schließlich erwartet wird, Entscheidungen zu treffen und diese auch zu verantworten." Führungskräfte haben die Chance, strukturierten, komplexitätsreduzierenden Bauchgefühlen Raum zu geben. Hierzu gehört das Vertrauen in die erfolgreiche Identifizierung relevanter Optionen und die intuitive Auseinandersetzung mit vorhandenen Entscheidungskriterien.

9.3   Kommunikation

Herausforderungen im Bereich Kommunikation von Führungspersonen sollen nachfolgend hinsichtlich Klarheit, Transparenz und Wahrheitstreue untersucht werden. Sie sind essentiell, um durch Vertrauen in ethischer Art und Weise den eigenen Handlungsspielraum zu erweitern.

9.3.1   Klarheit

Klarheit ist ein zentraler Faktor im vertrauensvollen Führen von Teams (Posé 2016). Dieser Aspekt kann Missverständnisse reduzieren und somit eine produktive Zusammenarbeit ermöglichen. Die Führungskraft übernimmt hierbei eine zentrale Rolle, um diesen Aspekt in Teams zu kultivieren, besonders durch geeignete Kommunikationsmittel. Ob die interne Kommunikation wirklich klar ist, kann beispielsweise durch aktives Zuhören und Feedbackschleifen erörtert werden. Finanz- und Managementexperte Siegel beschreibt

sehr treffend, dass aktives Zuhören Wertschätzung gegenüber anderen zum Ausdruck
bringt. Dem Gegenüber wird gezeigt, dass man deren Anliegen ernst nimmt: „Unter-
brechen und mangelnde Aufmerksamkeit haben im Rahmen des aktiven Zuhörens keinen
Raum und sind kontraproduktiv. Im Arbeitsalltag bringt diese Gesprächstechnik viele
Vorteile: es treten seltener Missverständnisse auf, das gegenseitige Vertrauen wächst und
schwierige Situationen können schneller und effizienter gelöst werden. Die Fähigkeit zum
aktiven Zuhören ist daher eine unverzichtbare interpersonelle Kompetenz und sollte bei
der Personalauswahl mit der entsprechenden Dringlichkeit berücksichtigt werden (Siegel
2020, S. 141)." Das engagierte, aktive Zuhören führt zu einer vertrauensfördernden Transformation zu mehr Einflussnahme. Ein Tool, welches Unternehmen in besonderer Weise
beim gegenseitigen, emphatischen und aktiven Zuhören unterstützt, ist die Philia-Methode.
Es ist eine Kommunikationsmethode, welche auf dem Modell des aktiven Zuhörens
basiert und sowohl in Teams als auch in One-on-One-Situationen ein Klima des gegenseitigen Respektes kreiert (Philia 2022). Dadurch, dass alle Teilnehmenden im Gespräch
gleich viel Zeit und Raum bekommen sich mitzuteilen, sowie durch effektive Feedback-
Mechanismen, wird Missverständnissen vorgebeugt. Lösungen und Klarheit entsteht also
schon beim Zuhören und Gesprächsverläufe sind sowohl transparent als auch vorher-
sehbar: Ein ganz klarer Aspekt klarer und vertrauensvoller Kommunikation. Klarheit in der
Kommunikation, beispielsweise durch professionelles und gleichzeitig positives Feedback,
fördert einen arbeitsbeziehungsfördernden Kommunikationsstil und eine faire Würdigung
der Arbeitsleistung, die ebenfalls Vertrauen aufbauen kann (Blank 2011).

Auch in der Außendarstellung der gesamten Unternehmung ist Klarheit von Relevanz,
wie Siegel es darstellt: „Daher kann man das Vertrauen der Öffentlichkeit (und der
Abnehmer) nur dann erwerben, wenn das Unternehmensverhalten und die Leistungen
in Einklang mit der eigenen Kommunikation stehen. Eine erfolgreiche, vertrauensbildende Außendarstellung basiert daher wesentlich auf der Glaubwürdigkeit des Unternehmens und seiner Leitung. Letztere ist für Gründer daher überlebenswichtig. In
diesem Zusammenhang sei auch erwähnt, dass Taten immer mehr wiegen als Worte.
Wer zum Beispiel auf dem Gebiet der Nachhaltigkeit richtig handelt und diesen Taten
eine gelungene Kommunikation folgen lässt, setzt ein echtes Zeichen und gewinnt entsprechend an Glaubwürdigkeit (Siegel 2020, S. 194)."

Frauke Austermann (Abschn. 16.12) ergänzt zum Thema Klarheit, dass, um Vertrauen
auch über das eigene Team bzw. die eigene Abteilung hinaus zu stärken, „Working Out
Loud" (Laut zu Arbeiten) ein gutes Kommunikationswerkzeug ist. Es handelt sich dabei
um ein Selbst-Coaching-Programm für kleine Teams mit mindestens drei und maximal
fünf Mitgliedern, sogenannte „Circles" (Kreise). Das Programm kann vollkommen
selbstständig von den Circle-Mitgliedern mittels frei verfügbarer Leitfäden durchgeführt
werden. Erfunden wurde es von Bryce Williams; weiterentwickelt und weltweit bekannt
gemacht hat es John Stepper. Im Kern geht es darum, andere systematisch an der eigenen
Arbeit und den eigenen Tätigkeiten aktiv teilhaben zu lassen. Durch diesen „Sharing is
caring"-Ansatz baut man systematisch Vertrauen und Beziehungen auf, was wiederum
dabei hilft, dass man selbst konkrete Ziele erreicht oder Neues lernt.

Working Out Loud nach John Stepper orientiert sich hierbei laut Frauke Austermann an folgenden Werten bzw. Prinzipien:

1. Die Orientierung an Beziehungen („relationships")
2. Großzügigkeit („generosity")
3. Sichtbare Arbeitsleistung, Ergebnisse („visible work")
4. Zielgerichtetes Entdecken („purposeful discovery")
5. Einer Mentalität, persönlich und fachlich zu wachsen („growth mindset")

Da diese Auflistung vielleicht etwas wenig konkret wirkt bzw. man sich fragen kann, wie eine Umsetzung in der Praxis aussehen kann, schlägt Frauke Austermann insbesondere für Führungskräfte folgende Empfehlungen vor:

1. Als Team eine Mission definieren, gerne durch Expert:innen unterstützt.
2. Als Team eigene Werte definieren, gerne durch anonyme Umfragen realisiert.
3. Als Team eine Duz-Kultur leben, die durch Respekt und Fairness geprägt ist.
4. Als Team Transparenz leben, z. B. bezüglich getroffener Entscheidungen.
5. Als Team klären, wie und warum welche Erwartungen erfüllt werden sollten.

Krause ergänzt in diesem Zusammenhang: „Die Art der Führung im Innovationsprozess war maßgeblich für den Erfolg von Innovationen verantwortlich, da sie verschiedene Output-Variablen fördert, wie die Kreativität der Geführten, die Klarheit von Verantwortlichkeiten, die Klarheit des Feedbacks, die Aufgabenakzentuierung, die Betonung der sozialen Beziehungen und die Vertrauenswürdigkeit der Geführten (Manz et al. 1989, p. 617). Diese Ergebnisse unterstreichen die Bedeutsamkeit von Führung im Innovationsprozess (Krause 2010, S 5–6)."

9.3.2 Transparenz

Ein weiterer relevanter Faktor, der Vertrauen im Sinne der Einflussnahme in Unternehmen fördert, ist Transparenz (Keuper und Sommerlatte 2016; Posé 2016). Dieser Aspekt betrifft zwei Arten des Vertrauens: persönliches Vertrauen und Systemvertrauen. Besonders in Krisenzeiten kann Transparenz Vertrauen erzeugen. Unternehmen profitieren von transparenter Kommunikation. Siegel erklärt hierzu: „Glaubwürdigkeit und Vertrauen basieren auf Transparenz. Nur wenn das Unternehmen für die Öffentlichkeit relevante Information auch transparent macht, kann die Öffentlichkeit das entsprechende Vertrauen entwickeln. Dies bedeutet für das Unternehmen, sowohl die positiven als auch die negativen Nachrichten nach außen zu kommunizieren, insofern diese für die Öffentlichkeit bedeutsam sind. Stellen sich beispielsweise hinsichtlich von Nachhaltigkeitsvorhaben oder sozialem Engagement Rückschläge oder Verspätungen ein, sollte mit diesen entsprechend transparent umgegangen werden. Im besten Fall stützt die Offenheit nicht nur das Vertrauen der Öffentlichkeit, sondern öffnet auch die Möglichkeit für neue Lösungswege oder Vorschläge (Siegel 2020, S. 195)." Auch in Teams hat Transparenz seinen Platz, um Vertrauen als Einflussfaktor zu erzeugen und zu fördern. Dabei geht es sowohl darum, Systemvertrauen als auch personelles Vertrauen herzustellen. Hinsichtlich der in diesem Zusammenhang relevanten Rolle der Interaktion argumentiert Schön: „Die Interaktion enthält viele Aspekte und Kräfte, die gerade in Projekten, in der Führungskommunikation und in der Gruppendynamik beträcht-lichen Einfluss auf das sich entwickelnde Vertrauen haben. Das Herstellen von Trans-parenz, das Informieren und das Beteiligen von Stakeholdern oder Teammitgliedern in Projekten und Veränderungsprozessen sind essentiell für das Entstehen von Vertrauen und damit gleichzeitig für das Gelingen von Projekten und Veränderungsprozessen (Schön 2020c)."

Transparenz bedarf allerdings eines gewissen administrativen Aufwands. Dieser sollte nicht hinsichtlich des möglichen Nutzens überwiegen. Dann wäre die Transparenz an ihre Grenzen gekommen. Hier können technische Tools den Aspekt des Aufwands, ins-besondere in der Zukunft, zunehmend unterstützen. Der wirtschafts- und finanzpolitische Referent Leo Hoffmann-Axthelm (Abschn. 16.19) erklärt hierzu: „Ironischerweise haben wir durch die ganzen technischen Tools wie Smartphones und digitale Gadgets bereits schon so etwas wie gläserne Bürger:innen, jedoch noch nicht den gläsernen Staat bzw. Politiker. Das verkehrt die eigentliche Rechenschaftspflicht öffentlicher Institutionen gegenüber den Wählern."

Stefan Rippler (Abschn. 16.13) argumentiert bei diesem Thema, dass der Aspekt der Transparenz beim Reputationsmanagement zentral ist: „Transparenz. Ehrlichkeit und Offenheit sind für ein erfolgreiches Reputationsmanagement entscheidend. Dazu gehört auch eine gesunde, wertschätzende und achtsame Fehlerkultur, die Transparenz als Grundlage hat. Fehler macht schließlich jeder. Wer als Unternehmen dazu steht, sich entschuldigen kann und Probleme löst, erhöht die eigene Vertrauenswürdigkeit, bindet Kund:innen und verwandelt verärgerte Käufer:innen in zufriedene."

Festzuhalten ist: Heutzutage wird in führenden Gremien der Politik und im Journalis-mus, aber auch in der Wirtschaft, vielfach von Transparenz gesprochen, um unter anderem Vertrauen als Tool der Einflussnahme und Machtindikator und eine gute Reputation aufzubauen. Die Frage ist, wie sieht die konkrete Umsetzung aus und wo sind Grenzen der Transparenz? Die Europäische Union beispielsweise ist eine der welt-weit stärksten Wirtschaftsmächte. Vertrauen die Bürger der EU? In Krisenzeiten ist diese Frage relevanter denn je. Leo Hoffmann-Axthelm (Abschn. 16.19) von Transparency International argumentiert, dass das Thema Transparenz ein zentraler Faktor ist, um das Vertrauen in der EU aufzubauen bzw. zurückzugewinnen. Wer hat wann wen getroffen oder wer wird von wem finanziell unterstützt? Transparenz zu solchen Fragen ermög-licht es, Wähler:innen einfacher zu entscheiden, wem man vertrauen soll oder auch nicht. Wobei hier Transparenz auch die bereits thematisierten Grenzen hat. Bestimmte Inhalte müssen zunächst in ausgewählten, nichtöffentlichen Kreisen besprochen werden, bevor man damit an die Öffentlichkeit geht. „Manche Themen müssen überraschend auf die

Agenda gesetzt werden, um dann direkt die nächsten Schritte erfolgreich anzugehen. Ein Beispiel wäre die Abwicklung insolventer Banken, um Finanzmärkte vor vollendete Tatsachen zu stellen.", stellt Leo Hoffmann-Axthelm fest.

9.3.3 Wahrheitstreue

Wer Macht hat, trägt Verantwortung. Verantwortung als Führungskraft zu übernehmen, ist essenziell mit dem Wert der Wahrheitstreue verbunden (Posé 2016). Ein empathischer Kommunikationsstil ist hierbei von besonderer Bedeutung. Gleichzeitig braucht es Selbstvertrauen, um wahrhaftig zu sein und Konflikten, die Vertrauensbrüche verursachen, nicht aus dem Weg zu gehen, sondern diese wie bereits beschrieben als Chance wahrzunehmen. Verantwortung zu übernehmen, ist ein wichtiger Vertrauens- und Einflussfaktor in der Wirtschaft. Stefan Rippler (Abschn. 16.13): „Verantwortung stärkt Vertrauen. Fehler macht jeder. Wichtig ist, daraus zu lernen. Nur dann wirken sie sich nicht oder sogar positiv auf die Reputation aus. Eine negative Reputation entsteht nicht primär durch den Fehler selbst, sondern hängt sehr davon ab, wie man mit ihr umgeht. Wer beispielsweise auf Kritik in Bewertungen schnell und verständnisvoll reagiert, stellt das geschwächte Vertrauen zum Kunden wieder her." Konfliktscheue Menschen tendieren dazu, ihre eigenen Gefühle und Irritationen zu unterdrücken und können sich daher nicht wohlwollend in Konflikten ausdrücken, da sie den (potenziellen und eventuell sogar temporären) Vertrauensbruch nicht in Kauf nehmen wollen oder können. Doch es ist nicht der Konflikt, der Vertrauen bremst. Konflikte können, gerade wenn sie auf wahrheitsgetreuer und offener Kommunikation beruhen und mit Wohlwollen gepaart sind, sogar Vertrauen erzeugen (Lorbeer 2013).

Natürlich ist es kurzfristig einfacher, durch Lügen einem Konflikt aus dem Wege zu gehen, doch eine vertrauensvolle berufliche Beziehung kann sich auf Lügen nicht begründen. Guido Möllering (16.4) argumentiert in diesem Zusammenhang: „Gegenseitiges Wohlwollen ist sehr vertrauensfördernd. Keine Frage. Dabei besteht allerdings immer die Gefahr, dass diese Sorge und Sympathie für den oder die Kooperationspartner:in nur gespielt ist, um ein gewisses persönliches Ziel zu erreichen. Mit der vorgegaukelten Vertrauensbeziehung begibt man sich immer auf sehr dünnes Eis. Kommt einmal ans Tageslicht, dass alles nur gespielt war, ist das Vertrauen vollkommen verloren." Das Wohlwollen, Wahrheiten in der Interaktion Raum zu geben, ist essenziell. Nur so kann ein Klima der Sympathie ehrliches Verhalten begünstigen, welches die eigene Verantwortung in den Vordergrund stellt. Ein weiterer Grund (neben vielen anderen), warum kleine und große Lügen für den Vertrauensaufbau im Sinne nachhaltiger Einflussnahme nicht ratsam sind, ist die Möglichkeit der Identifizierung durch *Microexpressions*. Hierbei handelt es sich um sekundenschnelle Reaktionen, die im Gesicht zu sehen sind und als Inkongruenz beim Gegenüber wahrgenommen werden. Dies kann ein Zucken mit den Augen oder eine Veränderung bei den Mundwinkeln sein, wobei diese Veränderungen nicht mit dem gesprochenen Wort übereinstimmen (Shen et al. 2019). Die Inkongruenz wird oft bereits unterbewusst von der Intuition wahrgenommen und dämpft das entgegengebrachte Vertrauen. Zweifellos gilt, dass Lügen auf unterschiedlichen Ebenen stattfinden können. Doch, und dies ist essenziell, die Schwere der Lüge bestimmt nie der oder die Lügner:in, sondern immer der oder die belogene Person. Die eigene Wahrheit und Wahrnehmung der belogenen Person ist ein wichtiges Attribut, um Vertrauen wieder herstellen zu können, wenn es durch Lug und Trug einen Vertrauensbruch gab. Auch das nicht erwähnen von bestimmten Fakten bzw. Informationen oder das Fehlen einer wichtigen Richtigstellung, die zur Irreführung führt, ist bereits eine Lüge. Das Problem ist, dass sich die Hemmschwelle immer mehr verschiebt, wenn Lügen zur Normalität werden. Was einst die vielleicht kleine Lüge zur eigenen Motivation ist „Ich will unbedingt am Projekt teilnehmen", kann später zu einer Lüge werden, die das Unternehmen in eine milliardenschwere Krise führt, wenn man bei diesem Projekt, auf das man eigentlich nicht gepasst hat, aufgrund dessen Fehler macht. Zu diesem Thema erklärt Jack Nasher: „Lügen bei Verhandlungen wäre zwar eine Option, aber bei Verhandlungen ist es sehr schwer, Vertrauen aufzubauen und sehr leicht, dieses Vertrauen wieder zu verspielen. Eine enttarnte Lüge führt zu einem Vertrauensbruch und es dauert ewig bis nie, bis das Vertrauen wiederaufgebaut wird. Hinzu kommt die Kostenfrage: Vertrauensaufbau bedarf danach sehr viel Zeit und Energie und somit automatisch auch Geld." Doch, wie soll eine Führungskraft Vertrauen aufbauen und herausfinden, ob Mitarbeiter:innen vertrauenswürdig sind? Verunsicherungen im Arbeitsalltag können leicht zur Entwicklung einer Grundhaltung des Misstrauens führen. Hierbei ist wichtig, zu verstehen, dass Misstrauen, analog zum Vertrauen, ebenfalls nie vollständige Sicherheit bringt. Blank argumentiert: „Schweer und Thies zitieren Nieders (1997), demnach Glaubwürdigkeit eine der drei Voraussetzungen für die Entstehung und Förderung organisationalen Vertrauens ist:

1. Glaubwürdigkeit: Übereinstimmung von Denken, Sprechen und Handeln – und bildet die Grundlage für Vertrauen.
2. Respekt: Förderung der Haltung von Wohlwollen und Unterstützung unter den Organisationsmitgliedern.
3. Fairness: Sozialethische Haltungen und Handlungen dürfen nicht ‚nur' ein Teil des Organisationsgrundsatzes sein, sondern sollten elementare Bestandteile des täglich gelebten Unternehmensalltags bilden (Schweer/Thies 2003) (Blank 2011)."

Social-Entrepreneurship-Expertin Christina Klein (Abschn. 16.9) erklärt in diesem Zusammenhang: „Wirtschaft funktioniert, weil Menschen einen Mehrwert für sich kalkulieren und danach handeln. Vertrauen und kalkulieren sind aber ziemlich gegensätzliche Dinge. Ich denke, die Basis von Geschäftstätigkeit kann dennoch einen vertrauensvollen Rahmen haben. Dies schafft man meiner Ansicht nach am schnellsten mit Ehrlichkeit. Dem anderen die eigenen Absichten und Intentionen offenzulegen, erschafft eine Basis, aufgrund derer man sich selbst ‚einschätzbar' macht. Leider ist es noch immer gängige Praxis, dass eine gewisse ‚Pokerface-Taktik' oder ein Dominanzstreben erfolgversprechender zu sein scheint. Ich vermute, nicht nur ich würde mir wünschen, wenn sich das mal langsam anfängt zu ändern. Gerade im Hinblick darauf, dass sich, bei aller Unterschiedlichkeit von Businessmodellen und Geschäftszwecken mehr und mehr gemeinsame Ziele herauskristallisieren. Ein Beispiel: Fangen wir nicht an, gemeinsam diesen Planeten zu schützen oder der Bevölkerung in Ländern zu helfen, die deutlich schlechtere wirtschaftliche Grundvoraussetzungen haben als wir, erreicht keiner sein persönliches Ziel mehr. Ob wir (als Gesellschaft) wollen oder nicht, diese Bedingungen zwingen uns zu mehr Kooperation statt Konkurrenz."

9.4   Prozess

Vertrauen als Tool wirksamer Einflussnahme in der Wirtschaft bedarf einer kontinuierlichen Abstimmung, bei der sich gegenseitig Signale gegeben werden, um die zukünftigen Entscheidungen zu koordinieren (Keuper und Sommerlatte 2016; Posé 2016). Hierzu ist ein Klima notwendig, in dem solche Abstimmungsprozesse stattfinden können und dafür ist in der Arbeitswelt die Führungsinstanz verantwortlich. Durch diese Prozesse können Teams kontinuierlich ihre nächsten Schritte abstimmen und meistern. Kontrolle hat neben dem Vertrauen natürlich eine gewisse Relevanz. Agilität ist ein Weg, wie solche Koordinationsprozesse gestaltet werden können (Weber und Berendt 2017). Führungskräfte sollten verstehen, wie agile Räume und ein agiles Klima geschaffen werden können. Vertrauen und Kontrolle sind, wie schon mehrfach im Buch erwähnt, verwandt. Von Robert Caspar Müller (Abschn. 16.14) wird dies mit dem Beispiel *Homo sapiens* vs. *Homer Simpson* anschaulich ausgeführt. So braucht der *Homo sapiens* das Vertrauen und der *Homer Simpson* eher die Kontrolle. Agilität verbindet beide Faktoren optimal, denn um den Grad des Vertrauens zu testen und Vertrauen auch zu entwickeln, ist der vorhandene Freiraum der Akteure ein extrem wichtiges Detail. Dieser Raum ist gleichzeitig ein relevanter und zentraler Aspekt der Macht, denn im Handlungsspielraum macht sich bemerkbar, wie jemand mit diesem Raum umgeht – homo sapiens vs. Homer Simpson. Je mehr Gestaltungsspielraum jemand hat, desto mehr Macht und Einfluss hat diese Person. Wie und ob dieser Einfluss genutzt wird, liegt am jeweiligen Individuum und Führungskräfte müssen begreifen, wie viel Raum Mitarbeiter:innen individuell brauchen. Vertrauen ist einfach eine sanfte Art der Macht, also die Macht, die durch Anziehung und nicht durch beispielsweise brutale Gewalt, wirkt. Wichtig ist, dass die Person, die diesen Raum bekommt, diesen auch verantwortungsvoll zu nutzen weiß. Dies bedeutet, dass Freiräume nach und nach erweitert werden sollten, wenn sich Vertrauen aufbauen soll. So lassen sich nach und nach wichtige Zugänge erschließen. Diese könnten beispielsweise mit Informationen zusammenhängen. Neue Angestellte in der Probezeit beispielsweise haben erst einmal Zugang zu allgemeinen Informationen und je mehr man diesen Mitarbeiter:innen vertraut, umso mehr sensible Daten können sie erhalten. Diese Dynamik im Unternehmen und in Teams, in denen Freiräume klug genutzt werden, bedeutet Agilität. Auf vertrauensvolle Räume zu setzen, gilt als

Strategie, um sich zu behaupten. Hierzu erläutert Frauke Austermann (Abschn. 16.12): „Agiles Arbeiten basiert darauf, systematisch Vertrauen zu generieren, zu stärken und für den wirtschaftlichen Erfolg zu nutzen. Wichtig dabei ist: Es geht nicht darum, einfach schneller oder mehr zu arbeiten; es geht darum, sich systematisch den sich immer häufiger ändernden Kund:innenwünschen anzupassen – und somit wirtschaftlichen Erfolg zu erzielen. Dies klingt zunächst selbstverständlich; wenn man genauer hinsieht, ist agiles Arbeiten (leider noch) keine Selbstverständlichkeit in der heutigen Unternehmenswelt." Frauke Austermann beschreibt hierbei vier Kernwerte agilen Arbeitens nach SCRUM:

1. Individuelle Interaktionen sind wichtiger als Prozesse
2. Reagieren auf Veränderung ist wichtiger als das Befolgen eines Plans
3. Ein funktionierendes Produkt ist wichtiger als ausführliche Dokumentation
4. Zusammenarbeit mit dem Kunden ist wichtiger als Vertragsverhandlung

Im Folgenden erläutert sie den Ursprung des agilen Arbeitens: „Direkte, sehr regelmäßige Kommunikation, im Rahmen eines iterativen Entwicklungsprozesses steht im Mittelpunkt und ist Dreh- und Angelpunkt erfolgreicher agiler Projekte. Agiles Arbeiten hat seinen Ursprung in der Softwareindustrie. Software-Entwickler:innen waren frustriert ob der Tatsache, dass ihre Kund:innen nicht zufrieden waren mit den Ergebnissen, obwohl sie alles, was in den sogenannten Lastenheften detailliert dokumentiert war, umsetzten. Statt sich über ein funktionierendes Produkt zu freuen und dies ggf. noch weiterzuentwickeln, verbrachte man viel Zeit mit Vertragsverhandlungen und dem Abgleich, ob das, was im Lastenheft notiert und abgezeichnet war, auch wirklich so umgesetzt wurde. Der oder die Kund:in war häufig der Meinung, dass dies nicht der Fall sei; der/die Software-Entwickler:in hingegen hatte alles nach bestem Wissen (siehe Lastenheft) und Gewissen entwickelt und war ebenso frustriert. Ein Vertrauen konnte nicht aufgebaut werden."
Schaut man gesamtheitlich auf diese und weitere Details der Agilität, so zeigen sich besondere Chancen hinsichtlich der kommunikativ, prozessual geprägten Auseinandersetzung mit situativ spezifischen Arbeitsaufgaben. Dies kann positiv auf eine zu etablierende Vertrauenskultur wirken, da bessere Ergebnisse in kürzerer Zeit und mit besonderer Motivation erzielt werden können. Frauke Austermann schaut hierbei auf die weitere Entwicklung des angesprochenen Prozesses und argumentiert: „Durch diese planbaren und kurzen Entwicklungszyklen sowie die institutionalisierte direkte Kommunikation kann ein viel größeres Maß an Verbindlichkeit, Klarheit und Vertrauen geschaffen werden zwischen Entwickler:innen und Kund:innen."
All diese von Frauke Austermann genannten Abläufe, Strategien und Prinzipien agiler Arbeit sind hinsichtlich ihrer Wirksamkeit und Effekte im Zeitalter der Krisen von besonderer Relevanz für die Wirtschaftswelt, wie Anna Roizman (Abschn. 16.15) erklärt: „Schauen wir zunächst auf den Ursprung agilen Arbeitens: Die Prozesse haben ab einem gewissen Zeitpunkt nicht mehr den komplexen, dynamischen Anforderungen standgehalten.

Durch Agilität verfällt eine gewisse Härte (Beispiel: Lastenheft). Gleichzeitig muss mehr
Vertrauen vorhanden sein. Das gemeinsame Miteinander ist wichtig beziehungsweise
wichtiger. Es geht um eine interaktive Zusammenarbeit auf Augenhöhe, die besonders
durch Peer-Prozesse gesteigert werden kann. Die ganz praktische Erkenntnis aus dem Jahr
2020 ist: Unternehmen, die agil arbeiten, besitzen gewisse Vorteile im Umgang mit Krisen
und Unsicherheiten. Diese Anpassungsfähigkeit, beispielsweise im flexiblen Umgang mit
digitalen Kommunikationsstrategien während der Coronakrise, kann das Vertrauen innerhalb einer Firma stärken und somit im Idealfall die Leistungsfähigkeit steigern."

9.5   Teams

Nachfolgend sollen verschiedene Teilaspekte betrachtet werden, die den Aufbau einer
Vertrauenskultur im Team beeinflussen können. Wie bereits erwähnt, ist Vertrauen eine
sanfte Art der Machtausübung, die zur Leitung von Teams essentiell ist.

9.5.1   Humor

Humor ist im beruflichen Miteinander ein vertrauensförderndes Element (Ullmann
2020). Dies gilt sowohl in traditionellen analogen Welten, aber natürlich auch in
digitalen Arbeitswelten. Besonders im digitalen Reputationsmanagement von Firmen
kann Humor eine wichtige Komponente sein. Geteilter Humor ist ein Zeichen von
Gemeinsamkeit und dies kann Vertrauen aufbauen. Es signalisiert Lockerheit, ein
zugewandtes Miteinander und sogar gemeinsam geteilte Werte. Ohne geteilte Werte
kann Humor schnell in problematische abwegige Richtungen abrutschen und Distanz
schaffen. Stefan Rippler (Abschn. 16.13) führt dies aus: „Wissenschaftliche Studien
haben bewiesen, dass Humor Vertrauen aufbaut. Ein unverkrampfter, lockerer Umgang
auch mit schwierigsten Themen zeigt Menschlichkeit, wobei die Professionalität
nicht darunter leiden darf. Das Produkt, der Service, die Dienstleistung dahinter
muss qualitativ hochwertig sein. Wichtig ist auch die Balance zwischen Humor und
Professionalität, denn den dauerlustigen Klassenclown hat schließlich schon in der
Schule niemand ernst genommen." Humor ist neben der ausgedrückten Menschlichkeit weiterhin eine besondere Art der Intelligenz. Jedoch ist wie gesagt, Humor nicht
gleich Humor. „Humor", der verletzend ist und „nach unten tritt", ist zumindest eher eine
passiv aggressive Ausdrucksweise. Es geht somit nicht darum, jemanden lächerlich zu
machen, sondern Gemeinsamkeiten zu zementieren. Nur wenn eine Vertrauensbasis vorhanden ist, funktioniert dies. Humor, der eine harmonische Arbeitskultur aufbaut, Spaß
und im Idealfall Vertrauen erzeugt, zeigt: „Wir sind auf Augenhöhe. Ich sehe dich." In
diesem Sinne schafft guter Humor in der Arbeitswelt eine besondere Verbindung und
diese Verbindung erzeugt Vertrauen. Man könnte hier an Insider-Witze denken oder an
humorvolle Memes, die nur im jeweiligen Wirtschaftskontext verstanden werden. Dieser

Humor kann ein starkes Zusammengehörigkeitsgefühl sowie die Arbeitsatmosphäre erzeugen, die zur Steigerung der Produktivität beitragen kann.

9.5.2 Motivation

Vertrauen kann Motivation fördern und Motivation kann Vertrauen fördern (Keuper und Sommerlatte 2016; Posé 2016). Dies führt zu Effekten, die für professionelle Führungskräfte essenziell sind. Motivation ist ein wichtiger Einflussfaktor für die eigene berufliche Leistungsfähigkeit und auch relevant, das Vertrauen anderer Mitarbeiter:innen zu gewinnen. Selbstvertrauen ist hierbei ein zugehöriger Faktor. Das Selbstvertrauen ist gleichzeitig eng mit der Intention einer Person verbunden. Motivation kann somit ein Indikator für ein starkes Selbst sein (Franken 2019). Ob eine Person innerlich gestärkt ist, einer Vision folgt und auf diese im Team hinarbeitet, selbst wenn es schwierig wird, ist immer sehr motivationsabhängig. Wer eine innere Vision in sich trägt, ist auch intrinsisch motiviert! Motivation wird häufig mit positiven Gefühlen in Zusammenhang gebracht. Krause schreibt hierzu: „Führung durch Vertrauen fördert positive Emotionen der geführten Führungskräfte, insbesondere das Erleben von Motiviertheit und Mut. Außerdem reduziert Führung durch Vertrauen negative Emotionen der geführten Führungskräfte, insbesondere die Gefühle ausgenutzt und verängstigt zu sein (Krause 2010, S 348)." Damit Führungskräfte eine eigene Vision entwickeln und dieser auch folgen, braucht es Mut und Selbstbewusstsein. Denn man muss der eigenen Vision vertrauen. Im Bereich HR ist es relevant, Menschen mit einer starken Motivation einzustellen. Diese Motivation kann es ermöglichen, neue Dinge zu lernen und bisher ungewohnte Lösungen zu finden – selbst wenn es Unsicherheiten oder Probleme gibt. Motivierten Menschen wird vertraut (Ritter 2016). Vollmar bringt es wie folgt auf den Punkt: „Zum einen erzeugt Vertrauen eine starke Motivation zur Etablierung oder Fortsetzung von Beziehungen (= Loyalität, Commitment). Darüber hinaus hat Vertrauen einen positiven Effekt auf die Qualität der aktuellen Zusammenarbeit (= Kooperation) (Vollmar et al. 2013, S. 233)."

Emotionen können Bindung und Beziehung aufbauen. Vertrauen verbindet. Diese Verbindung kann dann wieder motivationssteigernd wirken. Es kann eine Verbindung zu einer Vision sein oder zu Menschen oder zu einer Sache. Die emotionale Bindung, die für die Vertrauenssteigerung so unabdingbar ist, hat eine Auswirkung auf die Motivation. wie Schön erklärt: „Je höher die emotionale Bindung, desto höher die Produktivität ($+21\%$) und Rentabilität ($+22\%$). Je höher die emotionale Bindung, desto höher die Motivation, herausragende Leistungen zu erbringen, und desto geringer die Qualitätsmängel (-41%). Je höher die emotionale Bindung, desto niedriger die Anzahl der Arbeitsunfähigkeitstage (-37%) und desto geringer die Mitarbeiterfluktuation (-25%). Eine wertschätzende Unternehmenskultur schafft Loyalität und Produktivität. Neben dem Verhalten der direkten Führungskraft, die den Grad der Mitarbeiterbindung beeinflusst, entscheidet die Kultur (Fehler- und Vertrauenskultur), wie schnell Unternehmen sich auf veränderte Rahmenbedingungen einstellen können. Agilität erhöht sich durch mehr Handlungsspielraum, mehr Eigenständigkeit, bessere Zusammenarbeit und Mut für Neues (Schön 2020b, S 2-3)."

Weiter schreibt Schön: „Mangelndes Vertrauen macht alles schwer, macht Prozesse zäh und langsam, führt zu Demotivation, Unzufriedenheit und einem Umfeld, in dem Menschen ihre intrinsische Motivation nicht ausleben können – und dies bei zusätzlichen Kosten (Schön 2020b, S. 7)." Covey argumentiert, dass das eigene Gewissen, welches die Basis des eigenen Wertesystems liefert, hierzu auch eine wichtige Rolle spielt. Nach ihm gibt das Gewissen die Antwort darauf, warum sich jemand einer gewissen Aufgabe widmet. Weiterhin beleuchtet Covey die Wichtigkeit der eigenen Vision, die wiederum ein Indikator dafür ist, was erreicht werden soll. Die innere Disziplin zeigt, wie man etwas erreicht und die innere Leidenschaft ist das starke Gefühl, welches die Vorgehensweise, wie man bestimmte Handlungen angeht, die zum Ziel führen sollen, bestimmt (Covey 2006).

9.5.3   Übereinstimmungsmechanismen

Eine Kultur, die Übereinstimmungsmechanismen *(Consent Mechanisms)* beteiligter Akteure unterstützt, ist von besonderer Wichtigkeit, um den Nährboden für eine vertrauensvolle Zusammenarbeit zu schaffen, da besonders Systemvertrauen und persönliches Vertrauen gestärkt werden (Metzger 2022). Diese positive Rückkopplungsmechanismen, die sogenannte Consent Culture (Stryker et al. 2017), kann der Grundstein für ein vertrauensvolles Miteinander sein (Baczynski und Scott 2022). Es bedarf hierbei eines speziellen Rahmens der gegenseitigen Wahrnehmung und Zusammenarbeit. Im Kern geht es nämlich um eine echte Gegenseitigkeit auf Augenhöhe, die es erlaubt, Verletzlichkeiten in einem sicheren und angemessenen Rahmen einfließen zu lassen. Frauke Austermann (Abschn. 16.12) zeigt auf, wie sehr der Aspekt der Verletzlichkeit in diesem Prozess als ein vertrauensfördernder Faktor in die neue Arbeitswelt einfließt: „Neue Managementansätze und Methoden, wie zum Beispiel agiles Arbeiten, Working out Loud oder Laloux's Konzept der ‚Wholeness' helfen dabei, behutsam, aber auch systematisch und konsequent Verletzlichkeit in den Arbeitskontext mit aufzunehmen." Auch Jeremias Kettner (Abschn. 16.8) betrachtet den Faktor echte Gegenseitigkeit, geprägt von Empathie zur Gestaltung einer transparenten *Consent Culture* der positiven Rückkopplung wie folgt: „Egal in welchem Land oder welche politischen und kulturellen Faktoren vorherrschen, wird Vertrauen letztendlich durch Empathie, Interesse und echtes Zuhören generiert. Wenn ich meinem Gegenüber glaubhaft vermitteln kann, dass ich seine Wünsche, Sorgen, Nöte, Bedürfnisse nicht nur verstanden habe, sondern auch aufzeige, wie ich sie berücksichtigen will, wird echtes Vertrauen geschaffen." Es geht also nicht nur darum zu hören, was die andere Person sagt, sondern um das bereits erwähnte aktive Zuhören – durch nachfragen, paraphrasieren der gehörten Worte, was in der Konsequenz tiefes Vertrauen aufbauen kann. Empathie ist somit ein zeitlos wichtiger Bestandteil, um einen Führungsstil zu etablieren, der eine vertrauenswürdige

Atmosphäre möglich macht. Besonders die Philia-Methode bietet einen wichtigen Leitfaden, um eine solche Atmosphäre in Teams herzustellen. Wichtig ist, dass eine Kommunikation, die eine *Consent Culture* etabliert, eine Konstante im Unternehmen wird. Die Führungskraft muss sich dafür einsetzen, dass alle Teammitglieder dazu beitragen, um mit einer empathischen Kommunikation eine solche Kultur zu etablieren. Das engagierte, aktive Zuhören führt zu einer Transformation, die ein vertrauensförderndes Element ist. Jeremias Kettner erläutert: „Weniger Reden, mehr zuhören. Und wenn reden, die richtigen Fragen stellen. Dazu sollte man immer bereits eine Analyse des Gesprächspartners vorliegen haben oder erstellen."

Frauke Austermann betrachtet diese Ansätze auch aus der interkulturellen Perspektive: „Die Kultur der positiven und gegenseitigen Rückkopplung, das gegenseitiges Vertrauen einander bestärkt, ist, je nachdem in welchem Kulturkreis oder Unternehmenskontext man sich befindet, stärker oder schwächer ausgeprägt. So ist sie in Ostasien, insbesondere in der Volksrepublik China, sehr stark ausgeprägt. Das Konzept der ‚guanxi‘, zu deutsch: ‚Beziehung‘, also die persönliche Beziehung zu jemandem, dem man vertraut, ist in der Volksrepublik maßgeblich für wirtschaftlichen Erfolg. Je unabhängiger politische Institutionen sind, desto unwichtiger werden persönliche Vertrauensbeziehungen z. B. zu Politiker:innen, Wirtschaftsbossen etc. Anders formuliert: Wenn ich mich nicht darauf verlassen kann, dass bestimmte Regeln und Gesetze für alle Bürger:innen gelten und entsprechend umgesetzt werden, desto abhängiger bin ich davon, persönliche Vertrauensbeziehungen zu einflussreichen Individuen aufzubauen. Die Grenzen zur Korruption werden damit selbstverständlich fließender, was insbesondere in der VR China zu beobachten ist." Halten wir fest: Gemeinschaftlichkeit in einer von Wettbewerb geprägten Umwelt zu schaffen, ist die Herausforderung unserer Zeit, um wieder mehr Vertrauen in der Gesellschaft zu etablieren und eine florierende Wirtschaft zu haben. Eine anspruchsvolle Aufgabe, die insbesondere von Führungskräften nur durch stetiges Engagement Schritt für Schritt gelöst werden kann.

Beate Hüser (16.7) richtet ihren Blick in die Zukunft auf die innovativ orientierte Welt der Start-ups. Start-ups stehen oft an der vordersten Front, wenn es um die Entwicklung innovativer, neuer Räume geht. Wie sollten sich Start-ups ändern, um auch zukünftig vertrauenswürdig zu erscheinen, damit genug Mitarbeiter:innen gefunden werden können? Beate Hüser argumentiert: „Der definierte Masterplan des Vertrauens, mit Meetings draußen, OKRs, Software zur Prozessoptimierung, gemeinschaftlichem Frühstück, Freitagspizza etc., der zu einem Standard in der Start-up-Szene geworden ist, sieht in der Theorie zwar toll aus, ist in der Praxis jedoch lediglich ein künstliches Konstrukt. Es fehlt die emotionale Ebene, auf der zwischenmenschliche Beziehungen stattfinden." Hierbei sieht Beate Hüser nicht zuletzt die Führungskräfte in der Verantwortung: „Chefs und Chefinnen sollten gute Vorbilder sein, die nicht nur physisch anwesend sind und mit ehrlichen, aber leeren Versprechungen, die sie nicht halten können, durch die Büros laufen. Für langfristige Planungen, gute Kommunikation, Transparenz und Einbeziehung der Mitarbeiter:innen sollte sich mehr Zeit genommen werden, um so die Versprechungen am Anfang, die ja sogar ernst gemeint sind, auch wirklich halten zu können. Ein/e

Mitarbeiter:in sollte nicht nur als ein Rädchen im Mahlwerk gesehen werden, sondern als ein zugehöriger, individueller Teil des Unternehmens. Auch im Rahmen der schwierigen rechtlichen Bedingungen könnte man versuchen, Mitarbeitern Beteiligungen anzubieten."

Auch Timo Eßer (Abschn. 16.18) äußert sich zum Punkt der Reziprozität: „Strategisch sinnvoll ist es, auf den Faktor Reziprozität zu setzen. Das Prinzip ‚Wie du mir, so ich dir‘ ist fest im menschlichen Verhalten verankert und kann im positiven Fall die Grundlage für Vertrauen sein bzw. eine positive Vertrauensspirale in Gang setzen. Wenn jemand das Gefühl hat, dass ihm vertraut wird, möchte er sich ebenso vertrauenswürdig verhalten. Das kann strategisch eingesetzt werden, wobei man sich im nächsten Schritt ebenso vertrauenswürdig verhalten muss, um die Vertrauensbeziehung wachsen zu lassen. Anders ausgedrückt sollte man Vorschussvertrauen geben und dieses nur entziehen, wenn es konkrete Anhaltspunkte für nicht vertrauenswürdiges Verhalten gibt." Diese aktiv gesteuerte Gegenseitigkeit vereint viele der bereits in diesem Buch beschriebenen Erfolgsfaktoren und Aspekte.

9.5.4 Zugehörigkeit

Ein wirkliches Zugehörigkeitsgefühl entsteht beispielsweise durch relevante Wertschätzung und Integration am Arbeitsplatz. Und dies kann Vertrauen etablieren (Keuper und Sommerlatte 2016; Scholl 2019). Führungskräfte haben die Aufgabe, solche situativen Gemeinsamkeiten aufzuzeigen, um interpersonelles Vertrauen zu stärken. Vielfach ist richtig zu lesen, dass Diversität zu Innovationen und neuen Lösungsansätzen führt (Dohrn et al. 2011). Hilfreich ist hierbei, dass diverse Teams durch gemeinsame Erfahrungen oder gemeinsame Rituale zusammenwachsen, sodass Vertrauen auch über Unterschiede hinweg aufgebaut werden kann. Sich bewusst zu werden, wie wichtig Homogenitätsaspekte sind, kann dabei helfen, vertrauensvolle Konstellationen zu ermöglichen (Kleiner 2013). Und solche Konstellationen können rational sowie emotional geprägt sein, wobei die Bewertung, z. B. „Ich empfinde diese Situation als vertrauensvoll" eher emotional geprägt ist.

Management Consultant Susana Perez Moner (Abschn. 16.3) erläutert zu den interkulturellen Herausforderungen in der Arbeitswelt, die mit der Globalisierung stetig zunehmen: „Keine Herausforderung ist in Bezug auf Vielfalt und Inklusion wichtiger als Vertrauen aufzubauen. Menschen mit verschiedenen kulturellen Hintergründen bringen unterschiedliche Perspektiven und Lösungsansätze mit sich. So haben Studien gezeigt, dass kulturelle Vielfalt in der Arbeitswelt eine wichtige Quelle von Innovation und Produktivität sein kann, wenn dieses Potenzial einen geeigneten Rahmen hat, um sich entfalten zu können."

Und sie ergänzt: „Aus der Forschung wissen wir, dass ein enger Kausalzusammenhang zwischen Vielfalt, Vertrauen und Engagement der Mitarbeiter besteht. Unterschiedliche Kulturen bauen Vertrauen auf unterschiedlicher Weise auf. Zudem spielen Vorhersehbarkeit und Berechenbarkeit eine wichtige Rolle beim Vertrauensaufbau.

Mit zunehmender Vielfalt nimmt aber das Vertrauen innerhalb der Gruppe ab. Ohne Vertrauen ist Engagement wiederum nicht möglich. Vertrauensaufbau ist daher eine der größten Herausforderungen in einer durch kulturelle Vielfalt geprägten Arbeitswelt, insbesondere wenn Menschen an unterschiedlichen Standorten arbeiten und die Kommunikation nicht primär Face-to-Face stattfindet."

Für Führungskräfte bleibt die Erkenntnis, dass Zugehörigkeit ein sehr wichtiger Faktor ist, um Vertrauen zu stärken. Viele Teams, die als vielfache Fremde zusammenkommen, wachsen dadurch, dass sie gemeinsam an einem Ziel arbeiten. Dies stärkt idealerweise den Teamgeist sowie die Motivation und kann im Resultat die Arbeitsproduktivität verbessern. Im Endeffekt zeigt sich auch hier die Chance bzw. das Potenzial von Vertrauen als Einflussfaktor in der Wirtschaft.

Literatur

Baczynski M, Scott E (2022) Creating Consent Culture. A Handbook for Educators. Jessica Kingsley Publishers, London

Breyer-Mayländer T (2020) Erfolgsfaktor Macht im Management. 20 Handlungsfelder für bewusste, verantwortungsvolle und erfolgreiche Führungsarbeit. Springer, Wiesbaden, S 121

Blank N (2011) Vertrauenskultur. Voraussetzung für Zukunftsfähigkeit von Unternehmen. Gabler Research, Wiesbaden, S 38–39

Cohen G L, Sherman D K (2014). The Psychology of Change. Self- Affirmation and Social Psychological Intervention. Annual Review of Psychology, 65, S 333–371. https://doi.org/10.1146/annurev-psych-010213-115137. Accessed 21 Jun 2022

Costa C. 2000. A Matter of Trust: Effects on the Performance and Effectiveness of Teams in Organizations. Tillburg

Covey S M R (2006) Schnelligkeit durch Vertrauen. Die unterschätzte ökonomische Macht. Gabal Verlag, Offenbach am Main

Dohrn S, Hasebrook J P, Schmette M (Hrsg) (2011) Vielfalt und Innovation. Strategisches Diversity Management für Innovationserfolg. Shaker, Aachen

Franken S (2019) Verhaltensorientierte Führung. Handeln, Lernen und Diversity in Unternehmen, Springer, Wiesbaden, S 85

Freiling J, Harima J (2018) Entrepreneurship. Springer, Wiesbaden, S 96

Gigerenzer G (2008) Gut Feelings. The Intelligence of the Unconscious. Penguin Books, New York

Gräser P (2016) Führung und Vertrauen. In: Keuper F, Sommerlatte T (Hrsg) (2016) Vertrauensbasierte Führung. Devise und Forschung. Springer, Berlin/Heidelberg, S 39–70

Krause D E (2010) Macht und Vertrauen in Innovationsprozess. Ein empirischer Beitrag zu einer Theorie der Führung. Springer, Wiesbaden

Kleiner T-M (2013) Vertrauen in Nationen durch kulturelle Nähe? Analyse eines sozialen Mechanismus. Springer, Wiesbaden

Keuper F, Sommerlatte T (Hrsg) (2016) Vertrauensbasierte Führung. Devise und Forschung. Springer, Berlin/Heidelberg

Kollmann T (2020) Digital Leadership. Grundlagen der Unternehmensführung in der Digitalen Wirtschaft. Springer, Wiesbaden, S 34

Lorbeer A (2013) Vertrauensbildung in Kundenbeziehungen. Ansatzpunkte zum Kundenbindungs-
   management. Deutscher Universitäts-Verlag, Wiesbaden
Manz, C. C., Bastien D. T., Hostager, T. J. and Shapiro, G. L. (1989). Leadership and innovation:
   A longitudinal process view. In A. H. Van de Ven, H. L. Angle and M. S. Poole (Eds.), Research
   on the management of innovation: The Minnesota studies (pp. 613–636). New York: Harper &
   Row
Metzger J (2022) Konsensmechanismus. Available via Gabler Wirtschaftslexikon. https://wirt-
   schaftslexikon.gabler.de/definition/konsensmechanismus-54411. Accessed 25 Jun 2022
Nieder P (1997) Erfolgreich führen durch Vertrauen oder der (lange) Abschied von einem
   Management des Misstrauens. Gabler, Wiesbaden
Philia (2022) Available via wearephilia. http://www.wearephilia.com. Accessed 25 Jun 2022
Posé U (2016) Von der Führungskraft zur Führungspersönlichkeit. Vom Wert einer Vertrauens- und
   Verantwortungskultur. Springer, Wiesbaden
Ritter S (2016) Selbstbewusstsein. Warum es andere haben und wie auch du es bekommst.
   GABAL Verlag, Offenbach
Scholl W (Hrsg) (2019) Mut zu Innovationen. Impulse aus Praxis, Forschung, Beratung und Aus-
   bildung. Springer, Berlin/Heidelberg
Schön W (2020a) Vertrauensorientiertes Projektmanagement. Top-10-Erfolgsfaktoren für Projekte
   und Veränderungsprozesse. Springer, Wiesbaden
Schön W (2020b) Vertrauen, die Führungsstrategie der Zukunft. So entstehen Vertrauen, Wirkung
   und persönlicher Erfolg. Springer, Wiesbaden
Schön W (2020c) Mit Vertrauen CRM- und Chance-projekte zum Erfolg führen. Projektmagazine,
   Ausgabe 13/2020. Berleb Media GmbH, Taufkirchen
Schweer M, Thies B (2003) Verlrauen als Organisationsprinzip – Perspektiven für komplexe
   soziale Systeme. Bern, Hans Huber (S 3–7, 14–24, 33–34, 43–47, 57, 69–80)
Siegel T (2020) Gesamtheitliche Unternehmensführung für Gründer. Mit der „3 × 4 = Alles"-
   Methode zum Erfolg. Springer, Wiesbaden
Stryker K, Queen C, Penny L (2017) Ask. Building Consent Culture. Thorntree Press, Portland
Shen X, Chen W, Zhao G et al (2019) Recognizing Microexpression. An Interdisciplinary
   Perspective. Frontiers Media SA, Psychol. 10:1318. https://doi.org/10.3389/fpsyg.2019.01318
Ullmann E (2020) Humor ist Chefsache. Besser führen, verhandeln und präsentieren – so ent-
   wickeln Sie Ihren humorvollen Fingerabdruck. Springer, Wiesbaden
Vollmar S, Becker R, Hoffend I (2013) Macht des Vertrauens. Springer, Wiesbaden
Weber F, Berendt J (2017) Robuste Unternehmen. Krisenfest in Zeiten des Umbruchs. Springer,
   Wiesbaden

Macht durch Vertrauen

„Gegensätze ziehen sich an." (Alte Volksweisheit)

Wenn Vertrauen als kalkulierte Erwartung zukünftiger Entwicklungen definiert wird, so sind Macht und Einfluss hiermit direkt verbunden. Macht und Vertrauen können jeweils durch verschiedene Aspekte beeinflusst werden und bedingen sich auch wechselseitig (Krause 2010). Nachfolgend soll an dieser Stelle der konzeptionelle Zusammenhang von Vertrauen und Macht vorgestellt werden. Wenn jemandem vertraut wird, so wird dieser Person auch eine gewisse Macht bzw. Einfluss übergeben: Wähler:innen übergeben politische Macht den gewählten Politiker:innen. Journalist:innen erhalten mediale Macht von den Leser:innen. Und Wirtschaftseliten erhalten ökonomische Macht, durch das entgegengebrachte Vertrauen von Konsument:innen oder Kooperationspartner:innen. Macht – Dieses Wort kann eine gewisse Ambivalenz auslösen und wird nicht selten als problematisch und gar negativ wahrgenommen (Anter 2021). Doch ist die Macht selbst problematisch oder lediglich das, was mit ihr geschieht? Wir argumentieren in diesem Buch, dass die negative Seite der Macht nur eine Seite der Medaille ist. Ja, Macht kann Angst erzeugen. Das ist nicht nur bei einflussreichen Personen in der Führungsetage so, sondern auch, wenn eine Person selbst Macht hat. Vor der eigenen Entscheidungsgewalt scheuen sich so einige Menschen. Plötzlich geht es um Verantwortung und somit auch darum, ein Risiko einzugehen. Doch was genau ist eigentlich Macht? Macht kommt von machen und ist somit einfach gesagt das Vermögen oder das Unvermögen etwas zu tun (Samet 2020). Für Führungskräfte ist dieser Aspekt zentral.

In diesem Buch wollen wir mit unserer Perspektive eine Lanze *für* das Thema Macht und Verantwortung brechen: Macht an sich ist nämlich weder gut noch schlecht. Im Kern ist Macht zunächst einmal neutral. Es ist ein Werkzeug mit dem besonderen Potenzial etwas zu bewegen oder zu beeinflussen. Wie Macht durch Vertrauen gebraucht oder missbraucht werden kann und ob Endergebnisse als positiv oder negativ eingestuft werden, kann unterschiedlich gewertet werden, je nachdem wer das Ergebnis wertet. All dies hängt vom individuellen Erleben, der eigenen Sichtweise und Interpretation ab und auch von den Systemen, die es erlauben, eine gewisse Art ungehinderter Macht zu haben, oder diese eben auch zu teilen. Zu analysieren, ob eine Person zu einer Mehrheit oder Minderheit sowie einer wohlhabenden oder armen Schicht der Gesellschaft gehört, gibt wichtige Anhaltspunkte darüber, wie Ergebnisse der Machtausübung bewertet werden. Macht ist ein Mittel zum Zweck, ein Werkzeug, mit dem etwas bewirkt werden kann. Somit ermöglicht die zentrierte Macht im Idealfall, Ziele unkompliziert und auch schnell zu erreichen. Es liegt an uns, in welche Richtung wir lenken. Doch um zu lenken, wird das Lenkrad in der Hand benötigt. Um überhaupt ein gewünschtes Ergebnis zu erzielen, brauchen wir Macht (Popitz 2004). Wenn Macht potenziert werden soll, ist ebenfalls eine Dezentralisierung der Macht durch die bisher erwähnte Vertrauenskultur denkbar. Hierbei ist festzuhalten, dass auch ein Gefühl der Freiwilligkeit der Macht der Anziehung unterliegen kann. Das ist genau, was das Prinzip der *Soft Power* so spannend macht.

Macht ist weiterhin beziehungsorientiert. Somit ist Macht eine Dynamik in einer Beziehung, die durch Vertrauen charakterisiert werden kann. Matys fasst diese Beziehungsdynamik, die das Konzept der Macht untermauert, wie folgt auf den Punkt: „Macht ist eine Art Tauschbeziehung (Matys 2006)." Des Weiteren gilt: Macht durch Vertrauen liegt eine besondere Dynamik inne. Vertrauen ermöglicht Einflussnahme und Beteiligung. Es ist somit ein Element der Machterweiterung; um genau zu sein der *Soft Power*. Der amerikanische Politikwissenschaftler Joseph Nye prägte diesen Begriff (Nye 2005). Soft Power ist im Gegensatz zur gewaltsamen und kontrollierenden *Hard Power* eine weiche, subtile, ja sanfte Art der Macht. Dennoch ist sie nicht weniger effektiv. Sie funktioniert einfach anders. Der springende Punkt ist, dass sie wahrlich unsichtbarer als Hard Power ist. Bei Hard Power geht es unter anderem um Militarismus und gewaltsamer Kontrolle. Soft Power funktioniert über Anziehung und Attraktivität. Hard Power ist leicht zu benennen, zu erkennen und zu quantifizieren. Soft Power ist das nicht. Anziehung und Attraktivität sind schwer fassbar, jedoch zentrale Elemente der Soft Power, die dazu führen, dass Verbindung gewollt wird. Vertrauen spielt, wie bereits aufgezeigt, hierbei eine zentrale Rolle. Es agiert als Bindeglied.

In den folgenden Kapiteln soll nun ein Blick aus einer Metaebene unternommen werden. Es geht um die Frage, welche übergeordneten Faktoren den Vertrauensaufbau in Firmen, Institutionen bzw. Organisationen beeinflussen und in welcher Verbindung dieses Vertrauen mit dem Thema Macht bzw. Wirtschaftsmacht steht. Wie bereits erwähnt, ist Vertrauen eine unsichtbare Macht (siehe *Soft Power*). Sie hebt sich ab von der sichtbaren Macht (siehe *Hard Power*), die durch Aggression wie Gewalt, Sanktionen oder Zwang aufoktroyiert wird. Vertrauen wirkt anders, doch ist Vertrauen nicht weniger eine Form von Macht. Vollmar et al. schreibt zur Chance von Vertrauen als Faktor von Wirtschaftsmacht: „Vertrauen bildet einen zentralen Handlungsmechanismus in Ökonomie, Politik und Gesellschaft. Als fundamentale Grundlage einer jeden interpersonellen sowie intra- oder interorganisationalen Geschäftsbeziehung und Transaktion eröffnet es Kooperationsspielräume und ermöglicht hierdurch die Steigerung des gesellschaftlichen Wohlstands (Vollmar et al. 2013)."

Vertrauen ist hierbei eine Einflussgröße, die nicht nur innerhalb von Firmen eine Rolle spielt, sondern auch außerhalb von Unternehmen besondere wirtschaftliche Konsequenzen haben kann: „Insbesondere in Zeiten hoher Unsicherheit in Form multi-kontextualer Wirtschafts-, Finanz- oder Währungskrisen ist Vertrauen ein Schlüsselelement, welches es aufzubauen, zu bewahren oder wiederzugewinnen gilt. Dies kann sich sowohl auf Beziehungen innerhalb des Unternehmens als auch auf Interaktionen des Unternehmens mit externen Akteuren beziehen sowie auf Vorgänge in der Unternehmensumwelt, beispielsweise auf staatlicher Ebene (Vollmar et al. 2013)." Macht ist somit diese Gestaltungsfreiheit, die sowohl gefürchtet wird, und nach der vielfach zu unterschiedlicher Zeit und in unterschiedlichen Bereichen des Lebens gestrebt wird.

Literatur

Anter A (2021) Theorien der Macht. Junius, Hamburg, Zur Einführung

Geramanis O, Hermann K (Hrsg) (2016) Führen in ungewissen Zeiten. Impulse, Konzepte und Praxisbeispiele. Springer, Wiesbaden

Krause D E (2010) Macht und Vertrauen in Innovationsprozessen. Ein empirischer Beitrag zu einer Theorie der Führung. Springer, Wiesbaden

Matys T (2006) Macht, Kontrolle und Entscheidungen in Organisationen. Eine Einführung in organisationale Mikro-, Meso- und Makropolitik. Verlag für Sozialwissenschaften/GWV Fachverlage, Wiesbaden, S 31

Nye J S Jr (2005) Soft Power. The Means To Success In World Politics. Public Affairs, Ort

Popitz H (2004) Phänomene der Macht. Autorität – Herrschaft – Gewalt – Technik. Mohr Siebeck

Samet Y (2020) Zentralisierung politischer Macht am Beispiel türkischer Außenpolitik. Eine Untersuchung von 2010 bis 2018. Tectum Wissenschaftsverlag

Vollmar S, Becker R, Hoffend I (Hrsg) (2013) Macht des Vertrauens. Perspektiven und aktuelle Herausforderungen im unternehmerischen Kontext. Springer, Wiesbaden, S 7

Das Power-Triangle®-Modell

„Steter Tropfen höhlt den Stein." (Alte Volksweisheit)

Die Autor:innen dieses Buches, Nicole Bogott und Branko Woischwill, haben auf der Basis von Sekundäranalysen und vielfältigen Expert:inneninterviews das Power-Triangle®-Modell entwickelt (Bogott et al. 2017). Dieses Modell hilft, Macht zu definieren, zu erkennen und in gewisser Weise hinsichtlich der jeweiligen Stärke einzuordnen. Macht ist mit dem Power-Triangle®-Modell nicht mehr eine undurchsichtige, ominöse Dynamik, in der wir gewissermaßen gefangen scheinen. Stattdessen wird Macht zu einer konkreten Kraft und Stärke, die sich durchaus um- und beschreiben lässt. Dies ist, besonders in der Wirtschaft, enorm wichtig, denn was nicht verstanden oder beschrieben werden kann, kann auch nicht verändert werden. Und gerade in der Wirtschaft ist der Wettbewerb um Macht und Einfluss von herausragender Bedeutung.

Entsprechend dem Power-Triangle®-Modell beruht Macht auf dem Zusammentreffen von drei zentralen Faktoren: Wissen, Netzwerke und Ressourcen. In Kombination und in besonderer Ausprägung führen diese drei Einflussfaktoren zu Macht und Einfluss.

Wird dem Power-Triangle®-Modell gefolgt, so kann Gestaltungsmacht und somit auch wirtschaftlicher Erfolg möglich werden, wenn alle drei Faktoren gleichzeitig im Auge behalten werden. Das Modell ist als Dreieck (siehe Abb. 11.1) zu verstehen, wobei alle drei Faktoren gleichwertig wichtig sind, wenngleich sie im Praxisalltag oft unterschiedlich stark ausgebildet und durchaus auch volatil sind. Das Ineinandergreifen der Faktoren lässt sich an einem kleinen Gedankenexperiment verdeutlichen:

- Was ist Geld für Investitionen wirklich wert (Ressourcen), ohne eine gewinnbringende Business-Idee (Wissen)?
- Was kann eine gute Idee (Wissen) bewirken, wenn sie keiner kennt und niemand unterstützt (Netzwerke)?

N. Bogott und B. Woischwill, *Vertrauen. Macht. Wirtschaft.*,
https://doi.org/10.1007/978-3-658-37400-6_11

Abb. 11.1 Das Power-
Triangle®-Modell

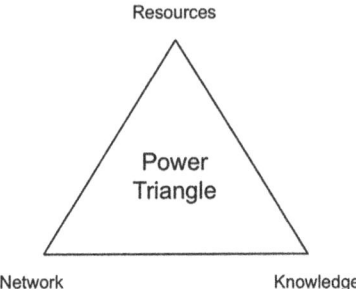

- Was ist Reichweite bzw. die Anzahl an Unterstützer:innen wert (Netzwerke), ohne ein Produkt oder eine Serviceleistung (Ressource)?

Wenn alle drei Bereiche nicht gleichmäßig gut entwickelt sind, dann können Machtpotenziale nicht erfolgreich ausgeschöpft werden. Als Merksatz gilt: Umso gleichmäßiger alle Seiten des Dreiecks ausgebildet sind, umso mehr Macht ist verfügbar. Umso ungleichmäßiger das Dreieck ausgeprägt ist, umso weniger Einfluss besteht.

11.1   Der Zugang zur Macht

Doch wie bekommt man Zugang zu diesen drei Faktoren der Macht: Netzwerke, Wissen und Ressourcen, die als wichtige Faktoren benötigt werden etwas zu tun? Das Vorhandensein dieser Zugänge ist einerseits systemabhängig und beeinträchtigt von individuellen Merkmalen wie beispielsweise Geschlecht, Alter oder sogar Herkunft. Andererseits ist es auch individueller Natur und geprägt von eigenen Motivationen. Die systemrelevante Ermöglichung von Zugängen begünstigen individuelle Bestrebungen enorm.

Auf der Makroebene ist somit ein Klima der Chancengleichheit zentral, in denen viele wirtschaftliche Player auf der Meso- und Mikroebene gute Chancen haben, ihren eigenen Gestaltungsspielraum zu erweitern, indem sie die Möglichkeit haben, frei über Wissen, Ressourcen und Netzwerke verfügen zu können, um mit diesen Variablen ihre Visionen umsetzen zu können.

Die Fähigkeit, Wissen, Ressourcen und Netzwerke klug und gewinnbringend einzusetzen, ist jedoch wiederum eine individuelle Leistung, die dadurch trainiert werden kann, indem Menschen mit diesen drei Faktoren in Berührung kommen und somit Verantwortung zu übernehmen lernen, denn mit gesteigertem Zugang zu Ressourcen, Wissen und Netzwerken steigt auch die eigene Verantwortung, sich um diese zu kümmern. Doch um die drei Aspekte richtig und gewinnbringend zu managen, müssen sie erst einmal zu Verfügung stehen bzw. Zugang zu ihnen erlangt werden. Das bedeutet, dass es sein kann, dass eine Person beispielsweise limitierte Zugänge zu den drei Machtelementen Wissen, Ressourcen und Netzwerke hat und dadurch diese Aspekte persönlich nur auf einem limitierten Stand beeinflussen und managen kann. Die Macht dieser Person ist gering. Allerdings bedeutet es nicht, dass es nicht möglich wäre, den eigenen Einflussbereich, den man hat, sinnvoll zu nutzen. Für manche Menschen ist einfach der Zugang zur Macht durch systemrelevante Umstände erschwert. Aber bei einer funktionierenden Wirtschaft geht es genau darum: Macht und Einfluss etwas bewegt zu haben, einzusetzen und zu erweitern. Weiterhin geht es darum, Chancengleichheit zu erwirken, sodass viele Akteure im Wirtschaftssystem den Wettbewerb steigern und somit die Wirtschaft floriert und nicht durch Monopole gehemmt wird.

Zweifellos gilt die Erkenntnis, dass Projekte auch dann verfolgt werden können, wenn nicht alle diese drei Aspekte zur Verfügung stehen, doch es wird hart. Es wird mehr Gegenwind geben. Es wird länger dauern. Es wird mehr Energie kosten. Weiterhin ist die Wahrscheinlichkeit sehr hoch, dass ohne solide Netzwerke, hilfreiche Ressourcen und dem passenden Wissen nicht so viel Einflussvermögen erreicht werden kann, als es ein konkurrierendes Projekt könnte, in dem alle drei Aspekte optimale Aufmerksamkeit bekommen. Sowohl auf der Mikro-, Meso- und als auch der Makroebene gelten die gleichen Spielregeln.

11.2 Macht auf allen Ebenen

Verblüffenderweise kann bei einer Optimierung der drei Aspekte des *Power-Triangle®-Modells* sogar ein einzelner Mensch, ein einziges Individuum, einen ganzen Staat in die Knie zwingen oder eine lose Gruppierung kann eine global agierende Firma boykottieren. Allein das Beispiel Greta Thunberg (Thunberg und Bischoff 2019) zeigt, wie mit überzeugenden Argumenten ihrer Reden (Stichwort Netzwerke: Sie erreicht viele Menschen), wertvollen Unterstützern beispielsweise bei ihren Reisen oder der Erstellung von eindrucksvollen YouTube-Videos (Stichwort Wissen: Sie hat eine klare Message) sowie dem notwendigen Zeit und monetären Investment bei vielen ihrer politischen sowie medialen Aktivitäten (Stichwort Ressourcen: Sie kann es sich leisten, Zeit in FFF zu investieren) zu einer der weltweit einflussreichsten Persönlichkeiten wurde und die globale Politik auf hohem Niveau beeinflusste.

Bedeutungsvoll hierbei ist also: Macht auf der Mikroebene kann also Macht auf der Makroebene ebenso tangieren als umgekehrt. Es kommt nicht unbedingt auf die Ebene der Einflussnahme an, sondern auf den jeweiligen Zugang zum relevanten Wissen, zu den richtigen Netzwerken und zu reichlichen Ressourcen und diese geschickt einzusetzen. Es reicht, wie gesagt, nicht nur zwei Aspekte oder gar nur einen einzelnen Aspekt perfekt abzudecken. Wenn auch nur ein Element fehlt, dann verkleinert sich der eigene Gestaltungsspielraum erheblich.

Krause schreibt in diesem Zusammenhang: „Insofern geht Führung durch Vertrauen auch immer mit Abhängigkeit einher – ein Merkmal, das bereits im Zusammenhang mit der Führung durch Einfluss und Macht erläutert wurde. Dabei ist davon auszugehen, dass mit zunehmendem Ausmaß der Erhöhung der Verwundbarkeit, also mit zunehmendem

Vertrauensvorschuss durch den Vorgesetzten gegenüber der geführten Führungskraft, die Abhängigkeit des Vorgesetzten von der geführten Führungskraft steigt. Umgekehrt gilt: Je stärker die geführte Führungskraft dem Konzept der Erwartungsreziprozität entspricht, also ihrerseits vertrauensvolle Gegenleistungen auf einen Vertrauensvorschuss folgen lässt, umso höher ist die Abhängigkeit der geführten Führungskraft von ihrem Vorgesetzten. Genau wie Führung durch Einfluss und Macht ist also auch Führung durch Vertrauen durch wechselseitige Abhängigkeit ('Mutual dependence') gekennzeichnet (Krause 2010)."

11.3   Die unsichtbare Macht

Das Power-Triangle®-Modell zeigt sehr konkret, wie der Zugang und das effektive Management von Wissen, Netzwerken und Ressourcen Macht und Einfluss ermöglichen. Doch es gibt einen weiteren wichtigen Aspekt, der erheblichen Einfluss auf die drei Machtelemente des Power Triangle hat. Es ist das Vertrauen!

Vertrauen ist eine zentrale Komponente der unsichtbaren Macht (Kühl 2017). Vertrauen ist als Konzept schwer fassbar.[1] Netzwerke, Wissen und Ressourcen sind dagegen sichtbar und messbar. Was somit ersichtlich wird: Faktoren, die zu Macht und Einfluss führen, werden durch Vertrauen zugänglich. Vertrauen ist ein Vehikel, das zur sichtbaren Macht werden kann und zu Gestaltungsspielraum in der Wirtschaft führt.

Breyer-Mayländer schaut ebenfalls auf diese Herausforderung und verwendet den Blickwinkel in Richtung Macht bzw. Vertrauen und Macht: „Als erste Voraussetzung für Vertrauen muss es gelingen, dass Führungskräfte in ihrem Verhalten gegenüber allen internen und externen Zielgruppen authentisch erscheinen. Dies hat – ganz im Sinne der Macht – auch etwas mit Rhetorik, Gestik, Mimik, Kleidung zu tun (vgl. Kmoth 2005, S. 18 ff.). [...] Wer sagt, was er tut, und tut was er sagt, hat hier bereits einen entscheidenden Glaubwürdigkeitsvorteil. Das wiederum ist die Voraussetzung dafür, dass einem Menschen Vertrauen entgegengebracht und geschenkt werden kann. Als weitere Voraussetzung dafür, dass tatsächlich Vertrauen entstehen kann, benötigt man eine gemeinsame Zeit der Erfahrung im Umgang miteinander, und auch – und hier schließt sich der Kreis der behandelten Themen wieder – eine gewisse Nähe. Übereinstimmende Werte und Haltungen (vgl. Härri und Orths 2017, S. 112 ff.) sind dabei eine gute Voraussetzung. Gerade dann, wenn jemand innerhalb eines Unternehmens eine Führungsposition innehat, ist diese Führungskraft auf die vertrauensvolle Zusammenarbeit mit Kolleginnen und Kollegen derselben Hierarchiestufe, der Hierarchiestufe der Mitarbeitenden und der Hierarchiestufe der Vorgesetzten angewiesen. Wenn Nähe

---

[1] Obgleich es natürlich Ansätze gibt, die diese Herausforderung annehmen: Edelmann (2022) Available via Edelman Trust Barometer. https://www.edelman.com/trust/trust-barometer. Accessed 25 Jun 2022.

generell eine Voraussetzung für eine künftige Vertrauensbeziehung und damit auch für die vertrauensvolle Zusammenarbeit darstellt, ist die wohldosierte, wohlüberlegte Nähe ein Schlüsselelement der Personalarbeit. […] es geht darum, dass ein freundschaftlicher, kollegialer Umgang, der von gegenseitigem Respekt (vgl. dazu Ebert und Pastoors 2018) geprägt ist und auch eine professionelle Distanz sowohl zu Themen als auch Personen miteinschließt, mittel- bis langfristig die besten Ergebnisse erzielen wird (Breyer-Mayländer 2020)."

Des Weiteren ergänzt Matys in diesem Zusammenhang: „Und der Gebrauch von Macht hängt für Mintzberg davon ab, ob dem handelnden Akteur in einer Organisation eine oder mehrere der folgenden Machtquellen zur Verfügung steht bzw. stehen und nicht zuletzt davon, ob er diese Quellen anwenden kann und will: Kontrolle von Ressourcen, Kontrolle über technisches Geschick, Kontrolle über Wissen, Rückgriffsmöglichkeit auf exklusives Recht, Rückgriffsmöglichkeit auf formale Privilegien (Matys 2014)".

Abseits der Debatte zu Wissen und Kompetenzen wird deutlich, dass der Faktor Zeit in diesem Zusammenhang ebenfalls eine wichtige Rolle spielt. Es ist eine Ressource, die wir nur in vertrauensvolle Projekte und Menschen investieren. Doch auch andere Ressourcen, unsere Energie, der eigene Leistungswille ist unheimlich wichtig und wird bedingt von dem Gefühl, ob Vertrauen herrscht oder nicht. Hinzu kommt die Erkenntnis: Netzwerke bedingen starkes Vertrauen. Ich handle mit Menschen und Unternehmen, auf die ich mich verlassen kann. Wir können Netzwerke in einer immer stärker digitalisierten Welt gestärkt werden? Auch ihnen geht die unsichtbare Macht – das Vertrauen – voraus.

Wem oder was schenken wir unseren Glauben? Es gilt: Der unsichtbare Einfluss des Vertrauens zieht sich wie ein roter Faden durch alle drei Bereiche zur wirtschaftlichen Macht: Netzwerke, Wissen und Ressourcen. Und diese drei Faktoren zeigen sich im Wirtschaftsalltag in unterschiedlichen Facetten, die teilweise auch eng miteinander verbunden bzw. verwoben sind. Klarheit und Transparenz sind hier als Beispiele zu nennen. Beide gehören zum Oberbegriff Wissen. Beide sind mit einer kommunikativen Herausforderung verbunden. Und beide können wirtschaftliche Projekte positiv beeinflussen.

Entsprechend dem Power-Triangle®-Modell kann Macht durch Wissen, Netzwerke und Ressourcen erlangt werden. Und hier schließt sich der Kreis: Vertrauen ist, wie beschrieben, eine Grundlage, um *Soft Power,* Attraktivität und Anziehung zu erzeugen. Diese verhilft zur Akquirierung von Netzwerken, Ressourcen und Wissen – der drei bekannten Faktoren, die elementar zur Machterweiterung notwendig sind und vice versa. Vertrauen ist hinsichtlich der Machtfrage somit eine Art Pull-Faktor, während Zwang eine Art Push-Faktor ist. Dieser drückt Personen in eine bestimmte Richtung, in die sie selbst nicht gegangen wären. Als Pull-Faktor kann man Gefühle beschreiben, die jemanden verführen oder zumindest keine Blockaden oder sehr niedrige und überwindbare Barrieren zur Voraussetzung haben und ein Ziehen in der Person auslöst. Mit Menschen und Institutionen, die vertrauenswürdig sind, wollen andere zusammenarbeiten, Verträge schließen. Viele große Marken genießen den Ruf, vertrauenswürdig zu sein (Reader's Digest 2022). Ihnen wird geglaubt. Mit ihnen möchte man sich verbinden. Diese möchte man konsumieren. Vertrauen ist die Grundlage hierzu und aus diesem Grunde für Innovation und Wirtschaftsfähigkeit überaus relevant.

11.4   Die zwei Seiten der Macht

Macht hat immer zwei Seiten der Medaille. Wann kann davon gesprochen werden, dass Vertrauen und Macht missbraucht wird? Was eine Person als hilfreiche Informationen wertet, wertet eine andere als Manipulation. Der Unterschied? Das Konzept des Konsens ist der Schlüssel. Konsens hat in allen Bereichen des Lebens Relevanz, besonders auch im Arbeits- und Wirtschaftsleben.

Bleiben wir bei dem Beispiel um die Information: Wurde um die Information gebeten? Wurde die Information explizit erwartet? Wurde die Information suggeriert? Wurde die Information unterlassen? Das Spektrum zwischen den Polen von Missbrauch und Zusammenarbeit ist groß, da es sowohl spezifisch zum Kontext der Interaktion und der Beziehung der Teilnehmenden ist. Konsens kann somit nicht an einfachen „Ja"- oder „Nein"-Antworten gemessen werden, sondern ist situationsspezifisch. Wie kommt es zu einem „Ja" oder ein „Nein" einer Person? Wann findet eine Einwilligung wirklich statt und wann geschieht sie unter Zwang oder Nötigung? Diese Methoden können durchaus subtil sein. Welche Aspekte, welche Abhängigkeiten spielen in Entscheidungen rein? Wann ist eine Person wirklich frei? Wie frei kann man in einem Arbeitsverhältnis sein? Hierzu sind Gefühle und Empathie der Schlüssel: Wichtige Faktoren, die auch sehr vertrauensfördernd sind. Wir bewegen uns stetig im Tanz, Entscheidungen darüber zu treffen, ob und wem wir vertrauen. Menschen, die den Konsens suchen, denen wird auch mehr vertraut. Menschen, die den Konsens nicht suchen und undurchsichtige Situationen kreieren, in denen Unsicherheit oder gar Chaos herrscht, wird demnach nicht vertraut (besonders, wenn sie so tun, als würde dieses Chaos nicht existieren). Dies ist eine Manipulation, während eine Manipulation bereits stattfindet – quasi ein doppelter Macht- und Vertrauensmissbrauch, der schwerwiegende Abhängigkeiten kreieren kann. Durch unsere Verbindungen geben wir zu einem gewissen Teil immer auch Macht über uns ab, beziehungsweise teilen unsere Macht mit anderen. Das Gegengift zu Manipulation ist Transparenz und Wahrheit. Entscheidungen, die vollständig informiert, frei und eindeutig getroffen werden können, basieren auf Konsens. Konsens gibt es sowohl im intimen oder sexuellen als auch im gesellschaftlichen Bereich. Hier geht es fundamental darum, eine Kultur zu kreieren, in der alle Beteiligten sich gegenseitig Respekt zollen und alle Parteien jeweils für sich selbst bestimmen können, ob und unter welchen Voraussetzungen sie Macht abgeben wollen und vertrauen. Wahrer Konsens entsteht nur, wenn sich dieses Recht gegenseitig zugesprochen wird.

Die Datenschutz-Grundverordnung GDPR ist hierfür ein gutes Beispiel (Bundesministerium für Justiz 2022). In dieser Verordnung wird Konsens genau definiert. Nur auf dieser Grundlage können vertrauensvolle wirtschaftliche Interaktionen im digitalen

Raum stattfinden. Da sie auf Konsens beruhen, kann auf ihnen eine stabile Wirtschaft mit mannigfaltigen Verbindungen fußen. Diese übergeordneten politischen Vorgaben und machtvollen Rahmenbedingungen sind essenziell für die Wirtschaft. „Der demokratische Rechtsstaat hat die Gesetzmäßigkeit der Verwaltung selbstständig zu gewährleisten. Wird er dieser Aufgabe gerecht, so ist hierdurch der Grundstein für eine Vertrauensbasis gelegt (Vollmar et al. 2013)."

Hier kann ebenfalls die vielfach, weltweit durch wissenschaftliche Studien und Experimente belegte Theorie der *Self-fulfilling Prophecy* (Kraemer und Brugger 2017) (Deutsch: „Sich selbst erfüllende Prophezeiung") genannt werden: Wer immer nur überall im Alltag Menschen mit Misstrauen begegnet und bei jeder Person Lügen erwartet, der wird in der Konsequenz durch das fehlende Vertrauen weniger mit Menschen kollaborieren, weil der Fokus der eigenen Wahrnehmung auf Vorsicht beruht. Auch die Theorie des *Confirmation Bias* (Deutsch: „Bestätigungsfehler") führt zu solchen Annahmen, denn die eigenen Annahmen und Glaubenssätze verzerren die eigene Wahrnehmung. Es ist wie bei dem berühmten rosa Elefanten. Wenn man nicht an ihn denken möchte, fällt einem sofort ein Bild davon ein. Wer also hinter jeder Ecke Lug und Betrug wähnt, wird Menschen eher aus Vorsicht meiden. Das Gegenteil kann hierbei natürlich ebenfalls funktionieren und in diesem Sinne gilt diese sehr prägnant formulierte Praxisempfehlung: Vertrauensvoll Business-Ziele angehen und stets nach Chancen für Kooperationen und Projekte suchen.

Schauen wir uns die drei Erfolgsfaktoren vom Power-Triangle®-Modell nachfolgend hinsichtlich der Herausforderung Vertrauen als Wirtschaftsfaktor an. Die drei Faktoren Netzwerke, Wissen und Ressourcen werden hierzu konzeptionell vorgestellt und hinsichtlich ihrer konkreten Bezüge für die Wirtschaftswelt (Basis: Expert:inneninterviews, Sekundäranalysen) charakterisiert. Die Perspektive betrachtet, wie bereits genannt, die Mesoebene, also die Herausforderungen für Firmen, Institutionen bzw. Organisationen.

Literatur

Bogott N, Rippler S, Woischwill B (2017) Im Startup die Welt gestalten. Wie Jobs in der Gründerszene funktionieren. Springer, Wiesbaden

Breyer-Mayländer T (2020) Erfolgsfaktor Macht im Management. 20 Handlungsfelder für bewusste, verantwortungsvolle und erfolgreiche Führungsarbeit. Springer, Wiesbaden, S 124–125

Bundesministerium für Justiz (2022) Available via Datenschutz-Grundverordnung. https://www.bmj.de/DE/Themen/FokusThemen/DSGVO/DSVGO_node.html. Accessed 25 Jun 2022

Ebert, Helmut/Pastoors, Sven (2018): Respekt: Wie wir durch Empathie und wertschätzende Kommunikation im Leben gewinnen, Springer Gabler, Wiesbaden

Härri, Maja/Orths, Stephan (2017): Das Resonanz-Konzept: Wirksam führen in Komplexität, Haufe, Freiburg

Kmoth, Nadine (2005): Körperrhetorik: Eine Anleitung zum Gedankenlesen und -zeigen, mvg München

Kraemer K, Brugger F (Hrsg) (2017) Schlüsselwerke der Wirtschaftssoziologie. Springer, Wiesbaden

Krause DE (2010) Macht und Vertrauen in Innovationsprozessen: Ein empirischer Beitrag zu einer Theorie der Führung. Springer, Wiesbaden, S 137

Kühl S (2017) Laterales Führen. Eine kurze organisationstheoretisch informierte Handreichung. Springer, Wiesbaden

Matys T (2014) Macht, Kontrolle und Entscheidungen in Organisationen. Eine Einführung in organisationale Mikro-, Meso- und Makropolitik. Springer, Wiesbaden, S 43

Mintzberg, H.: Power in and around organizations. Englewood Cliffs, N. Y. 1983

Mintzberg, H.: Mintzberg über Management. Wiesbaden 1991

Mintzberg, H.: Die Mintzberg-Struktur. Organisationen effektiver gestalten. Landsberg am Lech 1992

Reader's Digest (2022) Trusted Brands 2022: 4.000 Konsumenten bestimmen aus über 3.500 Marken die „Most Trusted Brands". https://www.rd-markengut.de/trusted-brands/trusted-brands-2022. Accessed 25 Jun 2022

Thunberg G, Bischoff U (2019) Ich will, dass ihr in Panik geratet! Fischer, Meine Reden zum Klimaschutz

Vollmar S, Becker R, Hoffend I (Hrsg) (2013) Macht des Vertrauens. Perspektiven und aktuelle Herausforderungen im unternehmerischen Kontext. Springer, Wiesbaden, S 276

Wirtschaftsfaktor Netzwerke

12

„Ausnahmen bestätigen die Regel." (Alte Volksweisheit)

Wenden wir uns dem ersten Element des Power-Triangle®-Modells zu, dem Wirtschaftsfaktor Netzwerke (Holzer und Stegbauer 2019). Um Macht aufzubauen, sind Netzwerke überaus hilfreich. Ohne Partner, Verbündete und Allianzen ist unser Gestaltungsspielraum kleiner als mit starken Netzwerken. Diese Verbindungen werden auch Multiplikator:innen genannt. Dadurch, dass man sich mit Multiplikator:innen zusammentut, verstärkt man geradezu die eigene Wirkungsmacht, ja sie wird multipliziert. Bezogen auf die Wirtschaftswelt kann man hinsichtlich der Relevanz von Netzwerken unterscheiden zwischen der Mikroebene, (Spurk et al. 2015) der Mesoebene (Dimitratos et al. 2014) sowie der Makroebene (Acs et al. 2016).

Schön schreibt in diesem Zusammenhang: „Der Wunsch nach Bindung und Gruppenzugehörigkeit befriedigt zunächst die Bedürfnisse nach Sicherheit und Schutz, die aus der Zugehörigkeit zu einer Gruppe resultieren. Dazu kommen seelische Aspekte wie der Kontakt und die Möglichkeit des Austauschs innerhalb einer Gruppe. In meinen Gesprächen sowohl mit Top-Führungskräften als auch mit selbstständig Tätigen erkenne ich immer wieder den Mangel an intellektuellem Austausch. In Netzwerken und am Arbeitsplatz trifft man zwar viele Menschen, aber findet auch wirklich echter, persönlicher und von gegenseitigem Interesse geprägter Dialog statt? Ich denke, deutlich zu wenig. Für diese Gruppen ist es wichtig, Personen zu finden, zu denen eine vertrauensvolle, persönliche Beziehung aufgebaut werden kann, damit Reflexion, Sparring und intellektueller Austausch möglich sind (Schön 2020)."

Durch die Zusammenarbeit verschiedener Akteure, die sich gegenseitig Vertrauen und gemeinsam an einem Strang ziehen, können großartige Ergebnisse erzielt werden. Vertrauen ermöglicht ein Miteinander. Demnach kann Vertrauen auch als ein wichtiges Machtinstrument gewertet werden. Welche Netzwerke benötigen wir, um Macht zu erlangen und welche Rolle spielt das Vertrauen? Netzwerke können auf

© Springer Fachmedien Wiesbaden GmbH, ein Teil von Springer Nature 2022
N. Bogott und B. Woischwill, *Vertrauen. Macht. Wirtschaft.*,
https://doi.org/10.1007/978-3-658-37400-6_12

unterschiedliche Art und Weise gemanagt werden. Netzwerkarbeit und *Community-Building* sind immer stärker nachgefragte Fähigkeiten. Was ist das Geheimnis zwischen vertrauensvollen Connections und Beziehungen? Die sozialen Medien machen es vor, Vertrauen ist eine zentrale Variable in der Netzwerkbildung. Es ist zur Bildung solider Netzwerke unerlässlich. Wenn wir jemandem vertrauen, so wird beispielsweise eine berufliche Zusammenarbeit mit dieser Person ermöglicht und es können gemeinsam konkrete Ergebnisse erzielt werden, die durch das uns entgegengebrachte Vertrauen möglich gemacht wurden. Schauen wir beispielhaft nachfolgend auf Teilbereiche, die zum Wirtschaftsfaktor Netzwerke auf der Mesoebene gehören.

12.1   Kooperationspartnerschaften

Welche renommierten und bekannten Organisationen oder Firmen arbeiten mit einem zusammen? Diese Information kann durchaus Türen öffnen, da auch sie vertrauensbildend sind (Zentes et al. 2003). Besonders Firmen, die noch klein sind und mehr Einfluss generieren wollen, sollten Kooperationspartner finden, deren Name bekannt ist. Das wertet die eigene Präsenz auf. Doch wie finden sich passende Kooperationspartner, die sehr wichtig für die Netzwerkbildung sind? Schauen wir uns eine konkrete Situation an: Der Gründer eines Start-ups sucht via LinkedIn einen professionellen Kooperationspartner, um die Qualitätssicherung seiner Produkte zu verbessern. Hierzu findet er verschiedene LinkedIn-Profile, die genau die richtigen Stichworte (z. B. Kenntnisse zu DIN/ISO- oder Umweltschutz-Normen) liefern. Doch bei welchem Profil wird er Kontakt aufnehmen, da es besonders vertrauenswürdig erscheint? Und welche Kriterien werden diese Entscheidung beeinflussen? In unserem Beispiel wird das Profilbild eine große Rolle spielen sowie die von anderen LinkedIn-Mitgliedern bestätigten Fähigkeiten. Auch wenn Profilbilder inszeniert und digital optimiert sind – durch die nonverbalen Signale, durch die Gesichtsmimik können konkrete Persönlichkeitsmerkmale vermutet werden. Selbst wenn diese Vermutungen am Ende des Tages nicht der Realität entsprechen, so sind sie zunächst einmal Kriterien, die für eine Entscheidung – Kontaktaufnahme ja/nein – herangezogen werden. Des Weiteren können natürlich auch die von anderen LinkedIn-Mitgliedern bestätigten Fähigkeiten arrangiert bzw. bewusst organisiert worden sein. Und trotzdem erscheinen diese Mini-Referenzen zunächst einmal mehr vertrauenswürdiger als ein Profil gänzlich ohne bestätigte Fähigkeiten.

12.2   Lobbyismus

Durch gute Lobbyarbeit kann ein Unternehmen politisch Einfluss erlangen (Speth und Zimmer 2015). Dieser Einfluss ist ebenfalls ein weiteres Zeichen der Macht. Auch Individuen und soziale Organisationen können für ihre Sache durch gute Lobbyarbeit

Mitstreiter:innen in der Politik und der Gesellschaft gewinnen. Durch Allianzen und Supporter aus diesen Bereichen ist es möglich, Reichweite und Glaubwürdigkeit zu gewinnen. Dies kann mit einem Zuwachs an Vertrauen und Macht verbunden sein. Das in der Gesellschaft häufig kontrovers diskutierte Thema Lobbyismus wird von Leo Hoffmann-Axthelm (16.19) von Transparency International eher unproblematisch gesehen. „Wichtig für die Vertrauensbildung ist: Rechenschaftspflicht fängt da an, dass man die Verantwortung sauber und korrekt verteilt. Wenn man zum Beispiel auf die kontroverse Pkw-Abgase-Diskussion schaut, so waren hier sicherlich auch die Interessen der Industrie relevant, aber der entscheidende Faktor für die Vereinbarung der Grenzwerte war mangelnde Transparenz über den Widerstand einzelner nationaler Regierungen, die sich als Autolobbyisten betätigen." Für Leo Hoffmann-Axthelm unterstützt Lobbyismus die Politik durch zur Verfügung gestellte Informationen, Analysen und Konzepte, die ansonsten für die Politiker nicht in gleicher Weise verfügbar wären. „Lobbyismus ist eines unserer Hauptthemen bei Transparency International. Und Lobbyismus ist fundamental wichtig für die Demokratie. Wenn man den Lobbyismus nicht zulässt, dann hat man im Prinzip das ganze partizipative Element der Demokratie entfernt. Die Herausforderung ist aber, auch bei der Vertrauensfrage, den Lobbyismus in geregelte Bahnen zu lenken, für Transparenz zu sorgen, damit die Bürger sehen können: Wie viel Input kam bei Gesetz XY von NGOs, wie viel Input kam von Think Tanks und wie viel Input kam von der Industrie? Hier muss noch entschieden nachgebessert werden, insbesondere die Mitgliedsstaaten aber auch auf EU-Ebene müssen deutlich strengere Regeln erlassen werden um zu verhindern, dass vermögende Interessen ihren Einfluss auf die Politik unverhältnismäßig ausbauen können, zulasten der Öffentlichkeit." Für die Perspektive Vertrauen als Wirtschaftsfaktor kann festgehalten werden, dass Lobbyismus einflussreiche Verbindungen herstellen kann und der Erfolg dieser Verbindungen zweifellos vom Faktor Vertrauenskommunikation beeinflusst wird.

12.3   Organisationsformen

Es gibt verschiedene Organisationsformen, die ein Miteinander ermöglichen. Je nachdem, welche Organisationsform gewählt wird, wird Macht unterschiedlich verteilt (Brandl 2021). In klassischen Hierarchien gibt es eine Spitze, in der sich Macht konzentriert und dann nach und nach weniger wird, umso weiter man in der Hierarchie hinabsteigt. So sieht jedenfalls ein solches Organigramm aus. Vertrauen kann jedoch einen erheblichen Einfluss darauf haben, wie verschiedene Mitarbeitende Einfluss generieren. Selbst in der Hierarchie kann nämlich ein:e Praktikant:in durchaus Macht inne haben, wenn er oder sie ein besonders gutes Verhältnis zur Organisations- oder Firmenspitze pflegt. Es gibt auch neuere Organisationsformen, die mehr Raum dafür lassen, dass Macht a) aufgeteilt wird und b) fließt. Das heißt, das Macht hier eine Eigendynamik entwickeln kann. Dies geht nur mit Vertrauen. Wenn eine gute Vertrauensbasis genährt wird, dann können Mitarbeitende durchaus in wechselnden Konstellationen miteinander arbeiten. Dies verdeutlicht, dass die Organisationsform eine erhebliche Auswirkung darauf hat, welche Machtstrukturen herrschen.

12.4   Personalmanagement

Das Personalmanagement beeinflusst den vertrauensvollen Umgang innerhalb einer Firma und kann gleichzeitig ein besonderer Machtfaktor sein (Stock-Homburg und Groß 2019). Nicht selten gilt der oder die CEO mit seinem oder ihrem Verhalten als Vorbild für bestimmte Verhaltensweisen. Doch auch das Personalmanagement hat bestimmten Einfluss auf die Unternehmenskultur. Das Team im Unternehmen bildet ein eigenes Netzwerk, welches auf bestimmte Werte beruht. Timo Eßer legt Führungskräften zehn konkrete Handlungsvorschläge ans Herz, wenn es um den Aufbau einer vertrauenswürdigen Unternehmenskultur geht:

1. „Vertrauensvorschuss: Gib deinen Mitarbeitern solange Vorschussvertrauen, bis es nicht mehr gerechtfertigt ist. Motto: „Mein Misstrauen musst du dir erst erarbeiten".
2. Entfaltung durch Vertrauen: Gib inhaltliche Leitplanken und vertraue auf das Potenzial deiner Mitarbeitenden und nutze es. Stehe als Coach:in zur Verfügung, nicht als Kontrolleur:in. Kontrolle schafft Dienst nach Vorschrift. Konsultative Führung als Schlüssel für maximale Potenzialentfaltung.
3. Selbstvertrauen: Fördere das Selbstvertrauen deiner Mitarbeitenden. Diese geben es zurück mit mehr Motivation, Innovationswillen und weniger Fehlzeiten.
4. The Power of feeling trusted: Gib deinen Mitarbeitenden das authentische Gefühl, dass du ihnen vertraust. Das ist der Schlüssel zu Höchstleistung. Denn es gibt psychologische Sicherheit, die es erlaubt, sich etwas zuzutrauen.
5. Vertrauenskultur und Fehlerkultur, besser Lernkultur: Schaffe eine Kultur, die Vertrauen belohnt und in der Fehler als iterative Prozessschritte auf dem Weg zu erfolgreichen Produkten oder Services verstanden werden. Nach dem Motto ‚Failing to Innovate'.
6. Umgang mit Fehlern als Vertrauenschance: Gehe mit Fehlern vertrauensvoll um, das heißt, ohne sofortige persönliche Schuldzuweisungen und negative Konsequenzen. Das ist eine echte Chance zum nachhaltigen Aufbau und zur Pflege einer von allen Teammitgliedern getragenen Vertrauenskultur. Wenn Fehler passiert sind, ist der Ernstfall eingetreten. Nun zeigt sich für alle Teammitglieder, wie vertrauensvoll der Umgang tatsächlich ist und ob man sich auf den Vorgesetzten verlassen kann, das heißt, ob man ihm vertrauen kann. Das ist zur Schaffung eines High-Performance-Teams unerlässlich und ist ein Booster für die Innovationskraft.
7. Vertrauen spart Zeit: Gewinne Zeit durch wechselseitige Vertrauensbeziehungen. Denn da, wo weniger Kontrolle notwendig ist, wird Zeit gespart. Diese ist bei zunehmendem Stress durch immer komplexere und schnellere Anforderungen in der Wirtschaftswelt Gold wert und hilft, die geforderte Pace zu halten.
8. Eigenes vertrauensvolles Handeln: Lasse gute Mitarbeitende ziehen, wenn sie sich durch den Weggang weiterentwickeln können, auch wenn es für dich zunächst nachteilig sein kann. Das zeigt maximale Vertrauensauthentizität und Vertrauenswürdigkeit.

9. Vertrauensreputation: Dein Vertrauens-Track-Record läuft dir voraus. Ist er positiv, ist er ein massiver Vorteil zur Gewinnung, Entwicklung und Bindung von Talenten, also ein echter wirtschaftlicher Erfolgsfaktor.
10. Vertrauen zahlt sich aus: Alle vorstehenden Handlungsvorschläge führen dazu, dass Unternehmen nachhaltig wirtschaftlich erfolgreich sein können."

Durch solch ein auf Vertrauen aufgebautes Personalmanagement können Unternehmen Stärke und Einfluss durch ein starkes Netzwerk ihres Personals generieren. Wie erwähnt, wird die Leistung durch mehr Motivation und weniger Fehlzeiten gesteigert.

12.5 Reputation

Marketingkommunikation mit traditionellen Medien kann darauf ausgerichtet sein, eine bestimmte Reichweite zu erzielen und dies kann durch vertrauensvolle Kommunikation, die seriös, authentisch und glaubwürdig ist, positiv beeinflusst werden. Ähnliches ist auch in den sozialen Medien zu beobachten (Meffert et al. 2018). Stefan Rippler (Abschn. 16.13) zur Rolle der digitalen Netzwerke zur Steigerung der Reputation einer Firma, z. B. die Erstellung und Pflege einer Firmenseite auf LinkedIn: „Soziale Netzwerke spielen neben Bewertungsportalen die größte Rolle im digitalen Reputationsmanagement." Egal ob Punktebewertung, Videobotschaft, Live-Story oder ein einfaches „Like": mit einer Vielfalt an Formaten bewerten Nutzer:innen sozialer Netzwerke sowohl Produkte als auch Dienstleistungen im Sekundentakt. Entscheidend für erfolgreiches Social-Reputationsmanagement: Zielgruppenkontakt.

12.6 Synergieeffekte

Synergieeffekte können einen sehr mächtigen wirtschaftlichen Einfluss generieren, da kurz gesagt das Rad nicht wieder neu erfunden werden muss, sondern vorhandene Ressourcen und Strukturen produktiv ineinandergreifen können (Bornemann et al.). Durch nützliche Zusammenschlüsse können Synergieeffekte wichtige Weichen stellen, die allein so nicht hätten bestritten werden können. Schauen wir uns ein Praxisbeispiel genauer an. Jenan Mouhamed Ali (16.11) von Coca-Cola stellt hierzu fest: „Nehmen wir als Beispiel, dass das Ziel der Erhalt von Biodiversität ist. Dann zeigt der Beitritt an ‚Biodiversity and good company' die Bedeutung von Netzwerken. Hierbei handelt es sich um einen Zusammenschluss von Organisationen und Gruppen, die sich austauschen, Erfolge und Misserfolge teilen und gemeinsam wachsen. Hier wird sehr auf Erfahrungs-austausch gesetzt. Das Rad muss nicht immer neu erfunden werden, es reicht, in Syn-ergien zu denken. Zuversichtlich, dass fatale Fehler auseinander dekliniert werden und ein Fehltritt nicht unbedingt das Aus für die restlichen Netzwerkmitglieder bedeutet. Bei Netzwerken stehen eher die Vorteile im Vordergrund." Um gute Synergieeffekte zu erwirken, muss Offenheit da sein und das Gespräch auf Augenhöhe stattfinden. Nur so können solche Synergieeffekte erfolgreich zum Tragen kommen und das eigene Wirkungsfeld erweitern.

12.7 Unternehmenskommunikation

Wenn auf das Thema Kommunikation geschaut wird und die Perspektive Unternehmenskommunikation näher betrachtet wird, so werden auch wieder die übergeordneten Begriffe Vertrauen und Macht sichtbar (Mast 2020). Ein Beispiel sind Geschäftsberichte, die für bestimmte Firmen in besonderer Ausführlichkeit vorgeschrieben sind. Über Publikationen dieser Art kann eine Beziehung zu entsprechenden Zielgruppen aufgebaut werden. Vertrauen kann hier, wie bereits am Anfang vom Buch beschrieben, ein Bindeglied sein, um beispielsweise Investoren, Presse, Interessengruppen oder interessierte Konsumenten näher an sich zu binden oder zumindest ein gewisses Verständnis für die Firmenstrategie zu erzeugen. Wenn dies gelingt, so ermöglicht das Bindeglied Vertrauen ein im Idealfall unterstützendes Umfeld, was im Resultat die Machtposition der Firma stärkt.

12.8 Veranstaltungen

Veranstaltungen sind ein bekanntes und weit verbreitetes Netzwerk-Tool, online sowohl offline. Veranstaltungen haben einen besonderen Charakter, der durchaus eine wichtige Relevanz zur Macht hat (Knoll 2017). Auf welche Veranstaltungen wird man eingeladen und welche Einladungen nehmen Personen an? Dies sagt sehr viel darüber aus, wie einflussreich eine Person ist. Weiterhin spielt eine große Rolle, wo Veranstaltungen stattfinden und welche anderen Menschen da sein werden. Netzwerken auf Veranstaltungen ist für die Erweiterung der Macht und des Einflusses von ungemein großer Bedeutung. Auch das Netzwerken auf den jeweiligen Veranstaltungen muss erprobt werden, da man sich auf unterschiedlichen Veranstaltungen je nach Anlass und Branche unterschiedlich verhält. Diese Verhaltensweisen und die adäquate Kontaktaufnahme sind Aspekte, die sehr sorgsam betrachtet werden müssen, um den eigenen Gestaltungsspielraum zu erweitern.

Veranstaltungen, auch innerhalb der Belegschaft, können zu starken Netzwerken im Team führen. In Teamevents wie gemeinsam kochen, grillen oder joggen kann ein besonderes Vertrauen entstehen. Susana Perez Moner hierzu (Abschn. 16.3): „Vertrauensaufbau bedarf eines Umfeldes, das nicht Druck und Gegendruck ausübt, sondern Gelassenheit und Offenheit stiftet. Vertrauen basiert auf der Beobachtung, dass andere Teammitglieder ihre wahren Gefühle teilen. Gemeinsame Freizeitaktivitäten, wie Kochen, Sport treiben oder Familienevents, helfen den Gruppenmitgliedern, die kulturellen Besonderheiten, Werte und die länderspezifischen Normen kennenzulernen und zu verstehen und persönliche Bindungen aufzubauen. Solche Events fördern die Zugänglichkeit und die Inklusion, indem sie ein Umfeld bieten, in dem Teammitglieder ihre Gefühle teilen und auf persönlicher Ebene miteinander in Beziehung treten können."

Anknüpfend an diese Worte sowie die bisherigen Ausführungen in diesem Buch soll an dieser Stelle die Erkenntnis wiederholt werden: Vertrauen verbindet. Und wenn diese Verbindung gelingt, so kann situativ der Einflussbereich von Akteuren bzw. Organisationen erweitert werden.

Literatur

Acs ZJ, Audretsch DB, Lehmann EE et al (2016) National systems of entrepreneurship. Small Bus. Econ., April, 46(4): 527–535

Brandl P (2021) Organisationsentwicklung, Transformations- und Change-Management. Nutzstiftende Veränderungen bei sozialen Dienstleistern gestalten. Wahlhalla

Bornemann S (2012) Kooperation und Kollaboration. Das Kreative Feld als Weg zu innovativer Teamarbeit. Springer, Wiesbaden

Dimitratos P, Amorós JE, Etchebarne MS et al (2014) Micro-multinational or not? International entrepreneurship, networking and learning effects. J Bus Res 67(5):908–915

Etzkowitz H, Zhou C (2018) The Triple Helix. Routledge, London

Knoll T (Hrsg) (2017) Veranstaltungen 4.0. Konferenzen, Messen und Events im digitalen Wandel Springer, Wiesbaden

Holzer B, Stegbauer C (Hrsg) (2019) Schlüsselwerke der Netzwerkforschung. Springer, Wiesbaden

Meffert H, Burmann C, Kirchgeorg M (2018) Marketing. Grundlagen marktorientierter Unternehmensführung. Konzepte – Instrumente – Praxisbeispiele. Springer, Wiesbaden

Mu J, Thomas E, Peng G et al (2017) Strategic orientation and new product development performance. The role of networking capability and networking ability. Ind Mark Manage 64:187–201

Mast C (2020) Unternehmenskommunikation. Ein Leitfaden. UTB, Tübingen

Spurk D, Kauffeld S, Barthauer L et al (2015) Fostering networking behavior, career planning and optimism, and subjective career success. An intervention study. J Vocat Behav 87:134–144

Schön W (2020) Vertrauen, die Führungsstrategie der Zukunft. So entstehen Vertrauen, Wirkung und persönlicher Erfolg. Springer, Wiesbaden, S 63

Speth R, Zimmer A (Hrsg) (2015) Lobby Work. Interessenvertretung als Politikgestaltung. Springer, Wiesbaden

Stock-Homburg R, Groß M (2019) Personalmanagement. Theorien – Konzepte – Instrumente. Springer, Wiesbaden

Von Hehn S, Cornelissen NI, Braun C (2022) Kulturwandel in Organisationen. Ein Baukasten für angewandte Psychologie im Change-Management. Springer, Berlin/Heidelberg

Wakefield K, Dismore H (2015) The role of transnational networking for higher education academics. High Educ Res Dev 34(6):1281–1296

Zentes J, Swoboda B, Morschett D (Hrsg) (2003) Kooperationen, Allianzen und Netzwerke. Grundlagen – Ansätze – Perspektiven. Springer, Wiesbaden

Wirtschaftsfaktor Ressourcen

13

„Ordnung muss sein." (Alte Volksweisheit)

Widmen wir uns nun einem weiteren Element vom Power-Triangle®-Modell, dem Wirtschaftsfaktor Resource (Welge et al. 2017). Wie sieht es mit dem Ressourceneinsatz aus, wenn die Vertrauensfrage im Raum steht? Jenan Mohamed Ali (16.11), Nachhaltigkeitsexpertin bei Coca-Cola, bringt es in knappen Worten auf den Punkt: „Ressourcen in jeder Form wie Zeit, Fachkräfte, Energie, Finanzen sind wichtige Faktoren für den Vertrauensaufbau." Um Macht aufzubauen, sind Ressourcen notwendig. Unterschiedlichste Autoren heben dies hervor (Arendt 2015). Bezogen auf die Wirtschaftswelt kann man hinsichtlich der Relevanz von Ressourcen unterscheiden zwischen der Microebene (Drover et al. 2017), der Mesoebene (Burns 2016) sowie der Macroebene (Pergelova und Fernando 2014). Ressourcen können auf unterschiedliche Art und Weise erlangt und erweitert werden. Der Wirtschaftsfaktor Ressourcen beeinflusst nicht nur die Frage, wie einflussreich bzw. machtvoll ein Akteur die eigenen Ziele durchsetzen kann, er beeinflusst auch die Vertrauensfrage. Schauen wir beispielhaft nachfolgend auf sich teilweise überschneidende Teilbereiche, die zum Wirtschaftsfaktor Ressourcen auf der Mesoebene gehören:

13.1 Budgets

Bei Budgets geht es unter anderem neben Projekt-Budgets (Schuster et al. 2021) beispielsweise um Gehälter, die von der Führungsebene bestimmt werden. Umso höher jemand in der Hierarchieebene klettert, umso höher sind meist die Gehälter und die Entscheidungsgewalt über Budgets zu bestimmen und zu verfügen oder diese einzuteilen. Hier gibt es oft Unterschiede bezüglich des Geschlechts und der Seniorität von Mitarbeiter:innen. Des Weiteren erhalten bestimmte Arbeitsbereiche gesetzte Budgets,

© Springer Fachmedien Wiesbaden GmbH, ein Teil von Springer Nature 2022   91
N. Bogott und B. Woischwill, *Vertrauen. Macht. Wirtschaft.*,
https://doi.org/10.1007/978-3-658-37400-6_13

über die sie verfügen können. Auch hier kann man sehen, wie sehr durch Geld gewichtet wird, was das Unternehmen voranbringt und welche Arbeitsbereiche dem Unternehmen wichtig sind. Verschiedene Departments, z. B. Human Resources, Marketing oder Produktion (je nach Branche) fallen verschiedene Beträge zu. Mit weniger Budget kann man auch meist weniger umsetzen und hat somit einen geringeren Gestaltungsspielraum. Was diese Differenzierung so wichtigmacht, ist die Art der Ressourcen, die mit der jeweiligen Machtposition verbunden sind. Ein Abteilungsleiter bzw. eine Abteilungsleiterin verantwortet vielleicht ein Budget von 100.000 EUR. Beim Gründer von Facebook reden wir von Budgets in Milliardenhöhe und vielen tausend zugeordneten Mitarbeiter:innen. Und eine staatliche Behörde kann Einfluss auf viele große und kleine Firmen haben, was in der Konsequenz eine Gesamtverantwortung über Milliarden Euro, ja vielleicht sogar Billionen Euro bedeutet.

13.2   Energiemanagement

Beim Thema Resilienz in Stress- und Streitsituationen ist die eigene Energiereserve unerlässlich. Je mehr Energie man für die Schlichtung und Lösung von Stresssituationen aufbringen kann, je besser kann jemand sich durchsetzen und am Ball bleiben, beides Faktoren, die innere Stärke signalisieren (Fröhlich-Gildhoff und Rönnau-Böse 2022). Georg Dieter Adlmaier-Herbst (Abschn. 16.2) hierzu: „Ist die externe Umwelt unsicher, wird ein festes internes Gerüst gebraucht. Mittlerweile ist jedoch sowohl das interne sowie das externe Umfeld unsicher. Der richtige Umgang mit dieser Unsicherheit ist entscheidend. Hinsichtlich des Themas Resilienz möchte ich einen Einflussfaktor herausgreifen und näher ausführen: Energiemanagement oder organisationale Energie im Unternehmen. Hierbei geht es um Ziele zu setzen und dabei sicherzustellen, dass genug Energie für diese Ziele vorhanden ist. Dabei kann man eine kurzfristige sowie langfristige Perspektive einnehmen. Ein ganz konkretes Beispiel sind Start-ups. Start-ups haben erfahrungsgemäß viel Energie. Sie laufen jedoch eher Gefahr in das organisatorische Burnout hineinzugehen." Burn-out-Situationen schaden dem Unternehmen und schwächen nicht nur Mitarbeiter:innen, sondern unter Umständen die gesamte Organisation.

13.3   Equipment

Das richtige Equipment ist ebenfalls eine Ressource, die für Führungskräfte relevant ist, da es den eigenen Gestaltungsspielraum erweitern kann und gleichzeitig, gezielt eingesetzt, die Motivation der Mitarbeiter:innen steigern kann (Hamm und Köhler 2020). Eingänglich kann man hier an technologisches Equipment denken. Je nach Branche kann das richtige Werkzeug einen erheblichen Wettbewerbsvorsprung liefern. Technologien entwickeln sich ständig und die Konkurrenz schläft nicht. Wer nicht mithalten kann und das eigene Equipment kontinuierlich erneuern kann, oft selbst, wenn das alte

Equipment noch funktioniert, wird auf Dauer je nach Wettbewerbslage auf dem Markt keinen Bestand haben können. Aus diesem Grund ist das richtige Equipment ebenfalls eine Ressource, die zu mehr Macht und Einfluss führen kann.

13.4 Standorte

Räume sind wichtige Statussymbole der Macht. Büroräume, Standorte, Möbel, Pflanzen, all diese Elemente sind ganz klare Ressourcen, die Macht symbolisieren (Heinrich/ Wiesch 1998). Selbst Städte oder Länder können Macht ausstrahlen für Unternehmen und Mitarbeitende. Ein Büro am Kurfürstendamm in Berlin wird aufgrund des Standortes besser eingestuft als ein Unternehmen mit Standort eines kleinen Dorfes in Mecklenburg-Vorpommern, von dem man noch nie gehört hat. Auch die Räume, die man betritt, strahlen etwas aus. Licht und Helligkeit sind weitere essenzielle Aspekte, die auch Macht ausstrahlen. Man fühlt und verhält sich an Standorten, die Prestige ausstrahlen, wie das alte englische Parlament oder im Bundestag, gleich anders als im Schreibwarenladen um die Ecke. Standorte und Räume sind Zeichen für Macht und Einfluss und dies sollte man sich bei der Wahl dieser durchaus bewusst sein.

Literatur

Arendt H (2015) The Origins of Totalitarianism. Andesite Press
Burns P (2016) Entrepreneurship and small business. Startup, growth and maturity. Palgrave, London
Creditreform (2016) Tradition, Status, Macht. Es lebe das Einzelbüro? Available via creditreform. https://creditreform-magazin.de/mittelstandsbotschafter/tradition-status-macht-es-lebe-das-einzelbuero/. Zugegriffen: 21 Jun. 2022
Drover W, Busenitz L, Matusik S et al (2017) A Review and Road Map of Entrepreneurial Equity Financing Research. Venture Capital, Corporate Venture Capital, Angel Investment, Crowdfunding, and Accelerators. J Manag 43(6): 1820–1853
Fröhlich-Gildhoff K, Rönnau-Böse M (2022) Resilienz. UTB, München
Galbraith JK (1983) The Anatomy of Power. Houghton Mifflin, Boston
Hamm I, Köhler W (2020) Wettbewerbsfaktor Mensch. Wie man durch Mitarbeiterbegeisterung und moderne Führung Mehrwert schafft. Springer, Berlin
Heinrich P, Wiesch J S (1998) Wörterbuch zur Mikropolitik. VS Verlag für Sozialwissenschaften
Kellermanns F, Walter J, Crook TR et al (2016) The Resource-Based View in Entrepreneurship. A Content-Analytical Comparison of Researchers' and Entrepreneurs' Views. J Small Bus Manage 54:26–48
Machiavelli N (1950) The Prince. Modern Library
Mallon M, Klinger RL, Lanivich SE (2015) Configurations of human, social, and financial capital as predictors of new family firm success. Acad Manag Proc 2015:1
Mauricio D (2017) Systematic Literature Review of Critical Success Factors of Information Technology Startups. Research Article, 23(2)
Parker SC (2018) The Economics of Entrepreneurship. Cambridge University Press, Cambridge

Pergelova A, Fernando A-R (2014) The impact of government financial support on the performance of new firms. The role of competitive advantage as an intermediate outcome. Entrepreneurship Reg. Dev., 26(9–10): 663–705

Read S, Sarasvathy S, Dew N et al (2016) Effectual Entrepreneurship. Routledge, London

Schuster P, Heinemann M, Cleary P (2021) Management Accounting. Springer, Cham

Stam E (2015) Entrepreneurial Ecosystems and Regional Policy. A Sympathetic Critique. European Planning Studies 23(9):1759–1769

Sullivan DM, Ford CM (2014) How Entrepreneurs use Networks to Address Changing Resource Requirements during Early Venture Development. Entrep Theory Pract 38(3):551–574

Welge MK, Al-Laham A, Eulerich M (2017) Strategisches Management. Grundlagen – Prozess – Implementierung. Springer, Wiesbaden

Wirtschaftsfaktor Wissen

„Es ist noch kein Meister vom Himmel gefallen." (Alte Volksweisheit)

Widmen wir uns nun einem weiteren Element des Power-Triangle®-Modells, dem Wirtschaftsfaktor Wissen (Dernbach und Meyer 2005). Wir alle kennen den Ausspruch: Wissen ist Macht. Dieser Satz geht auf den englischen Philosophen Francis Bacon (1561–1626) zurück (Leonhardt 2016). Um Macht aufzubauen, ist unter anderem Wissen notwendig, wie es unterschiedlichste Autoren hervorheben (Clegg 1989). Bezogen auf die Wirtschaftswelt kann hinsichtlich der Relevanz von Wissen unterschieden werden zwischen der Microebene, (Almeida et al. 2014) der Mesoebene (Acs et al. 2013) sowie der Macroebene (Autio et al. 2014).

Wichtig ist festzustellen, dass Vertrauen zu mehr Wissen führen kann, jedoch Wissen auch Vertrauen positiv beeinflussen kann. Schön stellt zum Faktor Wissen fest: „Fachlich-methodische Kompetenz schafft Vertrauen. Wir vertrauen Menschen, die ihre fachliche oder methodische Kompetenz uns persönlich gegenüber bewiesen haben. Auch ist der Mensch bereit, aufgrund von vermeintlichen Kompetenzindikatoren auf eine hohe Kompetenz zu schließen. Das können Titel, Ämter, Empfehlungen und vieles mehr sein. Kompetenz kann auch ohne jegliche soziale und interpersonelle Fähigkeit Vertrauen entstehen lassen. Deshalb steht in der obigen Formel ein ‚Plus-Zeichen' zwischen der fachlich-methodischen Kompetenz und den eher interpersonellen Faktoren. Ohne interpersonelle Kraftfelder bleibt das Ausmaß des Vertrauens aber durchaus limitiert (Schön 2020)."

Doch welches Wissen benötigen wir auf der Mesoebene, um Macht zu haben und welche Rolle spielt das Vertrauen? Wissen kann auf unterschiedliche Art und Weise erlangt und erweitert werden. Schauen wir beispielhaft nachfolgend auf alphabetisch geordnete Teilbereiche, die zum Wirtschaftsfaktor Wissen gehören.

© Springer Fachmedien Wiesbaden GmbH, ein Teil von Springer Nature 2022
N. Bogott und B. Woischwill, *Vertrauen. Macht. Wirtschaft.*,
https://doi.org/10.1007/978-3-658-37400-6_14

14.1 Bildung

Als Wirtschaftsfaktor Wissen gehört vereinfacht formuliert das formale Wissen, die Schulbildung oder die Studienrichtung sowie der Grad der Ausbildung (Abrutyn und Lizardo 2021). Aber auch gewisse Kernfähigkeiten, die durch Weiterbildungen und das stetige Lernen erlangt werden, gehören in diese Kategorie. Mitarbeiter:innen sollten weiterhin Fortbildungen machen, die dem Unternehmen langfristig helfen. Zertifikate und Titel sind sehr wichtige Faktoren, die vertrauenserweckend sind und ganz klar auch machtvollen Einfluss demonstrieren können (Lürrsen 2003).

14.2 Expert:innenmeinungen

Zur Rolle von Wissen beim Vertrauensaufbau sind auch Expert:innenmeinungen relevant (Kels und Kaudela-Baum 2019). Hierzu stellt Jenan Mohamed Ali (Abschn. 16.11) fest: „Schauen wir auf das Beispiel ökologisches Engagement: Nicht jede Baumpflanzaktion ist der Natur zuträglich. Coca-Cola arbeitet mit einer NGO zusammen, gemeinsam werden Projekte realisiert, die den Werten und Vorstellungen von Coca-Cola entsprechen. Um jedoch dabei keine Fehltritte zu machen, werden Experten hinzugezogen. Schnell wird man nämlich des „Greenwashings" bezichtigt. Zudem setzt das Unternehmen auf Messbarkeit der Resultate." In diesem Beispiel wird deutlich, dass Expert:innenmeinungen auf der Mesoebene Synergieeffekte erzeugen können, die Unternehmen dabei helfen, noch einflussreicher zu werden.

14.3 Informationen

Der Zugang zu Informationen ist ein weiterer Einflussfaktor (Breyer-Mayländer 2020). Dieser Zugang ist einerseits nur möglich, wenn bestimmte Technologien oder Medien präsent sind und gleichzeitig müssen die Fähigkeiten, die Informationen zu werten, ausgeprägt sein. Wirtschaftsnachrichten, politische Berichterstattung oder die Darstellung von Umweltkrisen können zu Blockaden führen. Vertrauen ist also ein zentraler Faktor, der es uns unter Umständen erlaubt, an wichtige Informationen zu kommen, die unseren Gestaltungsspielraum erhöhen (Keuper und Sommerlatte 2016).

14.4 Innovationen

Unternehmen können durch innovative Strategien erfolgreich sein (Scholl et al. 2019). Merle und Davis haben in ihrem Buch „Corporate Innovation In The Fifth Era" ausführlich dargestellt, welche Bedeutung die Innovationskraft für den Erfolg eines Unternehmens hat und welche Chancen das Management hat, diesen Faktor aktiv zu beeinflussen. Hierzu gehört die Vorbildfunktion der Führungskräfte bei der Vorstellung neuer Ideen, aber auch eine innovationsfördernde Arbeitskultur. Und Vertrauen spielt in diesem Zusammenhang eine besondere Rolle (Merle und Davis 2017).

Wie können also Strukturen aufgebaut werden, die die Entstehung von Innovationen positiv beeinflussen? Merle und Davis nennen als einen der wichtigsten Faktoren die Top-Down-Strategie. Das Top-Management muss mit gutem Beispiel vorangehen und selbst frei, offen, unvoreingenommen nach ungewöhnlichen Lösungen suchen. Auf diese Weise werden die Mitarbeiter der untergeordneten Hierarchiestufen leichter den Mut fassen, ebenfalls ungewöhnliche Ideen zu entwickeln (Merle und Davis 2017).

14.5 Kreativität

Um innovativ zu sein, gilt es den Mut haben, neue sowie passende Wege zu gehen (Scholl et al. 2019). Wenn alle immer die gleichen Wege gehen bzw. immer die gleichen Problemlösungsmuster anwenden, dann werden kaum kreative, neuartige oder innovative Ideen entstehen. Mitarbeiter:innen benötigen ein Umfeld, in dem ungewöhnliche Gedanken und Denkmuster erlaubt sind. Kreativitätstechniken beruhen auf der Rahmenbedingung Unvoreingenommenheit. Es bedarf des Vertrauens, dass am Ende des Prozesses nützliche Konzepte entwickelt werden. Jedoch, zuvor gilt es frei von Zwängen, Erwartungen, Wünschen oder Ritualen freie Assoziationen zu bilden. Nur auf diesem Wege können neue Problemlösungen erarbeitet werden. Wenn Mitarbeiter:innen jedoch einer Unternehmenskultur im Sinne von „Dienst nach Vorschrift" oder „Nur nichts falsch machen" ausgesetzt sind, so wird dieses Unternehmen kaum innovative Ideen entwickeln. Der Umgang mit Fehlern oder Problemen gehört hierzu ebenfalls. Nicht immer werden alle Ideen sofort passend sein. Nicht immer wird jede kreative Idee wirtschaftlichen Erfolg bringen. Jedoch, in einer Firmenkultur, die jeden Fehler in überzogener Weise bestraft, werden vielleicht weniger Fehler passieren, aber auch kaum neue, innovative Konzepte.

14.6 Lernen

Das Lernen ist ein unverzichtbarer Bestandteil beim Wissensaufbau (Wörwag und Cloots 2018). Besonders im interkulturellen Bereich ist Lernen eine Kompetenz, die sich durch eine Vielzahl fremder Einflüsse sehr gut entwickeln kann. Interkulturelle Kompetenzen sind ein in globalen Konstellationen immer wichtiger werdender Aspekt, der eine große Lernbereitschaft und Neugier voraussetzt. Hierzu stellt Susana Perez Moner (Abschn. 16.3) fest: „Interkulturelle Kompetenz besteht aus drei verschiedenen Lernebenen: kognitive (Wissen erlangen), affektive (Fähigkeiten entwickeln) und behaviorale Ebene (Fertigkeiten meistern). Wissen kann durch Lernen erlangt werden. Die affektive und behaviorale Ebenen benötigen zudem Selbstreflexion, Einfühlungsvermögen und natürlich auch die Praxis. Dabei ist wichtig, nicht nur die fremde Kultur zu beobachten, sondern auch sich mit der eigenen Kultur auseinanderzusetzen, zu reflektieren und sich über die eigenen kulturellen Besonderheiten bewusst zu werden."

14.7 Trends

Oft ist es die zündende Idee, die ausschlaggebend ist, ein neues Produkt auf den Markt zu bringen. Es spielt also eine wichtige Rolle, beispielsweise den Zeitgeist erkennen zu können. Wo soll investiert werden? Wie kann ich meine Idee gut pitchen? Trends zu verstehen oder gar zu erspüren ist eine Kunst, doch das Vertrauen anderer für diese Trends zu erwecken, ist eine vielleicht noch größere Kunst (Blechschmidt 2022). Es sind die sogenannten *Early Adopters,* die sich als erstes für neue Konzepte begeistern. Wie kann nun bei all diesen unterschiedlichen Bestandsaufnahmen und Ansichten eine Perspektive für das Erlangen von Wissen für die vertrauensvolle Wirtschaftswelt der Zukunft aussehen? Der New Yorker Professor Scott Galloway beschreibt in seinem Buch „The Four. The Hidden DNA of Amazon, Apple, Facebook and Google", wie wichtig gewisse zeitlose Umgangsformen und Verhaltensweisen für Firmen sind, um dauerhaft im Markt erfolgreich zu sein (Galloway 2017). Innovationen erfordern die richtigen Business-Strategien. In sehr ähnlicher Weise wie Merle und Davis (2017) es darstellen, hebt er die Bedeutung von Investitionen in die Mitarbeiter:innen an.

Literatur

Abrutyn S, Lizardo O (Hrsg) (2021) Handbook of Classical Sociological Theory. Springer, Wiesbaden

Acs ZJ, Audretsch DB, Lehmann EE (2013) The knowledge spillover theory of entrepreneurship. Small Bus Econ 41(4):757–774

Almeida PIL, Ahmetoglu G, Chamorro-Premuzic T (2014) Who Wants to Be an Entrepreneur? The Relationship Between Vocational Interests and Individual Differences in Entrepreneurship. J Career Assess 22(1):102–112

Autio E, Kenney M, Mustar P et al. (2014) Entrepreneurial innovation. The importance of context. Research Policy

Blechschmidt J (2022) Trend Management. How to Effectively Use Trend-Knowledge in Your Company. Springer, Berlin

Breyer-Mayländer T (2020) Erfolgsfaktor Macht im Management. 20 Handlungsfelder für bewusste, verantwortungsvolle und erfolgreiche Führungsarbeit. Springer, Wiesbaden

Clegg SR (1989) Frameworks of Power. Sage, London

Dernbach B, Meyer M (Hrsg) (2005) Vertrauen und Glaubwürdigkeit. Interdisziplinäre Perspektiven. Springer, Wiesbaden

Foucault M (1980) Power/Knowledge. Selected Interviews and Other Writings, 1972–1977. Vintage Galbraith JK (1983) The Anatomy of Power, Houghton Mifflin

Galloway S (2017) The Four. The Hidden DNA of Amazon, Apple, Facebook and Google. Portfolio

George NM, Parida V, Lahti T (2016) A systematic literature review of entrepreneurial opportunity recognition. Insights on influencing factors. Int. Entrepreneurship Manag. J. INT. ENTREP. MANAG. J, June, 12(2): 309–350

Guerrero M, Urbano D (2014) Academics' start-up intentions and knowledge filters. An individual perspective of the knowledge spillover theory of entrepreneurship. Small Business Economics, June, 43(1): 57–74

Huber L, Sloof R, Praag M (2014) The effect of early entrepreneurship education. Evidence from a field experiment. Eur Econ Rev 72:76–97

Kels P, Kaudela-Baum S (Hrsg) (2019) Experten führen. Modelle, Ideen und Praktiken für die Organisations- und Führungsentwicklung. Springer, Wiesbaden

Keuper F, Sommerlatte T (Hrsg) (2016) Vertrauensbasierte Führung. Devise und Forschung. Springer, Berlin

Leonhardt R (2016) Philosophie als Inspiration für Manager. Anregungen und Zitate großer Denker von Aristoteles bis Wittgenstein. Springer, Wiesbaden

Lürrsen J (2003) So macht man Karriere. 17 Gesetze, die Sie kennen müssen. Campus Verlag, Frankfurt a. M

Mauricio D (2017) Systematic Literature Review of Critical Success Factors of Information Technology Startups. Research Article, 23(2)

Merle MCL, Davis A (2017) Corporate Innovation in the Fifth Era. Lessons from Alphabet/Google, Amazon, Apple, Facebook, and Microsoft. Cartwright Publishing

O'Connor A (2013) A conceptual framework for entrepreneurship education policy. Meeting government and economic purposes. J Bus Ventur; 28(4): 546–563

Scholl W, Schmelzer F, Kunert S (Hrsg) (2019) Mut zu Innovationen. Impulse aus Forschung, Beratung und Ausbildung. Springer, Berlin/Heidelberg

Schön W (2020) Vertrauen, die Führungsstrategie der Zukunft. So entstehen Vertrauen, Wirkung und persönlicher Erfolg. Springer, Wiesbaden, S. 68

Wörwag S, Cloots A (Hrsg) (2018) Zukunft der Arbeit – Perspektive Mensch. Aktuelle Forschungserkenntnisse und Good Practices. Springer, Wiesbaden

Vertrauen als Wirtschaftsfaktor

15

„Langsam, aber sicher." (Alte Volksweisheit)

Unternehmen wir nachfolgend eine Annäherung an das Thema Vertrauen als Wirtschaftsfaktor. Kurz gesagt lässt sich formulieren: Durch vertrauensfördernde Rahmenbedingungen bzw. ein vertrauensförderndes Klima, welches unzählige und nahtlos ineinander verwobene Verbindungen zwischen mannigfaltigen Wirtschaftsakteuren begünstigt, kann eine leistungsfähige Wirtschaft entstehen. In diesem Abschnitt werden wichtige Elemente bzw. Phänomene der Wirtschaftswelt beleuchtet, die mit der Vertrauensfrage in Berührung stehen.

15.1 Entrepreneurship

Das Unternehmertum bzw. Entrepreneurship ist in seinen vielen Formen ein Motor, der wirtschaftliche Prozesse voranbringt. Vertrauen spielt hierbei eine besondere Rolle. Wirtschaftswissenschaftler Faltin charakterisiert Entrepreneurship wie folgt: „Der Begriff Entrepreneurship betont den Aspekt der Innovation, betont Alleinstellungsmerkmale im Gegensatz etwa zu Existenzgründung oder Selbstständigkeit. Entrepreneurship hat in dem französischen Wort ‚entreprendre' seinen Ursprung, also ‚etwas unternehmen' oder ‚in die eigenen Hände nehmen' (Faltin 2018)." Innovation und Kreativität sind somit wichtige Merkmale im Bereich Entrepreneurship, welche dieses Konzept von anderen ähnlichen Wirtschaftsphänomenen abhebt, wie beispielsweise der Selbstständigkeit.

Entrepreneurship ist heutzutage ein Trend, sagt Ana Alvarez Monge (, Gründerin vom Migration Hub Netzwerk. Sie stellt fest, dass viele große Unternehmen in den letzten Jahren einfach nicht innovativ genug waren, um interessant für Millennials zu bleiben.

© Springer Fachmedien Wiesbaden GmbH, ein Teil von Springer Nature 2022
N. Bogott und B. Woischwill, *Vertrauen. Macht. Wirtschaft.*,
https://doi.org/10.1007/978-3-658-37400-6_15

Entrepreneurship ist daher ein beliebter Weg für junge Menschen, die sich in kreativer Art und Weise selbstständig machen wollen. Ana spricht vom *Elon-Musk-Effekt.* Dieser besagt, dass jedes Start-up ein *Unicorn* werden kann. Das stimmt natürlich nicht, aber von den Medien werden Persönlichkeiten wie Elon Musk, Steve Jobs und Gary Vee als nahbare Helden dargestellt. Insbesondere auf digitalen Plattformen wie *LinkedIn* und *Instagram* ist das, was man vom Unternehmerdasein sieht, bunte Zitate, die Menschen motivieren und befähigen, diesen Weg in Erwägung zu ziehen. Doch man sollte auch Realismus mitbringen, sagt Ana Alvarez Monge. Sie startete ihr erstes Unternehmen mit 19, doch in weniger als einem Jahr ist es in sich zusammengefallen. Ihr fehlte zu dieser Zeit einfach noch die Ernsthaftigkeit und Erfahrung, die es für ein Business braucht.

Natürlich können es auch junge Leute schaffen, aber um Elon Musk zu werden, sollte man wissen, dass dies wohl die großen Ausnahmen sind. Selbstvertrauen ist demnach eine wichtige Grundlage, doch allein natürlich nicht genug. Die Fähigkeit, Verantwortung übernehmen zu können, ist ebenfalls sehr entscheidend. Ana Alvarez Monge hat in 13 Jahren gelernt, wie wichtig es ist, offen zu bleiben, Neues zu entdecken und Innovation zuzulassen. Auch eine gewisse Demut bedarf es, um Menschen zuzuhören und Feedback anzunehmen und auch dann Dinge zu verändern, wenn es das bedarf. Insbesondere beim Unternehmertum kommen somit viele wichtige Vertrauensarten zusammen. Angst und Verunsicherung sind Blockaden, die Innovation und somit Entrepreneurship hemmen.

Insbesondere in der sehr dynamischen Start-up-Welt (Bogott et al. 2017) kann Vertrauen ein wichtiger Garant für eine erfolgreiche Unternehmensführung sein. In diesem Zusammenhang (sowie generell in der Wirtschaftswelt) können Moral und Ethik eine wichtige Rolle einnehmen. Reiber und von Hattburg führen hierzu aus: „Vertrauen basiert außerdem auf den Werten, die man miteinander teilt. Dadurch ist sichergestellt, dass das Gegenüber dasselbe anstrebt wie man selbst auch, niemand sich anpasst, um dem anderen zu gefallen. Man zieht an einem gemeinsamen Strang. Solche gemeinsamen Werte bilden auch den stabilen Kern in den veränderlichen Zeiten, die in einem Startup nun mal Alltag sind (Von Hattburg und Reiber 2020)." Gemeinsame Werte müssen kommuniziert werden. Der Faktor Kommunikation beim Aufbau von Vertrauen wird ein weiteres Mal in besonderer Weise hervorgehoben. Dies gilt allerdings nicht nur in Teams, sondern auch insbesondere für Finanzierungsrunden. Hinsichtlich der Akquirierung finanzieller Ressourcen schreibt Jens Schleuniger: „Je größer die Finanzierungsrunden, desto umfangreicher auch die Kommunikation mit den Investoren. Doch dies ist nichts im Vergleich zu den Anforderungen an die Kapitalmarktkommunikation nach einem Börsengang. IR muss einerseits zahlreichen gesetzlichen Anforderungen an Transparenz und Veröffentlichungspflichten genügen und andererseits im kontinuierlichen Kontakt mit Aktionären, potenziellen Investoren, Analysten und Finanzmedien Vertrauen am Kapitalmarkt aufbauen und erhalten (Schleuniger 2020)."

15.2 Sozialunternehmertum

Nicht alle Unternehmen sind einzig und allein auf die Generierung von Profit aus-gerichtet. Betrachten wir nachfolgend Sozialunternehmertum – eine Sonderform von Unternehmertum – welches in besonderer Weise soziale Themen bzw. Heraus-forderungen inkludiert. Auch hier sind interessante Querverbindungen zum Themen-feld Vertrauen als Wirtschaftsfaktor sichtbar. Sozialunternehmertum ist für viele Arbeitskräfte nicht mehr nur irgendein Job. Es ist ein „full-time-lifestyle", sagt Ana Alvarez Monge. Sie selbst hat eine gGmbH gegründet, also ein Sozialunternehmen. Für sie erweckt besonders eine gGmbH sehr viel Vertrauen. Alle Partner wissen näm-lich, dass Ana Alvarez Monge nicht nur Profit im Auge hat, sondern hauptsächlich ein soziales Ziel unternehmerisch nachhaltig verfolgt. Kurz gesagt: Es geht vornehmlich um die Sache und nicht um den Profit. In ihrem Falle ist das Ziel, Migrant:innen zu unter-stützen. Fueglistaller et al. erklären hierzu: „Sozialunternehmerinnen und -unternehmer gründen Organisationen, um ein soziales oder ökologisches Problem zu mildern oder zu lösen. Typische Problemstellungen, die von den sog. Social Entrepreneurs bearbeitet werden, sind die Bekämpfung von Armut oder Arbeitslosigkeit, die medizinische Grund-versorgung oder die Integration marginalisierter Gruppen (Fueglistaller et al. 2019a, S. 383)." Hierzu ergänzen sie: „Im Unterschied zu kommerziellem oder traditionellem Unternehmertum, das primär finanzielle Ziele wie die Steigerung des Profits und des Unternehmenswerts verfolgt, gründen Social Entrepreneurs Organisationen mit dem primären Ziel, gesellschaftlichen Mehrwert zu schaffen. Unbenommen ist jedoch, dass auch viele kleine und mittlere Unternehmen (KMU) und Großunternehmen soziale Aspekte beachten und gesellschaftlichen Mehrwert stiften. Soziale Unternehmen setzen jedoch die Schaffung gesellschaftlichen Nutzens an die erste Stelle (Fueglistaller et al. 2019b)."

Gleichzeitig wird die vertrauensvolle Koordination vielfältiger weiterer Faktoren von Fueglistaller et al. betont: „Soziales Unternehmertum ist kein Allheilmittel und Social Entrepreneurs allein werden die Probleme unserer Zeit nicht lösen können. Dazu braucht es ein sinnvolles Zusammenspiel aller gesellschaftlichen und ökonomischen Akteure wie traditionelle UnternehmerInnen, NGO, Regierungen und staatenübergreifende Organisationen. Dennoch können Social Entrepreneurs in Zukunft eine wichtige Rolle bei der Gestaltung einer humaneren Wirtschaft spielen (Fueglistaller et al. 2019b)."

Hier wird deutlich, dass Sozialunternehmertum durchaus weitere Bereiche wie Politik und Gesellschaft tangiert. Auch in manchen etablierten Unternehmen hat Sozial-unternehmertum neuerdings einen Platz. Kreativität wird demnach in allen Bereichen gewünscht und selbstbewusste Sozialunternehmer versprechen innovative Ideen, die nicht nur das eigene Unternehmen, sondern auch Gesellschaften und auch Unternehmen nach vorne bringen können. Sehen wir uns im nächsten Schritt einen weiteren Teil-bereich wirtschaftlicher Strategien an: Intrapreneurship.

15.3   Intrapreneurship

Intrapreneurship – was bedeutet dieses Wort eigentlich? Der Begriff wird von Schießl wie folgt konkretisiert: „Das oberste Ziel von Intrapreneurship ist die Förderung der Innovationsfähigkeit etablierter Organisationen. Weiterhin soll auch das unternehmerische Denken und Handeln von Mitarbeiter:innen unterstützt werden. Unternehmerisches Verhalten ist dabei vor allem durch Kernbegriffe wie Entscheidungsfreudigkeit, Innovativität und Umsetzungsorientierung [...] (Wunderer 1994, S. 251; Wunderer und Kuhn 1995, S. 6) gekennzeichnet (Schießl 2015, S. 16)." Hierzu wird ergänzt: „Intrapreneurship ist Unternehmertum in etablierten Organisationen. Dies bedeutet, als Mitarbeiter:in einer Organisation in einem etablierten Organisationsumfeld unternehmerisch und intrinsisch motiviert auch gegen interne Widerstände zu agieren, um innovative Ideen in der Organisation umzusetzen (Schießl 2015, S. 18)."

Im weiteren Verlauf erklärt Schießl die Unterschiede zwischen Entrepreneur und Intrapreneur: „Der Unterschied zwischen dem Entrepreneur und dem Intrapreneur ist der Kontext, in dem diese unternehmerisch tätig sind (Süssmuth Dyckerhoff 1995, S. 61). Der Intrapreneur hat ein begrenztes Betätigungsfeld, nämlich das etablierte Organisationsumfeld [...] (Pinchot 1985, S. 87 ff.). Dieses ist durch bestimmte institutionelle Kräfte charakterisiert. Der Entrepreneur unterliegt im Vergleich dazu keinen Restriktionen (unbegrenztes Betätigungsfeld). Ein Vorteil des begrenzten Betätigungsfeldes stellt die bessere Überschaubarkeit dar. Für den Intrapreneur sind die verfügbaren Ressourcen theoretisch leichter zugänglich als für den Entrepreneur (Schießl 2015, S. 26)." Halten wir fest: Durch Intrapreneurship kann die Innovationskraft in Unternehmen gesteigert werden. Dies kann neue, bessere Problemlösungen zur Folge haben. Und wenn Probleme verlässlich gut gelöst werden, so kann dies die Vertrauenskultur in der Firma positiv beeinflussen. Vertrauen kann besondere unternehmerische Kreativität ermöglichen, die für Menschen mit unterschiedlichem Unternehmergeist essenziell ist, um produktive Ergebnisse zu erzielen (Zimmer 2001).

15.4   Produktivität

Betrachten wir nachfolgend das Thema Produktivität im Zusammenhang mit der Perspektive Vertrauen als Wirtschaftsfaktor. Eine Vertrauenskultur fördert die Leistung von Arbeitskräften. Hier liefern die nordischen Staaten ein sehr gutes Beispiel von wirtschaftlicher Produktivität durch Vertrauen: Vertrauen ermöglicht eine Steigerung der wirtschaftlichen Produktivität, Effektivität und Effizienz.[1] Wobei, insbesondere in der

---

[1] https://www.wiwo.de/erfolg/management/unternehmenskultur-misstrauen-zerstoert-die-produktivitaet-der-mitarbeiter/19673288.html. Accessed 22 Jun 2022.

veränderten Arbeitswelt seit Ausbruch der Corona-Pandemie stehen Führungskräfte hier vor großen Herausforderungen (Kreutzer und Kunze 2021).

Effektivität wird durch Vertrauen gesteigert, weil Vertrauen die reibungslosere Zusammenarbeit zwischen unterschiedlichen Akteuren ermöglicht (Schön 2020a). Gleichzeitig erfahren Gesellschaften ein Vertrauenswachstum, wenn Vertrauensnehmer:innen sowie Vertrauensgeber:innen verlässlich zusammenarbeiten. Dann ist sogar ein allgemeiner gesamtgesellschaftlicher Produktivitätszuwachs möglich. Schön fügt hinzu: „Die Wettbewerbsfähigkeit von Unternehmen kann durch Vertrauen explizit gesteigert werden. Prozesse werden beschleunigt und gleichzeitig reduzieren sich die Prozesskosten. Warum? Ganz einfach: Kontrollen verschwinden aus dem täglichen Aufgabenspektrum (Schön 2020b)."

Ein konkretes Beispiel: Wenn ein Arbeitnehmer bzw. eine Arbeitnehmerin nicht das Vertrauen der zugeordneten Führungskraft bekommt, so kann hierdurch die Arbeitsproduktivität negativ beeinflusst werden. Nehmen wir an, ein:e Arbeitnehmer:in hat ein Konzept entwickelt, das der Führungskraft vorgestellt wird. Bei diesem Konzept werden viele Details bedacht, aber wegen der großen Komplexität des Projekts längst nicht alle. Trotzdem wirkt alles schlüssig, logisch und fundiert. Die Führungskraft vertraut diesem Konzept jedoch nicht und bittet um Berücksichtigung sämtlicher denkbarer Details, damit sämtliche Unwägbarkeiten und Risiken ausgeschlossen werden. Die Anzahl der Unwägbarkeiten sind unbegrenzt und so führt das nicht vorhandene Vertrauen zu einer Reduzierung von Motivation und Leistungswillen. Es muss sehr viel zusätzliche Zeit und Energie verwenden, um das Konzept zu verbessern. Diese Zeit und Energie fehlt für andere Aufgaben. Aufwand und Nutzen stehen sich konfrontativ gegenüber und in der Regel führen solche Situationen zu einer Verringerung der Arbeitsproduktivität.

Blank erläutert in diesem Zusammenhang die Auswirkung, die Kontroll- und Überwachungsmechanismen haben, denn sie führen zu hohen Transaktionskosten: „Aber auch in der modernen Industrie der freien Marktwirtschaft existieren zur Absicherung dienende flächendeckende Kontroll- und Überwachungsmechanismen, wie z. B. das Monitoring der Mitarbeiter. Es ist der Versuch vieler Unternehmen auf den rasch steigenden Kostensenkungsdruck zu reagieren und in möglichst kurzer Zeit sehr hohe Gewinne zu erzielen. Solche unternehmerischen Handlungen lassen Vertrauen nur in kontrollierbarem Rahmen zu und sind mit hohen Transaktionskosten verbunden. Auf diese Weise wächst Misstrauen unter der Belegschaft und führt meistens zu einem inneren Rückzug der Organisationsmitglieder. Diese Reaktion wird in aktuellen Studien und Literatur als ‚innere Kündigung' bezeichnet. Ohne Generierung bzw. den Erhalt von Vertrauen kann insbesondere keine Innovationsfähigkeit im Unternehmen gefördert und somit kein nachhaltiger wirtschaftlicher Erfolg generiert werden. Bromiley und Cummings kritisieren die Erhebung von hohen Transaktionskosten, da sie nicht auf langfristige Unternehmenserfolge ausgerichtet sind und zudem risikoscheues Verhalten des Managements widerspiegeln (Blank 2011)." Und auch Böckli bestätigt die in diesem Abschnitt vorgestellten Thesen: „Ohne Vertrauen, d. h. unter dem Leitprinzip systematischen gegenseitigen Misstrauens, entstehen Reibungsverluste sonder Zahl und der Kontrollaufwand wächst ins Ungemessene (Böckli 2006, S. 33) (Vollmar et al. 2013, S. 29)." 2013 Halten wir fest: Wenn Arbeitsproduktivität das Ziel ist, so ist eine Vertrauenskultur, neben weiteren Faktoren, eine relevante Notwendigkeit.

15.5   Sozialkapital

Ein weiterer interessanter Teilaspekt innerhalb der Perspektive Vertrauen als Wirtschaftsfaktor ist das Phänomen Sozialkapital. Die Erfahrungen der Arbeitswelt zeigen: Berufliche Vertrauensbeziehungen können wertvolles soziales Kapital erzeugen. Soziales Kapital basiert laut dem US-Soziologen und Harvard-Professor Putnam auf sozialen Netzwerken mit ähnlichen Werten, Prinzipien, Identitäten und Zielen (Putnam 2020). Diese Netzwerke haben einen individuellen Wert, z. B. wenn man durch das Netzwerk innerhalb der wissenschaftlichen Community leichter Zugang zu wissenschaftlichen Erkenntnissen hat, die man dann bei der Entwicklung neuer Produkte erfolgreich einsetzen kann. Wer in solchen Netzwerken vertrauensvoll agiert bzw. sich einen Ruf als vertrauenswürdige:r Geschäftspartner:in aufgebaut hat, kann mit Unterstützung rechnen, wenn einmal eine Herausforderung die Zusammenarbeit mit anderen Geschäfts- oder Kooperationspartner:innen erfordert. Dies ist zur Netzwerkbildung in Gesellschaften unabdingbar. Vollmar ergänzt hierzu: „Man vertraut in die Leistungsfähigkeit und Leistungsbereitschaft eines Anbieters, ohne vorab genau zu wissen, ob das gewünschte Resultat mit Sicherheit eintritt (Kaiser und Ringlstetter 2006, S. 102). Vertrauen ist damit eine soziale Ressource und kompensiert die in sozialen Beziehungen vorhandene Komplexität und Unsicherheit [...] (Dwyer und Oh 1987, S. 23). Ohne Vertrauen sind funktionale Kooperationsbeziehungen zwischen Anbietern und Kunden kaum möglich (Vollmar et al. 2013, S. 224)."

Die Relevanz des sozialen Kapitals ist mit weiteren direkten Effekten in der Wirtschaft verbunden. Ein Beispiel: Wer in ein besonders renommiertes Netzwerk integriert ist, kann die eigene Reputation bzw. Vertrauenswürdigkeit steigern, um so mehr Einfluss zu gewinnen. Dazu gehören beispielsweise sehr angesehene, exklusive Verbände oder Vereine. Wirtschaftswissenschaftler Braun formuliert hierzu: „Der modische Begriff des Sozialkapitals hebt darauf ab, dass es neben dem ökonomischen Kapital und dem Humankapital eine dritte gesellschaftliche Kapitalsorte gibt, die für Wohlfahrt und Demokratie von zentraler Bedeutung ist. Sozialkapital bezeichnet dabei zweierlei: erstens soziales Vertrauen, das die zwischenmenschliche Kooperation erleichtert, die ihrerseits zur gesellschaftlichen Koordination erforderlich ist; zweitens die Norm der generalisierten Gegenseitigkeit, die dazu beiträgt, soziale Dilemmata zu lösen [...] (Jähnke et al. 2011)."

Grewe und Brahm ergänzen hinsichtlich der Anforderungen an eine Entrepreneur-Persönlichkeit, dass Sozialkapital eine zentrale Rolle spielt: „Soziale unternehmerische Kompetenzen (Beziehungsfähigkeit, Sozialkapital im Sinne von Bindungen, Normen, Vertrauen, und der Zugang zu Ressourcen) werden generiert aus der Fähigkeit zu kommunizieren, miteinander zu arbeiten und daraus Wert zu schöpfen (Bijedić et al. 2019a, S. 140)." Und wenn hier nun von Kommunikation die Rede ist, so knüpft dies an die Relevanz von wechselseitigem Vertrauen in der Wirtschaftswelt an, wie Retzmann und Seeber es erklären: „Entrepreneurinnen/Entrepreneure bauen vielfältige wirtschaftlich-rechtliche Beziehungen auf, die punktuell oder dauerhaft (Kauf; Gesellschafter-/Miet-/Arbeitsverhältnis) und wegen der Vertragsfreiheit inhaltlich gestaltbar sind, aber stets auch auf wechselseitigem Vertrauen basieren (Bijedić et al. 2019b)."

Krause fokussiert in diesem Zusammenhang die Phänomene Macht und Führung: „Diese Funktionalität einer vertrauensbasierten Führung beruht auf den spezifischen Effekten von Vertrauen. Im Vergleich zu einer Führung durch Macht, ist Führung durch Vertrauen nicht nur positiver konnotiert. Die positiven Effekte einer vertrauensbasierten Führung sind in einer Vielzahl empirischer Arbeiten dokumentiert, weshalb Vertrauen nicht selten als ‚soziales Kapital' (Coleman 1991) angesehen wird. [...] Dirks und Ferrin (2002, S. 618) belegen meta-analytisch   bedeutsame positive Zusammenhänge zwischen der Führung durch Vertrauen und verschiedenen abhängigen Variablen, wie Arbeitsleistung, übervertragliches Engagement (Organizational citizenship behavior), organisationale Bindung, Arbeitszufriedenheit, Glaubwürdigkeit von Informationen, Akzeptanz von Entscheidungen, Zufriedenheit mit der Führungskraft und Qualität der Austauschbeziehung zwischen Führungskraft und Geführtem (Krause 2010)." Festzuhalten ist: Der Faktor Sozialkapital kann durch Führungskräfte zielgerichtet beeinflusst werden. Im Endeffekt kann somit eine Steuerung der Vertrauensproblematik in eine positive, gewünschte Richtung gelingen.

15.6 Ethik und Moral

Schauen wir auf unerwünschte, problematische Phänomene in der Wirtschaftswelt, so wird nicht selten Korruption thematisiert, die eng mit dem Thema Ethik und Moral verbunden ist. Was genau bezeichnet dieser Begriff und welche inhaltlichen Verbindungen gibt es zur Vertrauensthematik? Der Wirtschaftswissenschaftler Litzcke stellt fest: „Oft umfasst der Begriff Korruption, dass eine Person für eine Handlung oder eine Unterlassung im Rahmen der Aufgabenerfüllung gesetzeswidrige Vorteile generiert. Dabei orientiert sich die Aufgabenerfüllung eines Korruptionsnehmers nicht an den objektiven Richtlinien und Regeln, sondern an der Höhe des eigenen unrechtmäßigen Vorteils. Das birgt die Gefahr, dass nicht nur die Organisation, in der die Person arbeitet, geschädigt wird, sondern auch gesellschaftliche Schäden verursacht werden (Litzcke et al. 2012a, S. 8)."

Hierbei betont Litzcke auch die potenziell gegebene negative Beeinflussung bzw. Schädigung öffentlicher sowie privater Interessen, die durch das Vorhandensein einer besonderen Machtposition ermöglicht wird (Litzcke et al. 2012b). Vertrauen und Macht – hier zeigt sich ein klarer Zusammenhang, der in verschiedenen Teilen dieses Buches genauer analysiert wird. Es wird allerdings deutlich, dass durch Vertrauen als häufig unsichtbares Bindeglied bzw. Verbindung, konkrete Ergebnisse zum eigenen

Vorteil erzielt werden können und somit Macht durch Vertrauen auch missbraucht werden kann. Diese Vorteile können unterschiedlich ethisch und moralisch bewertet werden.

Ethik und Moral prägen Gruppen, Gesellschaften und Nationen und je nach Ausprägung hat dies einen Einfluss auf die Etablierung von Vertrauen. Wenn Ethik und Moral in einer Gemeinschaft, z. B. einer Firmengruppe, keine besondere Rolle spielen, so reduziert dies die Vertrauenswürdigkeit intern sowie extern. Wer würde schon bei der Mafia einen Kredit aufnehmen wollen? Die Wirtschaftswissenschaftlerin Miriam Marks hat sich mit ethischen Fragen in der Finanzwelt auseinandergesetzt. Ihre wichtigsten Erkenntnisse lauten: Korruption ist ein Phänomen, das unabhängig vom individuellen Einkommen, jedoch eher auf höheren Hierarchieebenen auftritt. Die Frage, wie Korruption, Ethik und Vertrauen zusammenhängt, beantwortet Miriam Marks wie folgt: „Korruptes Verhalten kann zum einen durch eine passende Gelegenheit entstehen. Weiterhin kann durch eine schwache Bindung an den oder die Arbeitgeber:in kein Vertrauen entstehen."

Schauen wir noch etwas auf die Rahmenbedingungen, die auf Korruption, Ethik und Vertrauen einwirken. Für Miriam Marks ist klar, dass die Politik hier noch umfangreiche Hausaufgaben zu erledigen hat. Gerade wenn man den Faktor Kontrolle anspricht, so sind hierbei in der EU unterschiedliche Abläufe und Strukturen erkennbar, was natürlich in der Konsequenz einige Akteure im Markt bevorteilt und einige Akteure im Markt benachteiligt. Gleichzeitig muss auch eine Überregulierung vermieden werden, die sich negativ auf das Vertrauen in den jeweiligen Branchen auswirkt. Laut Miriam Marks sind überregulierte Wirtschaftsbereiche keine Bereiche, in denen besonders viel Vertrauen vorhanden ist, da durch die konkreten gesetzlichen Vorgaben die Dramatisierung individueller Fehler ansteigt. Die Herausforderung ist, eine Mischung zu finden, die gleichzeitig Kontrolle als konstantes Element beinhaltet und gleichzeitig noch Freiräume für individuell aufgebautes Vertrauen bietet.

Doch das moralische Empfinden verändert sich je nach Gesellschaft. Miriam Marks: „Wenn wir das moralische Empfinden betrachten, so kann es durch ein schwindendes Werteverständnis oder auch durch eine immer stärker ausgeprägte ‚Ellenbogen-Gesellschaft' sowie eine nicht der Leistung entsprechende Entlohnung gestört werden. Und das wirkt sich negativ auf das eh weniger ausgeprägte Vertragsverhältnis aus."

Die Frage ist natürlich: Wie kann Korruption verringert und Vertrauen aufgebaut werden? Machtmissbrauch in Form von korruptem Verhalten, so Miriam Marks, lassen sich nie vollständig vermeiden. Es gilt, die Probleme offen anzusprechen und zukünftige Fehler dieser Art zu vermeiden und Konsequenzen zu zeigen. Miriam Marks schlägt gleichzeitig passende Schulungen vor, um Schwachstellen im Unternehmen und innerhalb der Zusammenarbeit in den Teams zu reduzieren. Auch das Motto Transparenz, das ja bereits in der Politik als wichtiges Ziel gilt, ist für Firmen empfehlenswert. Für die Finanzbranche, in der Miriam Marks spezialisiert ist, schlägt sie konkrete Kontrollen vor, die auch bereits vom Gesetzgeber in umfangreicher Form vorgeschrieben sind. Ja, das Motto, „Vertrauen ist gut, Kontrolle ist besser" hat auch für Miriam Marks noch immer seine Berechtigung.

Literatur

Bijedić T, Ebbers I, Halbfas B (Hrsg) (2019a) Entrepreneurship Education. Begriff – Theorie – Verständnis. Springer Gabler, Wiesbaden

Blank N (2011) Vertrauenskultur. Voraussetzung für Zukunftsfähigkeit von Unternehmen. Gabler, Wiesbaden, S 19

Böckli P (2005) Vertrauen an der Unternehmensspitze. Neue Zürcher Zeitung (27.08.2005) 199: 31

Böckli P (2006) Corporate Governance: Vertrauen an der Unternehmensspitze. In: Baer CM (Hrsg). Verwaltungsrat und Geschäftsleitung. Bern: Haupt; 33–57

Bogott N, Rippler S, Woischwill B (2017) Im Startup die Welt gestalten. Wie Jobs in der Gründerszene funktionieren. Springer, Wiesbaden

Faltin G (Hrsg) (2018) Handbuch Entrepreneurship. Springer, Wiesbaden, S 10

Braun, S. (2008): Gesellschaftliches Engagement von Unternehmen in Deutschland. Aus Politik und Zeitgeschichte, 31, 2008. 6–14

Braun, S./Weiß, C. (2008): Sozialkapital. In: Gosepath et al. (2008): 1225–1229

Coleman, J. S. (1991). Grundlagen der Sozialtheorie. Handlungen und Handlungssysteme (Bd. 1 Handlungen und Handlungssysteme). München: Oldenbourg

Dirks, K. T. & Ferrin, D. L. (2002). Trust in leadership: Meta-analytic findings and implications for research and practice. Journal of Applied Psychology, 87 (4), 611–628

Dwyer FR, Oh S. 1987. Output Sector Munificence Effects on the Internal Political Economy of Marketing Channels. In: Journal of Marketing Research; 24(Novem- ber): 347–358

Fueglistaller U, Fust A, Müller C et al (2019b) Entrepreneurship. Modelle – Umsetzung – Perspektiven. Mit Fallbeispielen aus Deutschland, Österreich und der Schweiz. Springer, Wiesbaden

Jähnke P, Christmann GB, Balgar K (Hrsg) (2011) Social Entrepreneurship. Perspektiven für die Raumentwicklung. Springer, Wiesbaden, S 44

Kaiser S, Ringlstetter M (2006) Vertrauen: Erfolgsfaktor für wissensintensive Dienstleistungsunternehmen. In: Götz, K. (2006). Vertrauen in Organisationen. München, Mering: Rainer Hampp; 99–112

Krause DE (2010) Macht und Vertrauen in Innovationsprozess. Ein empirischer Beitrag zu einer Theorie der Führung. Springer, Wiesbaden, S 132

Kreutzer M, Kunze F (2021) Wie sich das Vertrauen am Arbeitsplatz durch mobile und hybride Arbeit verändert. Available via Haufe. https://www.haufe.de/personal/hr-management/vertrauen-am-arbeitsplatz_80_553396.html. Zugegriffen: 21 Juni 2022

Litzcke S, Linssen R, Maffenbeier S et al (2012a) Korruption. Risikofaktor Mensch. Springer, Wiesbaden

Pinchot, Gifford (1985) Intrapreneuring: Why You Don't Have to Leave the Corporation to Become an Entrepreneur, New York

Putnam RD (2016) Our kids. The American dream in crisis. Simon & Schuster, New York

Putnam RD (2020) Bowling alone: revised and updated. The collapse and revival of American community. Simon & Schuster, New York

Schießl N (2015) Intrapreneurship-Potenziale bei Mitarbeitern. Entwicklung, Optimierung und Validierung eines Diagnoseinstruments. Springer, Wiesbaden

Schleuniger J (2020) Exit – so verkaufen Sie Ihr Unternehmen erfolgreich. In: Von Hattburg AT, Reiber J (Hrsg) Gründen mit Erfolg. Springer, Wiesbaden, S 292

Schön W (2020a) Vertrauensorientiertes Projektmanagement. Springer, Wiesbaden

Schön W (2020b) Vertrauen, die Führungsstrategie der Zukunft. So entstehen Vertrauen, Wirkung und persönlicher Erfolg. Springer, Wiesbaden, S 7

Süssmuth Dyckerhoff, Claudia (1995) Intrapreneuring: Ein Ansatz zur Vitalisierung reifer Gross-Unternehmen, Bern et al., Dissertation, Hochschule St. Gallen für Wirtschafts-, Rechts- und Sozialwissenschaften 1995 (Schriftenreihe: Institut für Betriebswirtschaft, Hochschule St. Gallen für Wirtschafts-, Rechts- und Sozialwis- senschaften (Hrsg.): St. Galler Beiträge zum unternehmerischen Wandel, Band 2)

Vollmar S, Becker R, Hoffend I (Hrsg) (2013) Macht des Vertrauens. Perspektiven und aktuelle Herausforderungen im unternehmerischen Kontext. Springer, Wiesbaden

Von Hattburg AT, Reiber J (Hrsg) (2020) Gründen mit Erfolg. Das eigene Startup-Unternehmen Springer, Wiesbaden, S 69

Wunderer, Rolf (1994) „Der Beitrag der Mitarbeiterführung für unternehmerischen Wan- del: Ansätze zur unternehmerischen Mitarbeiterführung" in: Gomez, Peter / Hahn, Dietger / Müller-Stewens, Günter / Wunderer, Rolf (Hrsg.): Unternehmerischer Wandel: Konzepte zur organisatorischen Erneuerung, Wiesbaden 1994, S. 229–271

Wunderer, Rolf / Kuhn, Thomas (1995) „Unternehmerisches Personalmanagement: Zentraler Ansatzpunkt zur Förderung unternehmerischen Verhaltens" in: Wunderer, Rolf / Kuhn, Thomas (Hrsg.): Innovatives Personalmanagement: Theorie und Pra- xis unternehmerischer Personal-arbeit, Neuwied et al. 1995, S. 3–20

Zimmer D (2001) Wenn Kreativität zu Innovationen führen soll. Gute neue Produkte werden zu Erfolgen. Daher müssen besonders mittelständische Unternehmen alles tun, um die kreativen Potenziale ihrer Mitarbeiter freizusetzen. Available via Harvard Business Manager. https://www.manager-magazin.de/harvard/gute-neue-produkte-werden-zu-erfolgen-daher-muessen-besonders-mittelstaendische-unternehmen-alles-tun-um-die-kreativen-potenziale-ihrer-mit-arbeiter-freizusetzen-a-827ab196-0002-0001-0000-000021501938

Vertrauen in der Praxis

16

„Alle Wege führen nach Rom." (Alte Volksweisheit)

In diesem Kapitel wird Vertrauen praxisnah beleuchtet. Expert:innen aus Wirtschaft, Wissenschaft, Politik und Gesellschaft berichten von ihren Erkenntnissen, Erfahrungen und Konzepten. Am Ende jedes Interviews werden zentrale Keywords aus dem Gespräch aufgelistet, die inhaltlich und konzeptionell an Thesen in diesem Buch anknüpfen.

16.1 Vertrauen und die Coronakrise – Interview mit Stephanie Gattert

Die Coronavirus-Krise hat wirtschaftliche Perspektiven nachhaltig verändert. In diesem Interview berichtet Stephanie Gattert von ihrer Messebaufirma (Agentur für Visual Merchandising), die sich flexibel an die veränderten Rahmenbedingungen anpassen musste.

Interview

Vertrauen als Wirtschaftsfaktor (z. B. Vertrauen in wirtschaftlich sinnvolle politische Rahmenbedingungen oder Vertrauen in die Zusagen von beruflichen Kooperationspartnern): Welche besonderen Herausforderungen bestehen hier aktuell und in der Zukunft?
Zu Beginn des ersten Lockdowns im März habe ich die Soforthilfe in Bayern wie viele andere beantragt und umgehend erhalten, somit war ich zumindest für die ersten drei Monate, dachte ich, ein wenig finanziell abgepuffert, da ja niemand wusste, wie lange die Pandemie die Halbwertszeit oben hält. Mein Vertrauen sank mit der Antragstellung im August auf Grundsicherung. 100 % Auslastung

auf 0 % im März. Einige wenige Fotoproduktionen konnten in kleinem Team und Coronakonzept zwischen März und August gestemmt werden, alle anderen Kunden haben schon bestehende Aufträge storniert.

Herausfordernd wird auch die Tatsache, dass ich noch nicht genau skalieren kann, ob ich den Verlust dieses oder nächstes Jahr wieder auffangen kann, da ich meinen wirtschaftlichen Style eigentlich kontra jährliches Wachstum ausgekleidet habe.

Generell bin ich eher ein optimistisches Gemüt, somit ist es mir relativ leicht gefallen, dem bayerischen Staat in diesem Belang zu vertrauen und hoffe nun auf die Unternehmenshilfe 3. Vergleichen ist prinzipiell frustrierend, wenn man in der schwächeren Position steht, allerdings hab ich zu keiner Zeit hier in Deutschland gedacht, dass es mir ernsthaft als Einzelunternehmerin an den Kragen geht. Zur Not ist meine letzte Instanz meine Familie, das wünsche ich für jeden. Steuerberater:innen, Pressesprecher:innen, Vorstände von Verbänden wiegen das nicht auf. Glücklicherweise lebe ich in einer anstrengenden Demokratie.

Wie hat die Coronavirus-Krise Ihre berufliche Situation verändert?
Irgendwie intuitiv habe ich mich im Februar in einem Jobportal für Kreative, „das Auge", mal wieder umgesehen, ob spannende oder herausfordernde Freelance-Projekte on sind und bin dann eben auf die zuvor genannte Fotoproduktionsreihe bei einer kleinen 3-D-Motiondesigncompany gestoßen. Zwischendrin war ich natürlich viel zu Hause, habe mit anderen Soloselbstständigen über Anträge und Situation philosophiert, manchmal sehr dunkle Bilder und manchmal etwas Heitere im Kopf gezeichnet. Ich war anfangs in einer Art Schockstarre. Mein Partner, er ist bis dato im Homeoffice, fragte mich anfangs, was ich nun mit der neu gewonnenen Zeit anfange. Ich konnte das nicht greifen, ab Mai haben sich dann die ersten Kulturschaffenden online Luft gemacht und meinten, sie hätten auch Frust bezüglich der landläufigen Meinung von außen: „Ach seid kreativ, verändert euch, das ist eine Chance, super", ich habe das schmunzelnd wahrgenommen und mich auch öfters dieser Äußerung stellen müssen. Ideen hätte ich einige, aber jeder Soloselbstständige ist mit seinen finanziellen Plänen erstmal extrem vorsichtig geworden. Wenn man darüber nachdenkt – nachvollziehbar, oder?

Wie finden Sie beruflich einen Weg, mit der Coronavirus-Krise umzugehen und welche Rolle spielt hierbei der Wirtschaftsfaktor Vertrauen?
Ich bin in der glücklichen Lage, dass ich auch vor Corona schon, nennen wir es, einige Standbeine hatte. Eins ist ein Projektleiterposten freiberuflicher Natur in einer Ausstattungsfirma, habe diverse eigene Auftraggeber und Kund:innen und ein relativ großes Netzwerk an anderen Kreativen wie Ausstatter für Film und Fernsehen, wir buchen uns gegenseitig für Projekte. Mundpropaganda und Vitamin

B ist der eigentliche Erfolgsfaktor, nur so kann man am Markt überstehen. Und
darauf vertraue ich vollends, denn keiner weiß, wie viele zumindest in meiner
Branche überleben.

Ich argumentiere ambivalent, entweder wird der Markt gesund krank
geschrumpft oder andersherum, das wird die Zeit zeigen. Selbstständige, die ihre
Dienstleistung größtenteils verkaufen, sollten für das innere Gleichgewicht immer
Plan B und C in der Tasche haben. Sonst könnte ich phasenweise wahrscheinlich
nicht einschlafen. In meinem Fall wäre das, auch wenn ich unser „Krankheits-
system" nicht mehr supporten möchte, mir eine Teilzeitanstellung als Gesundheits-
und Krankenpflegerin zu suchen. Nach vorne blicken, auf sich wirken lassen,
wo man hinwill, aber einen on demand durchführbaren Hilfeplan, so habe ich
psychisch die Krise bis heute relativ gut überstanden.

**Welche Rolle spielt das Wissen, z. B. zu neuen beruflichen Chancen, beim
Umgang mit der Coronavirus-Krise?**
Ich bin mit einem 8-Bit-Heimcomputer groß geworden, ich bin Haptikerin und
möchte alles mit meinen Händen begreifen, irgendwas mit IT kommt für mich
nicht infrage, die Zeit, die ich am PC verbringen muss, reicht völlig aus, allerdings
gibt es einem schon eine gewisse Ruhe zu erkennen, dass die Pandemie gerade
viele neue Rechenzentren generiert. Thema Retaildesign, Future Research und
Marktforschung, um nur einige wenige in meiner Branche, die ja bekanntlich
eine der schnelllebigsten ist, zu nennen. Aber hoffentlich überwinden wir alle
noch gemeinsam den Kapitalismus und feiern die 4-Tage-Woche. Da hinken die
Deutschen schön hinterher.

**Welche Rolle spielt die Ressource Zeit, z. B. Zeit investieren für die Teilnahme
an digitalen Info-Veranstaltungen oder Branchentreffs, beim Umgang mit der
Coronavirus-Krise?**
Es ist lustig mit der Zeit. Manchmal, anfangs der Pandemie vergingen die Tage wie
Wochen, ab Mai, als man wieder in Cafés, Restaurants und Bars stolperte, hat die
Zeit wieder den gewohnten Freizeitwind einem um die Ohren geblasen, gerade in
den warmen Sommermonaten. Anfänglich habe ich mich oft dem Thema Corona
zugewandt, wie die junge Mutter, die jede erste Reaktion ihrer Neugeborenen nicht
deuten kann und zu viel hineininterpretiert.

Relativ viel telefoniert, mit anderen Einzelunternehmer:innen, bestimmt
4–6 h in der Woche. Da hat man dann auch schnell gemerkt, wer ein stringentes,
positives Mindset hat und wer gut jammern kann. Hilfreich empfand ich auch die
VGSD, der Verband der Gründer und Selbstständigen Deutschland e. V., bin ganz
ihrer Meinung, dass wir eine viel größere Lobby brauchen.

Welche Rolle spielt der Faktor Networking, z. B. generell über ein vielfältiges Netzwerk verfügen – für den Erhalt von Rückhalt/Unterstützung beim Umgang mit der Coronavirus-Krise?

Eine immens wichtige, gerade in der Krisenzeit habe ich wieder verstärkt mit anderen Einzelunternehmern, kleinen Agenturbesitzer:innen und Kreativen gesprochen. Gerade die waren so wie ich stets gut mit Projekten bestückt, dass man sich lediglich mal zum Geburtstag persönlich sah. Wenn man mit jemanden schon Projekte gestemmt hat und bereichernd zusammengearbeitet hat, vertraut man sich, auch um seine persönlichen Ängste und Befürchtungen loszuwerden, und geht trotz Pandemie gestärkt aus so einem Gespräch. Wie bei jedem anderen Thema auch, dass man merkt und versteht, dass man nicht allein ist mit seinen Sorgen. Ich habe meine Haltung zum Thema Netzwerken nicht großartig verändert, war und ist für mich absolut wichtig.

Vor dem Hintergrund der zunehmend globalisierten Arbeitswelt: Wie kann interkulturelle Kommunikation vertrauensvoll gelingen?

Spannende Frage. Das ist so komplex zu betrachten, dass ich nicht wüsste, wo es anzufangen gilt. Aus Sicht des Arbeitgebers heraus eine große Herausforderung, da man Geschäftssinn und Empathie kombinieren muss, um ein halbwegs authentisches Kollegium zu finden, das sich stabil weiterentwickelt. Ein großer Faktor, denke ich, ist die individuelle Betrachtung kultureller Hintergründe und wie viel jeder bereit davon ist, eben jene abzulegen für ein integratives Miteinander. Der Wertekompass sollte für alle stringent aufgearbeitet werden.

Welche Rolle (Chancen/Risiken) spielen digitale Medien beim Thema Vertrauen als Wirtschaftsfaktor, z. B. Teammeetings mit Zoom, bei denen jedoch der reale Kontakt zu einer Person fehlt?

Vor ein paar Tagen ist Clubhouse in Deutschland an den Start gegangen, wie viel das bringt und wie lange der Hype anhält, kann man noch nicht sagen, auf jeden Fall muss sich die Geschäftswelt neu anpassen, da ist die Start-up-Szene selbstverständlich ganz vorne mit dabei. Meine persönliche Erfahrung mit z. B. Zoom-Meetings ist eigentlich ganz gut, außer dass ich gemerkt habe, dass es noch mehr Arbeit benötigt, für digitale Räume Konzepte aufzubereiten, da man die einzelnen Gewerke noch besser abholen muss, als wenn man sich in physischer Natur trifft.

▶ **Keywords** Digital, Kommunikation, Krise, Prozess, Wirtschaftsfaktor.

16.2   Vertrauensvolle Digitalität – Interview mit Georg Adlmaier-Herbst

Welche besonderen Herausforderungen sind mit dem digitalen Wandel anzugehen, um vertrauensvoll in der Wirtschaft agieren zu können? Georg Adlmaier-Herbst haben wir hierzu befragt.

Interview

Im Spannungsfeld Digitalisierung, künstliche Intelligenz sowie Informationsflut: Wie kann hier eine Perspektive der Sicherheit oder des Vertrauens möglich sein?
Digitalisierung ist in jede ihrer Facetten mit positiven und negativen Gefühlen verbunden. Dies ist auch in entsprechenden Studien ablesbar, z. B. vom Rat der Internetweisen. Mit Gefühlsbilanzen, die an der Uni Zürich entwickelt wurden, lassen sich die Gefühle differenzierter erfassen. In solchen Studien geben CEOs immer wieder zwei Elemente der Digitalisierung als besonders wichtig für deren Bewertung der Digitalisierung an: Sicherheit und Kontrolle. Hieraus ergeben sich Vertrauensparameter. Die Fragen lauten dann z. B.: Was wird künftig Sicherheit für mein Unternehmen und mich bringen? Was Unsicherheit? Habe ich mein Unternehmen und mein Handeln noch unter Kontrolle? Und auch: Kann ich meine Daten noch kontrollieren, z. B. in der Cloud und in sozialen Netzwerken?

Ist in den Zeiten des konstanten Medienwandels überhaupt der Erwerb von Medienkompetenz möglich?
Ich verwende am liebsten den Begriff „literacy" und in diesem Fall „digital literacy". Hierbei geht es nicht nur um den Umgang mit Endgeräten, sondern z. B. auch um „Wie recherchiere ich im Internet und erziele dabei die besten Ergebnisse", „Wie gehe ich mit Fake News um?". Durch die enorme Entwicklung von Technologien wird der Erwerb und die Entwicklung immer neuer Kompetenzen eine wesentliche Herausforderung sein. Ich verwende hierfür den Begriff „Kontinuierliches Entwicklungsmanagement" anstatt „Change" oder „Wandel". Entwicklungsmanagement ist einer der wichtigsten Selbstmanagementkompetenzen. Die exponentielle Entwicklung der Digitalisierung stellt jedes Individuum vor zahllose Entscheidungen. Jede Person muss dabei aussuchen und abwägen.

Wie sehen Sie das Spannungsfeld Vertrauen und Digitalisierung in der Zukunft?

Die Bereitschaft der Menschen, ihre persönlichen Daten freizugeben, hat besonders stark mit Vertrauen zu tun. In diesem Fall ist neben Amazon, Google, Alexa und Co. noch viel mehr möglich: Die Fitness-Armbänder oder Computer-chips, die in die Haut implantiert werden, sind möglicherweise Extrembeispiele. Sie lassen jedoch erahnen, dass Menschen künftig viel weniger Misstrauen und Skepsis besitzen und bereitwilliger ihre persönlichen Daten preisgeben.

Wie kann es gelingen, dass sich Menschen die vielen Schlüsselkompetenzen aneignen, die immer wieder gefordert werden?

Der jeweilige Arbeitskontext wird künftig hierfür entscheidend sein: Es geht darum, Situationen so zu meistern, dass die Person schrittweise die hierfür erforderlichen Kompetenzen aufbaut. Kontinuierliches Feedback über den Lern-fortschritt ist hierbei essenziell. Die Arbeitssituation sollte die Person fordern, aber nicht überlasten.

Die große Herausforderung ist, dass sich Schlüsselkompetenzen wie Agilität und Kreativität sich nicht von heute auf morgen lernen lassen, denn sie sind tief in der Persönlichkeit verankert.

Schauen wir auf die Herausforderung Post Truth Area. Wie kann man vor diesem Hintergrund Vertrauen in der Wirtschaftswelt aufbauen?

Während es früher wichtig war, sich über die Zukunft und Ziele im Klaren zu sein, geht es heute darum, sich Klarheit darüber zu verschaffen, woher man gekommen ist und wo man steht. In einer Zeit, in der die Zukunft so ungewiss ist, ist es fast nicht möglich, die nächsten fünf Jahre eines Unternehmens zuverlässig zu planen. Vertrauen kann entstehen durch den Wandel von der Ergebniskommunikation zur Prozesskommunikation: Dies bedeutet, die Beteiligten auf dem Laufenden zu halten und jederzeit ein klares Bild darüber zu ermöglichen, in welcher Situation sich das Unternehmen befindet, was dies für den Mitarbeitenden bedeutet und welche Konsequenzen für dessen Handeln dies hat.

Gibt es nun eher Chancen oder Risiken bei der Digitalisierung in der Wirt-schaftswelt?

Digitalisierung hat immer zwei Seiten – es gibt tausend Vorteile und tausend Nach-teile. Die Frage ist, wie nutze ich die Vorteile und wie gehe ich mit den Nachteilen um?

▶ **Keywords** Agil, Digital, Kommunikation, Prozess, Unsicherheit.

16.3 Vertrauen und Diversität – Interview mit Susana Perez Moner

Wie können interkulturelle Herausforderungen in der Wirtschaftswelt vertrauensvoll gemeistert werden? Management Consultant Susana Perez Moner berichtet hierzu über ihre internationalen Berufserfahrungen.

Interview

Wie kann Vertrauen in interkulturellen Situationen, z. B. ein Team mit Teammitglieder:innen aus unterschiedlichen Ländern, aufgebaut werden?
Die Kultur, in der wir aufwachsen, bestimmt nicht nur die Wertesysteme und Normen, auch unseren Denk-, Gefühls- und Reaktionsweisen werden während des Sozialisationsprozesses erworben. Um Vertrauen in solch einem kulturell heterogenen Team aufzubauen, brauchen die Mitglieder:innen einen gemeinsamen Code, einen Pakt, der Regeln und Strukturen klar darstellt und ein Umfeld, wo die Unterschiede gegenseitig kennengelernt und geschätzt werden können.

Die Teams müssen Richtlinien festlegen, die Rollen, Verantwortlichkeiten und die Art und Weise abdecken, wie sie als Gruppe arbeiten möchten. Dies hilft bei der Schaffung einer dritten Kultur, das heißt einer Teamkultur, an die sich alle anpassen und die sie annehmen müssen, wenn sie als Teil des Teams arbeiten. Ein Code kann alles abdecken, von dem Umgang mit Zeit, dem Austausch von Informationen, der Kommunikation und allem anderen, was zur Überbrückung von Lücken von Bedeutung sein kann.

Welche Rolle spielt der Faktor Networking hierbei, z. B. generell über ein vielfältiges Netzwerk zu verfügen und dadurch zu lernen, mit kultureller Vielfalt gut umgehen zu können?
Durch die Globalisierung haben Unternehmen einen leichteren Zugang zu Märkten auf der ganzen Welt, dadurch wird das Kund:innenspektrum immer vielfältiger.

Unternehmen und ihre Mitarbeiter:innen müssen kulturell sensibel sein, insbesondere wenn sie ein neues Produkt oder eine neue Kampagne auf den Markt bringen. In diesem Sinne bieten vielfältige Netzwerke die Möglichkeit, sich leicht mit Menschen mit anderen Hintergründen zu verbinden und offen und neugierig auf ihren Kontext zu reagieren, was für die Überwindung von Kommunikationsbarrieren und Konflikten unerlässlich ist.

▶   **Keywords** Kommunikation, Kultur, Teams, Vielfalt, Werte.

16.4   Vertrauen und Forschung – Interview mit Guido Möllering

Mit dem Professor und Vertrauensforscher Guido Möllering haben wir über ausgewählte Perspektiven der wissenschaftlichen Analyse von Vertrauen gesprochen.

Interview

Was sind für Sie wichtige Charakteristika beim Thema Vertrauen?
Vertrauen an sich wird hauptsächlich als psychologisches Konzept gesehen mit folgender Auffassung: Es geht um zwei Individuen, die miteinander kommunizieren und in deren Köpfen sich ganz persönliche Prozesse abspielen. Somit dominiert die Mikroebene bei der Vertrauensdiskussion. Eine große Herausforderung ist es jedoch, sich Vertrauen auf übergeordneten Ebenen überhaupt vorzustellen.

Beispiel: *Vertrauen* in eine Organisation, in eine Gruppe oder in einen Staat kann schnell falsch verstanden bzw. aufgefasst werden. In diesem Zusammenhang passiert oft der Fehler, dass die Gruppe, die Organisation oder der Staat wie ein Individuum betrachtet wird.

Bei solch einer Mehrebenenkonzeption sind zahlreiche Übersetzungen und Anpassungen notwendig. Sie sollten aufzeigen, welche Aspekte bei einer Gruppe, Organisation oder einem Staat relevant sind. Wie gehe ich mit einer Gruppe, Organisation oder mit einem Staat um? Wie rechtfertige ich Vertrauen auf dieser Ebene? Welche Aspekte sind für mich bei einer Einschätzung entscheidend?

Können Sie diese Übersetzungsleistung etwas konkretisieren?
Um einem Individuum vertrauen zu können, müssen gewisse Dinge gewährleistet sein, z. B. richtige Kompetenzen, seriöses Verhalten oder souveränes Auftreten. Vertrauen gegenüber einem Unternehmen oder einer Organisation erfordert ganz andere Kompetenzen, z. B. Vorkehrungen, dass keine technischen Fehler passieren oder ausführliche Kundenbetreuung.

Bei einer Gruppe von Menschen geht es oft nicht mehr um das Vertrauen in einzelne Individuen, da sie das Interesse der gesamten Gruppe vertreten (Kellner:innen in einem Restaurant oder Mitarbeiter:innen eines Unternehmens). Vertrauenswürdigkeit wird in diesem Zusammenhang vollkommen anders vermittelt und Vertrauen mit anderen Maßnahmen aufgebaut. Diese Übertragung kann dann Übersetzungsleistung genannt werden. Außerdem müssen sowohl Vertrauenswürdigkeit als auch Vertrauensbereitschaft kommuniziert werden.

Ein Beispiel für eine Form der Vertrauenswürdigkeit: Eine langfristige und sichere Beziehung. Hierbei können Rituale helfen, die die Beziehung kräftigen und

Sicherheit vermitteln. Mit gewissen Verhaltensweisen kann man Vertrauenswürdigkeit vermitteln und Vertrauen aufbauen.

**Schaut man in die Politik weltweit sowie auch in die Wirtschaftswelt, so sieht
man bei Trump und Facebook, dass Lügen dennoch helfen, erfolgreich zu
sein. Hat an der Stelle dann das Konzept Vertrauen seine Berechtigung verloren?**
Diese Perspektive kann nicht so einfach eingeordnet werden. Ich will trotzdem
versuchen, einige Erklärungen zu formulieren. Es gibt Kooperationen ohne Vertrauen, wenn keine Alternative gegeben sind. Bei diesen Beziehungen wird immer
abgewogen, wie wichtig einem das Ergebnis der Kooperation ist. Diese Art von
Kooperation darf nicht mit Vertrauen verwechselt werden.

Des Weiteren gilt: Personen, die die Vertrauenswürdigkeit einer Person oder
Gruppe infrage stellen, gelten selbst nicht unbedingt als vertrauenswürdig. Mög-
licherweise kann darauf sogar eine Trotzreaktion folgen. Oder man wird zum
Komplizen, um selber Profit aus der Kooperation zu schlagen. Beispielsweise
Opfer von Betrüger:innen. Und was wir auch beachten müssen, wenn es um
Donald Trump geht: Nicht jeder, der Trump wählt, findet ihn vertrauenswürdig.

**Wie können wirtschaftliche Projekte im postfaktischen Zeitalter vertrauens-
voll auf den Weg gebracht werden?**
Vertrauen ist im postfaktischen Zeitalter deutlich schwieriger geworden. Vorarbeit
muss geleistet werden, die zuvor nicht notwendig war: Es muss geklärt werden, ob
beide Parteien die Welt ähnlich oder gleichsehen. Bei völlig unterschiedlichen Vorstellungen geht man im Zweifelsfall keine Kooperation ein. Eine Zusammenarbeit
wird somit bereits zu Beginn erschwert. Aus diesem Grund kann es durchaus sein,
dass heutzutage weniger Kooperationen zustande kommen. Die Interaktion wird
erschwert und weniger wahrscheinlich.

Im Vorfeld wird bereits abgewogen und möglicherweise zwanghaft versucht herauszufinden, ob Vertrauen überhaupt möglich ist. Sind Meinungen und
Ansichten jedoch nahezu deckungsgleich, ist dies ebenfalls nicht sehr förderlich. Aus diesem Grund kann es leicht passieren, dass potenzielle und erfolgver-
sprechende Kooperationen nicht zustande kommen.

Meine These lautet: In unsicheren Zeiten wird auf Nummer sicher gegangen
und spektakuläre Projekte kommen somit nicht zustande. Dabei wird es erst so
richtig interessant, wenn im Vorhinein nicht alles sicher ist und hundert Mal durch-
gekaut wurde.

Wie ist die aktuelle Herausforderung des Vertrauens im historischen Vergleich einzuordnen?

Auch die vorherigen Jahrzehnte waren unsicher. Die Nöte der Menschen waren auch zuvor bereits groß. Ich würde vorsichtig mit der Aussage umgehen, dass wir uns heutzutage in einer besonders schwierigen Zeit befinden. Fakt ist jedoch: Wir bewegen uns aktuell auf einem anderen Level, aber ähnlich anspruchsvoll wie in der Vergangenheit.

Wenn man auf die aktuellen Besonderheiten schaut, so kann man festhalten: Es gibt eine große Zahl an Menschen, mit denen man heute in Kontakt steht und beruflich zusammenarbeiten. Die Herausforderung hierbei lautet dann, wie man diese Vielzahl von direkten, persönlichen Kontakten verarbeitet.

Hinzu kommt: Scharfe Konfliktlinien mit scharfen Trennungen waren früher klarer gezogen. Heute gibt es zwar auch eine Polarisierung, weichen die Grenzen auf, z. B. politische Positionen, kulturelle und soziale Unterschiede.

Nicht zu ignorieren sind die ganz anderen Erwartungen an das Individuum von sich selber, aber auch von anderen, da heutzutage viel mehr Freiraum und Verantwortung gegeben sind.

Wie sehen Sie das Thema Vertrauen in Zusammenhang mit der allgegenwärtigen Digitalisierung?

Heute sind natürlich viel mehr Informationen und Daten über potenzielle Kooperationspartner vorhanden. Stichwort: Transparenz. Das hat Vor- und Nachteile.

Nur auf diesen bereits verfügbaren Informationen Vertrauen aufzubauen, wäre ein Fehler. Freiwillige Offenheit und Öffnung hilft dabei, Vertrauenswürdigkeit zu kommunizieren. Persönlicher Kontakt ist heutzutage immer noch ein wichtiger Punkt, er gehört für die heutige Gesellschaft immer noch zur Gewohnheit.

Lassen Sie mich das Thema Transparenz noch etwas genauer betrachten. Eine natürliche Grenze ist zweifellos dann erreicht, wenn man die Fülle an Informationen überhaupt nicht mehr verarbeiten kann. Überflüssige Daten sollte man aus diesem Grund nicht veröffentlichen. Des Weiteren führt erzwungene Transparenz nur zu Unmut und möglicherweise Fälschungen oder Täuschungen. Eine freiwillige Offenlegung von substanziellen Dingen wirkt vertrauenswürdig. Alles andere ist sogar schädlich.

▶   **Keywords** Digital, Gegenwart, Kommunikation, Transparenz, Unsicherheit.

16.5   Vertrauensvolle Führung – Interview mit Katrin Redmann

Wie wird bei SAP mit dem Thema Vertrauen umgegangen? Wir haben Katrin Redmann hierzu befragt.

Interview

Wie kann eine vertrauensvolle Beziehung zwischen Chef:in und Mitarbeiter:in aufgebaut werden?

Vertrauen muss durch beide Seiten aufgebaut werden. Die Führungskraft wird dabei besonders gefordert. Sie steht vor der Aufgabe, jedem Mitarbeiter, jeder Mitarbeiterin gleichermaßen Vertrauenswürdigkeit zu signalisieren. Mitarbeiter:innen, die sich von ihrem Vorgesetzten unterstützt und gestärkt fühlen, funktionieren besser und liefern bessere Ergebnisse. Mitarbeiter:innen sollten am besten von ihren Vorgesetzten bei der Planung mit ins Boot genommen werden. Auf diese Weise wird das Selbstvertrauen der Mitarbeiter:in gestärkt und eine positive Arbeitsatmosphäre geschaffen. Besonders in unserer heutigen digitalisierten Welt schaffen gerade persönliche Gespräche Vertrauen. Gesprächspartner können sich in die Augen schauen und die Mimik und Gestik des Gegenübers erkennen und einordnen. Die persönlichen Gespräche, die sich vor und nach solch einem Meeting ergeben, fördern ebenfalls Vertrauen. Dabei wird eine freundschaftliche Atmosphäre geschaffen (Bereits ein Punkt, den auch ein anderer Interviewpartner angesprochen hat).

Zudem sollte in der heutigen schnelllebigen Welt auf keinen Fall die Zeit bei Meetings gespart werden. Die Mitarbeiter müssen eine Gelegenheit erhalten, ihre Ziele, Wünsche und Probleme in einem privaten Raum mit dem Vorgesetzten zu teilen. Wird dabei jedoch Zeitdruck aufgebaut, kommunizieren die Mitarbeiter nicht offen und Frust staut sich an. Zudem kann kein Vertrauen zu einer Person aufgebaut werden, der man sich nicht öffnen kann. Karriereförderungsprogramme binden Mitarbeiter an das Unternehmen und schaffen eine gesunde Arbeitsatmosphäre. Zudem werden dadurch qualifizierte Angestellte geschaffen, die das Unternehmen nach vorne bringen.

Wie schaffen Sie es, in Ihrem Team als Vorgesetzte Vertrauen aufzubauen?

Indem ich auch für lockere Zusammentreffen mit meinen Mitarbeitern sorge. Bei einem netten Zusammensein außerhalb der Arbeitszeiten fühlen sich die Mitarbeiter freier zu sprechen. Dabei können Ziele und Wünsche geklärt und die gemeinsame Zusammenarbeit definiert werden. Für das gesamte Team wirken solche Treffen gemeinschaftsfördernd. Mit meinen Aufgaben gebe ich auch eine gewisse Verantwortung an meine Mitarbeiter weiter. Verantwortung motiviert und stärkt das Selbstbewusstsein durch ein Gefühl von Freiheit. Gleichzeitig stärke ich ihnen den Rücken, indem ich signalisiere, dass sie mit Problemen jederzeit zu mir kommen können. Die richtige Waage zwischen Nähe und Distanz zu finden, ist sehr wichtig für ein gesundes Vertrauensverhältnis.

Wie sehen Sie das Thema Vertrauen in der Start-up-Szene?
Start-ups befinden sich viel mehr als etablierte Unternehmen in einem Haifischbecken. Daher ist es für sie ganz besonders wichtig, ihren Partnern vertrauen zu können. Zudem stehen sie vor zahlreichen schwierigen Herausforderungen, die es zu lösen gilt. In der Arbeit mit Start-ups habe ich gelernt, dass Vertrauensaufbau eine Kunst ist, in der man dem Gegenüber vermittelt, alle Facetten des Partners zu kennen. Nur indem man ehrliches Interesse zeigt, kann man Vertrauen aufbauen.

Welche direkten Beispiele für Aktivitäten, die Vertrauen aufbauen, gibt es in Ihrer Firma?
Meine Erkenntnis in dieser Frage lautet: Sicherheit und Stabilität sind zwei essenzielle Faktoren. Darüber hinaus muss der Mitarbeiter auch das Gefühl haben, Chancen geboten zu bekommen, die ihn weiterbringen. Kein Mensch mag das Gefühl, auf der Stelle zu treten und nicht voranzukommen.

Wie sehen Sie das Thema Vertrauen in der Arbeitswelt bei jungen Menschen?
Nur durch das Vertrauen in sich selbst kann man erfolgreich sein und für Sicherheit und Stabilität sorgen. Bei der jungen Generation haben sich zwei Lager gebildet: Die einen, die immer noch den klassischen Karriereweg gehen. Auf der anderen Seite kommt eine junge Gruppe von Menschen auf den Arbeitsmarkt, die knallhart verhandelt und mit großem Selbstbewusstsein ihre eigenen Regeln aufstellt. Die zweite Gruppe braucht vor allem Selbstvertrauen und weniger Vertrauen in andere Akteure, Unternehmen oder Systeme. Unabhängigkeit wird großgeschrieben. Ein eigenes Netzwerk aufbauen, z. B. via soziale Netzwerke, besonders LinkedIn. Hinzu kommt: Sich selbst als Marke positionieren bzw. der Faktor Selbstmarketing. Hierbei gilt es, Hauptthemen und Zielgruppe zu definieren.

Auch sollte man Fragen beantworten wie: Was will ich erreichen? Was erwarten andere von mir? Was kann ich davon erfüllen? Wo muss ich weiterlernen?

Kann Vertrauensmissbrauch wiedergutgemacht werden?
Es ist möglich, dass die enttäuschte Person gut differenzieren kann zwischen Einzelpersonen und dem gesamten Unternehmen. Einige Vertrauensbrüche können somit intern geklärt und behoben werden. Bei dieser Frage ist es wichtig zu beachten, dass es bei Vertrauen eine emotionale und eine rationale Ebene gibt. Abhängig von der Situation ist es also durchaus möglich, dass Vertrauen trotz vorangegangener Enttäuschungen durch neue Rolle, herausfordernde Job-Inhalte, neues Team oder neue Führungskraft wieder aufgebaut werden kann.

▶ **Keywords** Arbeitswelt, Digital, Führungskräfte, Kommunikation, Selbstvertrauen.

16.6 Globales Vertrauen – Interview mit Sammar Essmat

Welche Faktoren prägen den Umgang mit dem Einflussfaktor Vertrauen? Hierzu haben wir mit Sammar Essmat gesprochen.

Interview

Wie kann man das Thema Vertrauen in der internationalen Entwicklungswelt charakterisieren?
Der kulturelle Kontext hat mit Sicherheit einen Einfluss darauf, wie man Vertrauen versteht, definiert und umsetzt. Beispiel Nahost/Mittelmeerraum: Dort ist es kulturell wärmer bzw. zwischenmenschliche Beziehungen spielen eine große Rolle. Die Fachbezeichnung wäre sicherlich, dass die Rolle des sozialen Kapitals einen größeren Stellenwert im persönlichen Austausch hat. In der Konsequenz findet viel Interaktion statt und aus diesem Grund ist es dort leichter, Vertrauen aufzubauen. Die Grenze zwischen Privatem und Beruflichem verschwimmen stärker als beispielsweise in Westeuropa. Vertrauensprozesse laufen in diesen Kontexten ganz anders ab als in Westeuropa. Kurz gesagt: Vertrauen wird impliziter und intuitiver gelebt. In Westeuropa und USA gilt: Vertrauen wird viel bewusster aufgebaut und erlebt. Arbeits- und Berufswelt sind klarer voneinander getrennt.

Lassen Sie uns trotzdem nochmals konkreter an den Vertrauensbegriff schauen?
Allgemein kann man sagen: Menschen integrieren in ihre Handlungen und Arbeitsprozesse auch bewusst den Anspruch, Vertrauen aufzubauen. Sie unternehmen gewisse Dinge allein mit dem Ziel, vertrauenswürdig zu wirken. Ebenso fragen sie sich bei Kontakt mit anderen bewusst, ob sie Gesprächspartnern vertrauen können.

Wie kann in der internationalen Entwicklungswelt ein vertrauenswürdiger interkultureller Austausch gelingen?
Ich möchte ein konkretes Beispiel geben: Der arabische Kulturkreis im Vergleich zu USA/Westeuropa. Brücken bauen kann man dadurch, dass man sich im Vorfeld mit dem kulturellen Kontext des Partners befasst. Bei dieser Zusammenarbeit muss neben der Recherche im Vorfeld auch eine zeitintensivere Zusammenarbeit mit eingeplant werden.

Neugier zeigen und höfliche Fragen stellen, wenn unsicher ist, ob man etwas falsch gemacht hat, offen fragen. Dadurch wirkt man nicht angreifend, sondern hebt den Partner in eine übergeordnete Rolle. Ein:e Gesprächspartner:in empfindet ein Gefühl von Kontrolle. Sogar schwere Fehltritte sind nicht kränkend, sondern verdeutlichen einfach die kulturellen Unterschiede.

Welche Rolle erlangt in diesem Zusammenhang der Faktor Netzwerkbildung sowie Pflege von Netzwerken?
Eine Eingebundenheit in vielfältige Netzwerke privat bildet einen offenen Charakter heraus. Dadurch kommt es zu Erlebnissen und Begegnungen, die einem auch beruflich weiterhelfen können und Eigenschaften werden herausgebildet, die beruflichen Erfolg versprechen. Ein aktiver Erkenntnisgewinn ist dabei besonders wichtig.

Momentan erlebt die Welt unsichere Zeiten und ist mit vielfältigen Krisen konfrontiert. Wie kann man diesen Krisen begegnen und Vertrauen in der Entwicklungswelt etablieren?
Ich sehe hier ein übergreifendes Muster bzw. Thema: Extreme Polarisierung. Dieses Phänomen hat viele der aktuellen Krisen verschärft. Soziale Medien kreieren Mikrokosmen. Diese „social bubbles" kreieren eine verschlossene, homogene Gruppe. In diesem Sinne sollte hierzu ein gesellschaftlicher Austauschprozess gestartet werden, idealerweise weltweit, um zu vereinbaren, wie man mit der extremen Polarisierung umgehen sollte, also welche Werte und Prinzipien zumindest als Ideale dagegenhalten sollten.

Schauen wir auf eine weitere Herausforderung: Inwieweit kann Selbstvertrauen bzw. ein gewisses Selbstwertgefühl Vertrauen positiv beeinflussen?
Man muss immer mit sich selbst anfangen, bevor man mit anderen Personen in Kontakt tritt. Gute Eigenschaft bzw. ein passendes Motto: „You cannot control what you can't control but you can control what you can control." Die Sicherheit, die man durch ein stabiles Selbstvertrauen erlangt, wirkt in Krisenzeiten wie ein Anker.

Hieran angeknüpft: Welche Rolle hat der Faktor Emotionalität beim Vertrauensaufbau?
Emotionsmanagement ist definitiv eine entscheidende globale Herausforderung für den professionellen Umgang mit dem Faktor in der Entwicklungswelt. In einer Zeit voller Emotionen, Radikalisierung und Extreme müssen auch Personen in Führungspositionen emotional leiten. Nur auf diese Weise kann man auch bei Zusammenarbeiten zu 100 % auf den Partner eingehen. Die Zukunft von Leader-

ship fordert deutlich mehr Energie in dem essenziell wichtigen Bereich „Emotional Leadership".

▶ **Keywords** Kommunikation, Krisen, Kultur, Selbstvertrauen, Unsicherheit.

16.7 Vertrauen als Gründungsfaktor – Interview mit Beate Hüser

Welche Rolle spielt Vertrauen in der Start-up-Welt? Und wie hat sich der Umgang mit dem Thema Vertrauen in der Start-up-Welt geändert? Wir haben Beate Hüser befragt, die umfangreiche Berufspraxis in Start-up-Unternehmen vorweisen kann.

Interview

Welche besonderen Herausforderungen sehen Sie beim Umgang mit dem Thema Vertrauen in der Start-up-Welt (hinsichtlich der Firmenperspektive sowie der Perspektive der Mitarbeiter:innen)?
Das Dilemma, in dem sowohl Gründer:innen als auch Mitarbeiter:innen in Start-ups stecken, sind die hohen Erwartungen. Erwartungen verursachen Enttäuschungen und dies ist der Kern, aus dem sich das mangelnde Vertrauen auf beiden Seiten entwickelt hat.

Junge Unternehmen stehen unter einem hohen Druck, was Finanzen und Leistungserbringung betrifft. Von ihnen wird erwartet, erfolgreich zu sein, um Investor:innen zu finden, sie zufriedenzustellen und selbst nicht zu versagen. Im Fokus steht oft der erfolgreiche Exit und nicht ein langfristiges Business aufzubauen. Dabei werden Entscheidungen häufig auf der Ebene der Gründer:innen und Investor:innen getroffen. Was zur Folge hat, dass Mitarbeiter:innen nur wenig Möglichkeiten zur Mitgestaltung haben und vernachlässigt werden.

Regelmäßige Gespräche mit Mitarbeiter:innen werden verschoben, abgesagt oder finden erst gar nicht statt. Für Gründer:innen hat es keine hohe Priorität, eine Bindung und damit Vertrauen zu ihren Mitarbeitern aufzubauen, um sie langfristig positiv an das Unternehmen binden zu können.

Unterschiede kann man jedoch zwischen den großen Hotspot-Städten und den Kleinstädten bzw. dem ländlichen Raum sehen, wo die Menschen stärker in ihrem Zu Hause verhaftet sind und ihren Arbeitgeber nicht so häufig wechseln. Wenn ein Unternehmen weiß, dass Mitarbeiter:innen länger bleiben, auch wenn sie nicht top ausgebildet sind, dann lohnt es sich, sie zu fördern und in ihre Weiterbildung zu investieren. Da, wo sich viele Start-ups und potenzielle Mitarbeiter:innen tummeln, ist die Fluktuation und die damit verbundenen „Verlockungen" viel größer. Warum sollte ein Start-up Geld in die Weiterentwicklung seiner Mitarbeiter investieren, wenn der/die nachfolgende Arbeitgeber:in davon profitieren wird?

Die jungen Menschen, die in den letzten Jahren auf den Arbeitsmarkt gekommen sind und sich für die Start-up-Szene interessieren, kommen mit breiter Brust. Einerseits fehlt ihnen Berufserfahrung, weshalb sie fehleranfällig sind, dafür sind sie aber wissbegierig. Andererseits erwarten sie ein gutes Gehalt, erhoffen sich Gestaltungsmöglichkeiten und haben nicht selten den Traum, aus einer eigenen Idee ein Start-up gründen zu wollen, weshalb sie sich ein gutes Netzwerk aufbauen möchten. Verständlich, wenn Gründer:innen nicht in Mitarbeiter:innen investieren möchten, weil sie von Anfang an davon ausgehen, dass ihre Mitarbeiter:innen etwas nebenher machen und nicht lange bleiben. Und für die Gehälter erwarten sie natürlich eine hohe Produktivität, was im Widerspruch zur gewünschten Work-Life-Balance der jungen Menschen steht. Schließlich gehen sie davon aus, dass das Leben in einem Start-up Spaß macht und man eine Familie ist.

Der Vertrauensbruch beginnt auf beiden Seiten bereits beim Einstellungsgespräch. Es wird viel versprochen, was am Ende nicht eingehalten werden kann. Standardfragen des HR wie „Wo sehen Sie sich in 5 oder 10 Jahren?" werden dann zu Floskeln.

Hat sich hier etwas in den letzten Jahren geändert bzw. welche aktuellen Entwicklungen sind beobachtbar?
Ich denke, dass sich durch die Corona-Pandemie und das „New Normal" im Homeoffice einiges ändern wird. Der finanzielle Druck des Unternehmers, durch die Krise zu kommen auf der einen Seite und die Angst der Mitarbeiter entlassen zu werden auf der anderen Seite wird die Arbeitswelt verändern.

Die beiden Gruppen sind gezwungen, sich anzunähern und dadurch Vertrauen und Zuverlässigkeit neu zu definieren. Aktuell sind Mitarbeiter weniger wechselwillig und es fehlt die Kommunikation an der Kaffeemaschine. Auch hier wird es eine Veränderung der Vertrauensbildung geben. Es ist abzuwarten, was daraus langfristig wird.

Ist der Umgang mit den Unsicherheiten in der Start-up-Welt eher etwas, das emotional, rational oder in beiderlei Hinsicht beschäftigt?
Der Umgang mit den Unsicherheiten in der Start-up-Welt ist eher emotional als rational begründet. Unter den rationalen Gesichtspunkten mehr Geld verdient zu haben oder sich mehr Entscheidungsfreiheiten zu erhoffen, liegt ja im Grunde ein emotionales Ego-Bedürfnis, mehr Wertschätzung bekommen zu wollen, weil das, was man sich erhofft hat und was einem zum Teil auch versprochen wurde, nicht erfüllt wurde.

> Die meisten verlassen irgendwann mit ihren Erfahrungen die Start-up-Szene. Die, die zu „alten Hasen" werden, haben ihre Erwartungen runtergeschraubt und möchten einfach nur zuverlässig und in Ruhe ihren Job machen. Sie sind nur selten bereit, die jungen Neuankömmlinge zu supporten.

▶ **Keywords** Arbeitswelt,   Kommunikation,   Start-ups,   Vertrauenskultur, Unsicherheit.

16.8   Interkulturelles Vertrauen – Interview mit Jeremias Kettner

Wie Vertrauen in internationalen und interkulturellen Kontexten aufgebaut werden kann, haben wir mit dem Business Consultant Jeremias Kettner besprochen.

Interview

Wie kann der Vertrauensaufbau gelingen?
Vertrauensaufbau ist geprägt durch kulturelle Codes und erlerntes sozialisiertes Verhalten. Diese unterscheiden sich teilweise stark in den verschiedenen Kulturkreisen unserer heutigen Geschäfts- und Lebenswelten (Stichwort: Glokalisierung). Dies führt insbesondere in der Geschäftsanbahnung, aber auch Modi der Streitbeilegung oft zu Missverständnissen in der verbalen und non-verbalen Kommunikation. Neben gewissen Ritualen des Vertrauensaufbaus ist ein sehr prägnantes Merkmal die Zeitachse. Wie lange dauert es also bis erfolgreich echte soziale Nähe, im Sinne einer gegenseitigen Öffnung, aufgebaut werden konnte. In den arabischen Golfstaaten, die Stammesgesellschaften sind, wird Vertrauen und Reputation beispielsweise über die Herkunft, also die Familie und den Stamm erworben.

Über die unterschiedlichen kulturellen Spielarten des Vertrauensaufbaus, die man gerade im „international business" kennen sollte, ist eines gleichgeblieben: Vertrauensaufbau erfolgt durch Übung. Das heißt, durch positive Erfahrungen mit Menschen oder Personen, welchen gegenüber Vertrauen aufgebracht und im besten Fall von diesen erwidert wird.

Welche konkreten Vertrauensfaktoren kann man hierbei unterscheiden?
Zunächst ist die Gewichtung ganz unterschiedlicher Faktoren für den Vertrauensaufbau immer subjektiv und kulturell abhängig. Grob kann sicher zwischen

rationalen und emotionalen Faktoren unterschieden werden. Als wichtige Faktoren gelten meiner Erfahrung im internationalen Wirtschaftsaustausch nach vor allem die Zeitachse, die positive Übung und Erfahrung, die Sozialisierung und Erziehung der Entscheidungsträger, Menschenbilder, kulturelle Eigenschaften und Kommunikationsformen sowie Einstellungen und Werte.

In manchen arabischen Ländern spielt beispielsweise die Ehre und Reputation der Familie eine sehr große Rolle, weil sich dort weniger über den individuellen Erfolg definiert wird, sondern stärker über die Zugehörigkeit zu einem bestimmten Stamm. Hier geht es also zunächst um den erfolgreichen internen Vertrauensaufbau. Meist genießt der Stammesälteste den Respekt und das Vertrauen anderer Familien deshalb, weil er innerhalb seines eigenen Stammes Autorität besitzt und so Entscheidungen treffen bzw. zwischen Partikularinteressen vermitteln kann. Ein weiteres Beispiel ist die Form einer Absprache/Geschäftsvereinbarung. Während in der westlichen Welt meist der schriftliche Vertrag Vertrauen schafft, gilt in der arabischen Kultur noch stärker das gesprochene Wort, also verbale Vereinbarungen.

Wie sollte man damit umgehen, wenn Vertrauen erschüttert wurde bzw. ein Vertrauensbruch passiert?

Vertrauen wird durch eine Missachtung oder Nichteinhaltung einer vertraglichen Grundlage gebrochen. Ist das Kind erst einmal in den Brunnen gefallen, ist die Wiederherstellung von Vertrauen natürlich schwierig. Im Falle eines Vertrauensbruchs sollten aber die Gründe für diesen stets genau untersucht werden. Eine Aufarbeitung hilft den beteiligten Parteien oft, die andere Seite besser zu verstehen. War es eine bewusste Täuschung von strafrechtlicher Relevanz oder ein trivialerer Grund wie beispielsweise Überforderung, Nicht-Wissen oder schlichtweg die Abwesenheit von interner Kommunikation und Abstimmungsprozessen?

Ob die negative Konation im Streitfall tatsächlich wieder aufgelöst werden kann, hängt letztendlich davon ab, welche Zugeständnisse und vertrauensbildende Maßnahmen die vertragsbrüchige Seite bereit ist einzugestehen. Gerade im B2B-Bereich spielt hier oft ein starkes Machtgefälle zwischen großen Konzernen und kleineren Zulieferern oder Dienstleistern eine bedeutende Rolle. Letztere geben bei einem drohenden Rechtsstreit oft klein bei, da die dafür aufgewandte Zeit und finanzielle Ressourcen nicht im Verhältnis zum Auftragswert/Streitwert stehen.

Sollten die Parteien grundsätzlich an einer Konfliktlösung interessiert sein, empfiehlt sich deshalb an Stelle einer gerichtlichen Auseinandersetzung oft eine Schlichtung/Mediation durch eine neutrale dritte Partei.

Schauen wir auf das Thema Selbstvertrauen: Welche Rolle spielt dieser Aspekt beim Thema Vertrauen?

Selbstvertrauen setzt das Bewusstsein über die eigenen Fähigkeiten und Schwächen voraus. Wenn ich weiß, wozu ich fähig bin und wozu nicht, kann ich besser kommunizieren, was ich von meinem Gegenüber erwarte und will. Dementsprechend ist Selbstvertrauen eine wichtige Voraussetzung für das Vertrauen in andere. Je kleiner mein Selbstvertrauen ist, desto größer die eigene Unsicherheit. Mit zunehmender Unsicherheit wird der Vertrauensaufbau schwieriger. Bleibt mein eigener Wunsch, Interessen und Wissenskanon im Ungefähren, können auch die Absichten des Gegenübers schlechter eingeschätzt werden.

Wie sehen Sie das Thema Vertrauen als Wirtschaftsfaktor?

Es ist ein zentraler Faktor. Man muss zwei Ebenen unterscheiden. Die erste Ebene ist die des politischen Systems und der Frage nach der Rechtssicherheit für Unternehmen. Hier spielt die Aufteilung der Welt in Autokratien und Demokratien eine zunehmende Rolle. Forschende der Universität Würzburg stufen in einem Bericht aktuell 55 von 179 untersuchten Ländern als Autokratien ein. Weltweit leben rund 4,2 Mrd. Menschen in Demokratien und etwa 3,3 Mrd. in Autokratien (Dichmann und Gebauer 2020). Das hat Auswirkungen auf die internationale Wirtschaft. Neben der nationalen Gesetzgebung spielen beispielsweise die OECD-Grundsätze der Corporate Governance oder das ESG-Reporting eine bedeutende Rolle. Gerade im Bereich der internationalen Lieferketten gibt es dazu eine rege Debatte.

Die zweite Ebene ist die Firmeninterne. Welche Governance-Strukturen vorherrschen, hängt oft von der Größe des Unternehmens ab (Stichwort Compliance, Aufsichtsrat, Betriebsrat). Neben den juristischen Pflichten und Rechten von Aufsichtsräten ist natürlich die interne Kommunikation entscheidend. Nur wenn ich es schaffe, durch offene Kommunikation das Vertrauen meines Gegenübers zu gewinnen, wird er bereit sein, auch mir zuzuhören, sodass ich meine Vorstellungen eines Geschäftes oder einer Projektidee erfolgreich formulieren kann.

▷ **Keywords** Kommunikation, Kultur, Macht, Selbstvertrauen, Vertrauensbruch.

16.9 Vertrauen und Initiative – Interview mit Christina Klein

Welche Rolle spielt der Faktor Initiative beim Thema Vertrauen? Wir haben dazu mit der Gründerin Christina Klein gesprochen.

Interview

Wie sehen Sie den Zusammenhang zwischen Selbstbewusstsein einer Person und dem Umgang mit der Vertrauensthematik von dieser Person?

In dem Maß, wie Menschen lernen, sich selbst mehr zu vertrauen, können sie auch anderen vertrauen. Blindes Vertrauen in etwas oder jemanden im Außen, aber kein Vertrauen in sich selbst ist ein Zustand, den ich als „ausgeliefert" bezeichnen würde. Man überlässt es „dem anderen", ob sich dieses Vertrauen bewährt. Das kann gut gehen, in den meisten Fällen tut es das aber nicht. Ich glaube, Vertrauen hat manchmal auch etwas mit Wachheit zu tun, nämlich genügend Wahrnehmung und Unterscheidungsvermögen zu haben, einschätzen zu können, ob das Gegenüber vertrauenswürdig ist, um auch zukünftige Konsequenzen und Risiken abzuschätzen, was in der Wirtschaftswelt unabdingbar ist.

Inwiefern hat dieser Aspekt Einfluss auf das Phänomen Vertrauen als Wirtschaftsfaktor?

Wirtschaft funktioniert, weil Menschen einen Mehrwert für sich kalkulieren und danach handeln. Vertrauen und kalkulieren sind aber ziemlich gegensätzliche Dinge. Ich denke, die Basis von Geschäftstätigkeit kann dennoch einen vertrauensvollen Rahmen haben. Dies schafft man meiner Ansicht nach am schnellsten mit Ehrlichkeit. Dem anderen die eigenen Absichten und Intentionen offenzulegen, erschafft eine Basis, aufgrund derer man sich selbst „einschätzbar" macht. Leider ist es noch immer gängige Praxis, dass eine gewisse „Pokerface-Taktik" oder ein Dominanzstreben erfolgversprechender zu sein scheint. Ich vermute, nicht nur ich würde mir wünschen, wenn sich das mal langsam anfängt zu ändern. Gerade im Hinblick darauf, dass sich bei aller Unterschiedlichkeit von Business-Modellen und Geschäftszwecken mehr und mehr gemeinsame Ziele herauskristallisieren. Zum Beispiel wenn wir nicht damit anfangen, gemeinsam diesen Planeten zu schützen oder der Bevölkerung in Ländern zu unterstützen, die deutlich schlechtere wirtschaftliche Grundvoraussetzungen haben als wir, erreicht keiner sein persönliches Ziel mehr. Ob wir (als Gesellschaft) wollen oder nicht, diese Bedingungen zwingen uns zu mehr Kooperation statt Konkurrenz.

Welche positiven und negativen Beispiele bzw. Erfahrungen aus der Wirtschaftswelt können Sie berichten?

Wenn Menschen gebündelt mit einer positiven Absicht handeln, etwas besser zu machen, entsteht ein Feld von Vertrauen wie von selbst. Dies habe ich im Rahmen der spontan entstandenen größten Kleiderkammer Europas, in den Messehallen in Hamburg, 2015 erlebt. Mehrere 1000 Menschen, die nicht lang überlegten, sondern „einfach machten", die sich nicht kannten, aber ein gemeinsames Ziel hatten, was sie dazu brachte, genau die richtigen Handlungen zu vollziehen. Dieses Projekt war geprägt von verrücktem Aktionismus, einer riesen Portion Mut und dem wilden, übermütigen Glauben daran, dass man etwas verändern kann. Vertrauen schuf ein Projekt, welches größer wurde, als es sich jeder Einzelne hätte erträumen können und besteht bis zum heutigen Tage.

▶   **Keywords** Initiative, Macht, Mut, Selbstvertrauen, Wirtschaftsfaktor.

16.10   Vertrauensvolle Kommunikation – Interview mit Frank Behrendt

Wie Vertrauen in der Wirtschaft ganz praktisch seine Relevanz entwickelt, dies haben wir mit dem PR-Experten Frank Behrendt besprochen.

Interview

Wie definieren Sie Vertrauen in der Wirtschaftswelt?
Für mich ist Vertrauen ein gutes Gefühl, das einem ein Unternehmen, eine Marke oder ein Produkt vermitteln sollte. Dieses Gefühl ist sehr wertvoll. Es beeinflusst unsere Kaufentscheidungen und unsere Motivation zu handeln. Durch Vertrauen wird das Unternehmen, die Marke oder das Produkt „menschlich" und zum Freund und Partner.

Welche Herausforderungen sehen Sie in der modernen Wirtschaftswelt?
Die Herausforderung ist, die maximale Transparenz sicherzustellen, offen und ehrlich zu kommunizieren und auch Fehler frühzeitig einzuräumen.

Unter welchen Voraussetzungen kann Vertrauensaufbau gelingen?
Vertrauen gelingt nur durch nachhaltig glaubwürdiges und seriös dokumentiertes Verhalten. Es bedingt ein Höchstmaß an Transparenz und die Vermittlung von nachprüfbaren Fakten.

Hilfreich hierbei in Firmen: Eine entsprechende werte-orientierte Unternehmenskultur, die von der Führungsebene fortlaufend GELEBT wird. Prozesse alleine reichen nicht, die Einhaltung und entsprechende Sanktionierung bei Fehlverhalten muss vom Management konsequent angewendet werden.

Wenn Vertrauen enttäuscht wird. Wie kann ein solcher Vertrauensbruch repariert werden?
Das ist in der Wirtschaftswelt genau wie im echten Leben zwischen zwei Menschen: Manchmal gelingt es gar nicht, einen Vertrauensbruch zu reparieren. Manchmal gelingt es allerdings doch und zwar durch einen langen Prozess von nachhaltig verändertem Verhalten und einer sauberen Belegführung der vollzogenen Veränderungen. Trotzdem wird nie wieder der Zustand erreicht, den ein bedingungsloses Vertrauen einst zwischen den beiden Parteien hatte. Wenn es ein erneutes Vertrauen gibt, dann nicht mehr so sehr aus einem Gefühl der Leichtigkeit, sondern bedingt durch ein System der Nachprüfbarkeit. Man vertraut somit mehr auf das System als auf das Gefühl.

Welche Rolle spielen innovative, moderne Technologien beim Vertrauensaufbau in der Wirtschaftswelt?
Neue Technologien sind relevant, aber sie werden von Menschen eingesetzt. Daher steht das Vertrauen in Technik immer in einem Kausalzusammenhang mit den Menschen.

Wenn ich Mark Zuckerberg nicht vertraue, werde ich auch den Technologien von Facebook nicht mehr so sehr vertrauen.

Zudem machen die neuen Technologien, speziell Künstliche Intelligenz (KI), vielen Menschen Angst, weil sie sie nicht mehr in Gänze verstehen und durchschauen. Es wirkt unheimlich. Und unheimlichen Dingen vertraut man nicht; genauso wenig wie unheimlichen Personen. Von diesen hält man sich am besten fern und lehnt sie regelrecht ab.

Wie kann der Vertrauensaufbau in internationalen Teams gelingen?
Durch Internationalität wird alles eigentlich noch schwieriger. Denn generell gesagt schafft alles Ferne und Fremde Distanz und erschwert das Bilden von Vertrauen. Daher brauchen die Menschen „Vertrauensanker", die – zumindest gefühlt – in ihrer Nähe sind und denen sie vertrauen können.

Globalisierung mag technisch in der digitalen Welt funktionieren. Die Menschen vor Ort brauchen aber ein „Gesicht", dem sie vertrauen können. Wenn ein:e Bankberater:in in der Filiale vor Ort vertrauensvoll ist, dann kann man dieses Grundvertrauen auch auf die größere und sogar auf die internationale Ebene transportieren.

Schauen wir auf das Thema Vertrauen und Macht. Welche Verbindungen sehen Sie zwischen diesen beiden Phänomenen?
Aktuell herrscht durch Datenschutzskandale bei großen, machtvollen Industriekonzernen wie z. B. Facebook ein großes Misstrauen. Solche Beispiele zeigen, dass man solchen mächtigen, global agierenden Playern nur aufgrund der Größe

nicht unbedingt vertrauen kann. Zweifellos kann man daher die Schlussfolgerung ziehen, dass Macht und Machtmissbrauch eng beieinanderliegen.

Würden konkrete Restriktionen oder entsprechende Gesetze hierbei helfen?
Gesetze sind immer ein valider Schutzfaktor. Etwas, an das man sich klammern und halten kann. Gesetze sorgen für eine Grundsicherheit, eine valide Basis für Vertrauen.

Welchen Einfluss haben Aspekte wie Moral, Ethik oder auch Ehrlichkeit, wenn man auf das Thema Vertrauen schaut?
Also, verallgemeinern kann man das nicht. Es gibt Menschen, für die sind diese Kernwerte elementarer Teil ihres Verhaltens, für andere nicht.

Das Gefühl, das bei mir aktuell vorherrscht, ist, dass Werte von weniger Menschen geachtet werden. Gerade die für viele nicht greifbare Digitalisierung vermittelt das Gefühl, dass ein weitgehend rechts- und wertfreier Raum z. B. Darknet entstanden ist und weiter entsteht, der Werte weiter mit digitalen Füßen tritt.

Sie arbeiten in der Kommunikationsbranche. Vertrauen benötigt auch die Kommunikation, um verstanden und aufgebaut werden zu können. Welches konkrete Beispiel in der Wirtschaftswelt fällt Ihnen ein, bei dem diese kommunikative Leistung gut gelingt?
Immer noch ein richtig guter Werbespruch – auch wenn er heute für eine Bank nicht mehr bedingungslos passend wäre… „Vertrauen ist der Anfang von allem". Dieser wurde früher von der Deutschen Bank verwendet.

Können Sie einen Einblick geben, wie das Engagement in Netzwerken (offline und online) die berufliche Arbeit positiv beeinflussen kann bzw. den Umgang mit dem Thema Vertrauen beeinflusst?
Netzwerke sind erst einmal lediglich nur Verbindungen. Die können auch oberflächlich sein, so wie man zum Beispiel viele Bekannte, aber nur wenige Freunde hat.

Netzwerken alleine hat noch nicht etwas mit Vertrauen zu tun, eher mit einer grundsätzlichen (zunächst oberflächlichen) Sympathie, einem Interesse oder einer deckungsgleichen Verbindung in einer Branche etc. Aus der anfangs losen Netzwerkbeziehung kann sich allerdings (vor allem, wenn aus digitaler Bekanntschaft auch eine reale wird) etwas Stärkeres entwickeln.

Wenn sich dann eine belastbare Beziehung ergibt, die neben gegenseitigem Zuhören auch gegenseitige Hilfestellungen beinhalten können, dann kann das die berufliche Arbeit erheblich positiv beeinflussen (Stichwort: Türen öffnen z. B.).

Wichtig bleibt aber immer, dass diese belastbaren Beziehungen immer auf dem Aspekt der Gegenseitigkeit, des Gebens und Nehmens basieren. Nur wenn beide Parteien auch im beruflichen Kontext partnerschaftlich eine Verbindung dauerhaft leben, die eine Win-Win-Beziehung darstellt, hat sie die Chance, das Thema Vertrauen entsprechend positiv zu beeinflussen.

Heutzutage gibt es zu jedem Fachthema unterschiedlichste Expert:innenansichten. Manche Expert:innen haben diese Meinung zu einem Thema, andere Expert:innen haben zum identischen Thema eine ganz andere Meinung. Wie kann man in solch komplexen Zeiten mit vielfältigen Meinungen vertrauensvoll seinen eigenen Weg finden?
Persönliche Meinungsbildung war schon immer davon bestimmt, dass man unterschiedliche Meinungen miteinander in einen Kontext setzt und dann entscheidet, welche man persönlich besser findet – bei Prozessen wie Wahlen in der Politik war und ist das zum Beispiel so. Bei Expert:innenansichten ist es heute im Zeitalter von Fake News wichtiger denn je, dass man die Glaubhaftigkeit dieser „Expert:innen" entsprechend beleuchtet, da es mittlerweile zu viele „selbsternannte" Expert:innen gibt, die einer wissenschaftlichen Prüfung nicht immer standhalten. Daher empfiehlt es sich, bei den Expert:innen jeweils kritisch zu hinterfragen, ob ihre Kompetenz auch von anerkannten, zertifizierten Stellen (Universitäten, renommierte Fachblätter, Behörden/Institutionen etc.) akzeptiert wird, um sich im Zuge der Meinungsbildung am Ende auf die relevantesten Protagonist:innen und ihre Meinungen zu konzentrieren. Den eigenen Weg findet man am Ende im Zuge des Gegenüberstellens und Bewertens der final ausgewählten verschiedenen Expert:innenmeinungen, am besten hört man bei keiner sich sachlich/faktisch ergebenden Klarheit auf sein Bauchgefühl, um den für sich besten individuellen Weg zu finden.

▶   **Keywords** Kommunikation, Macht, Transparenz, Vertrauenskultur, Zuhören.

16.11 Vertrauen in Konzerne – Interview mit Jenan Mouhamed Ali

Wie mit Vertrauen bei Coca-Cola umgegangen wird, dies haben wir mit Jenan Mouhamed Ali besprechen können.

Interview

Welche besonderen Herausforderungen erlebt der Umgang mit Vertrauen in der gegenwärtigen Wirtschaftswelt?

Ich will zwei Beispiele betrachten. Zunächst das Beispiel Coca-Cola. Hier kann man sich die Frage stellen: Warum wird einer Marke vertraut? Vertrauen kann durch eine immerwährende Bestätigung einer gleichbleibenden hohen Qualität über Jahrzehnte generiert werden.

Markenvertrauen entsteht aus Erfahrung, nachdem einem bewusst wird, dass man sich auf die Marke verlassen kann, verknüpft mit einer Sicherheit, dass die Erwartungen immer erfüllt werden. Andere Parameter neben Geschmack: Produktsicherheit, Qualität der Inhaltsstoffe, Erfüllung des Produktnutzens, Verfügbarkeit, aber auch verantwortliches Handeln in der Gesellschaft und für die Umwelt.

Große und etablierte Marken genießen einen Vertrauensvorschuss, den sie sich jedoch über viele Jahre erarbeiten müssen – den sie aber auch in wenigen Minuten durch falsches Handeln verspielen können. Vertrauen gilt seit jeher als wesentliche Einflussgröße. Dabei reicht heutzutage jedoch Markenbekanntheit alleine nicht mehr aus. Vertrauen muss aktiv aufgebaut und gepflegt werden. Vertrauen wird immer stärker, je länger es nicht enttäuscht wird.

Als nächstes Beispiel möchte ich die aktuelle Pandemie nehmen. Krisen dieser Art sind gezeichnet durch besondere Unsicherheiten. In solchen Krisen greift man gerne auf Altbekanntes zurück. Stabile und bekannte Marken gehen deshalb aus Krisen meist stärker hervor. Wichtige Elemente, die dabei von einer Marke umgesetzt werden müssen: Haltung, Purpose, innovative Lösungen für soziale und ökonomische Krisen. Dadurch schaffen sie eine Vertrauensbasis. Coca-Cola hat für ein Quartal die weltweite Werbung ausgesetzt und einen bedeutenden Teil dieses Budgets als Soforthilfe gespendet. Vertrauen baut man nicht aus dem Selbstzweck auf, Vertrauen aufzubauen, sondern indem man von seinen Taten sichtlich überzeugt ist.

Wie kann man mit Vertrauensbrüchen umgehen?

Nehmen wir z. B. Commitments in Bezug auf Themen der Nachhaltigkeit: Hier kann es vorkommen, dass Ziele, die zuvor gesetzt und kommuniziert wurden, so nicht eingehalten werden können. Dann geht es darum, nachvollziehbar zu erklären, warum ein Ziel nicht erreicht wurde und welche Schritte man unternommen und noch unternehmen will, um möglichst doch noch das Ziel zu erreichen oder wenigstens in die Nähe des Zieles zu kommen.

Offenheit und Transparenz sind das A und O. In diesem konkreten Beispiel muss jedoch immer noch ein klarer Trend über den Zeitverlauf erkennbar sein, dass das große Commitment weiterhin verfolgt wird trotz Schwankungen oder nicht erreichter Meilensteine. Auch das Eingeständnis einer Abweichung vom Ziel kann Vertrauen aufbauen, da es auch ein Zeichen von Ehrlichkeit sein kann. Wer ohne Anstrengung alles erreicht, was er sich vornimmt, wird kaum Vertrauen aufbauen.

Heute kann man schneller denn je sein Vertrauen verlieren. Nicht nur, weil die Ansprüche gewachsen sind, sondern vor allem, weil uns das Internet eine nahezu totale Transparenz bietet und damit Unternehmen von der Zivilgesellschaft leicht zu kontrollieren sind. Das Internet vergisst nicht und so kann ein einzelner Post jahrzehntelange mühsame Arbeit zerstören.

Inwieweit gehört das Thema Nachhaltigkeit zum Kontext der Vertrauensproblematik?
Vertrauensvorschuss ist in Bezug auf das Thema Nachhaltigkeit nicht gegeben. Im Gegenteil, großen Firmen wird Nachhaltigkeit oftmals eher abgesprochen. Bei diesem Thema wird allzu schnell eine Schwarz-Weiß-Schablone angelegt. Bemühungen werden voreilig als „Greenwashing" abgetan. Medial gesehen unterteilt man schnell in Kategorien groß und klein, böse und gut. Der Komplexität von Nachhaltigkeitsthemen wird damit leider nicht ausreichend Bedeutung beigemessen. Gerade das Umdenken und die Mitgestaltung der großen Unternehmen ist jedoch ein essenzieller Bestandteil für einen nachhaltigen Transformationsprozess, denn große Unternehmen haben nicht nur eine große Verantwortung, sondern auch wirkmächtige Hebel. Der Wunsch lautet: Nicht vorschnell mit vorgefertigter Meinung urteilen, sondern sich der faktischen Sachlage und der Komplexität annehmen.

Wie können vertrauensbildende Aktivitäten in der Wirtschaftswelt aussehen?
Dazu zählen Produktqualität als Grundlage für Vertrauen, Transparenz, glaubwürdiges und verlässliches Agieren, Einhalten von langfristigen Zielen, Engagement, Hinzuziehen von Expert:innen und unabhängigen Dritten, Mitaufnahme in Rankings sowie messbare Ziele.

Vertrauen baut sich über die Zeit auf. Quartalsweise Beobachtungen sind von gestern, heute wird man anhand langfristiger Ziele, Strategien und Taten gemessen. Die Kraft der Mitarbeitenden ist enorm wichtig. Potenziellen Kund:innen honorieren Mitarbeitende, die sich mit der Marke identifizieren können und freiwillig als Markenbotschafter:innen agieren. Ihre Meinung wird als authentisch wahrgenommen. Botschafter:innen können nur diejenige sein, die überzeugt, aber auch gut informiert sind.

Warum vertraut man eigentlich Marken?
Beispielsweise wenn sie das eigene Wertesystem vertreten. Besonders in diesen Fällen kann ein Vertrauensbruch stark erschüttern. Deshalb ist einer der

wichtigsten Grundsätze für den Erhalt und Ausbau der Markenstärke, das in sie gesetzte Vertrauen jeden Tag neu zu rechtfertigen. Fehltritte würden sofort abgestraft. Das wissen die Marken und das wissen die Kund:innen.

Wie kann man interkulturelle Herausforderungen in der Wirtschaftswelt vertrauensvoll meistern?
Wie kann ein global agierendes Unternehmen mit dieser extrem großen Vielfalt umgehen? Offenheit und Akzeptanz sind die Stichworte. Aber auch die Erkenntnis, dass interkulturelle Vielfalt ein Gewinn für uns alle und damit auch für das Unternehmen ist. Es gilt Haltung zu beweisen auch bei ungemütlichen Themen und auch auf die Gefahr hin, dass nicht alle Konsument:innen die gleichen Werte vertreten. – Wenn es gelingt, globale Strategien lokal umzusetzen und als lokale Maßnahme erlebbar zu machen, schafft das die beste Grundlage.

▶   **Keywords** Prozess, Systemvertrauen, Transparenz, Vertrauensbruch, Wirtschaftsfaktor.

16.12   Vertrauenswürdiges Management – Interview mit Frauke Austermann

Auf der Basis unterschiedlichster beruflicher Erfahrungen in der akademischen Welt sowie der Wirtschaftswelt berichtet die Wissenschaftlerin und Managerin Frauke Austermann in diesem Gespräch zum Thema Vertrauen als Wirtschaftsfaktor.

Interview

Worauf begründet sich Vertrauen und wie kann es aufgebaut werden?
Vertrauen begründet sich traditionell gesehen auf sozialer, direkter Interaktion im physischen Raum und kann durch systematischen, regelmäßigen und langfristigen Austausch aufgebaut werden.

Dieses Vertrauen kann auch indirekter Natur sein. Hier ein Beispiel: Anna ist mit John bekannt. John spricht gegenüber Anna eine Empfehlung für Anthony aus. Anna und Anthony sind noch nicht miteinander bekannt. Anna sucht aktuell eine:n Expert:in für eines ihrer Projekte. Anthony hat genau die richtigen Kompetenzen und Fähigkeiten dafür. Nun ergibt sich eine Win-win-win-Situation: Der Kontakt und das Vertrauen zwischen Anna und John sowie John und Anthony hilft Anthony dabei, eine neue spannende Projektrolle zu finden. Das Vertrauen erleichtert Anna wiederum den in aller Regel aufwendigen Recruiting-Prozess. Mittelsmann John konnte das Vertrauen in ihn in beide Richtungen, also zu Anna und Anthony, durch seine Empfehlung steigern. Die Wahrscheinlichkeit, dass die beiden John unterstützen, wenn dieser in der Zukunft Hilfe benötigt, ist ebenso höher.

Hat sich hieran etwas im Vergleich Vergangenheit – Gegenwart geändert?
An dieser grundsätzlichen Logik hat sich meines Erachtens nicht viel geändert. Allerdings haben sich die Rahmenbedingungen sehr stark geändert: Einerseits kann ich in einer digitalisierten Welt Kontakt und entsprechend Vertrauen zu Menschen aufbauen, zu denen dies vor Erfindung und Demokratisierung des Internets niemals möglich gewesen wäre. Andererseits hat der persönliche Austausch, sprich eine Interaktion Face-to-Face, in der physischen Welt eine andere, in aller Regel bessere Qualität, um Vertrauen rasch und vollumfänglich aufzubauen.

In Zeiten von Covid-19-bedingtem intensiven Homeoffice kann man dies sehr gut beobachten: Trotz der Verfügbarkeit von digitalen Tools mit Video-Funktionen blieben diese zu Beginn der Pandemie häufig unbenutzt; teils aufgrund zu geringer Bandbreite, teils weil Mitarbeiter:innen in Unternehmen es nicht gewohnt waren oder es ihnen gar unangenehm war, die Videofunktion anzuschalten. Ein halbes Jahr nach dem Lockdown erscheint dies normaler und Abstimmungen verlaufen effizienter, weil die sinnliche Wahrnehmung des Gegenübers nicht mehr nur auf die Stimme beschränkt ist.

Vertrauen kann besser aufgebaut werden, wenn man mit seinem Gegenüber gesamthafter kommunizieren kann. Nichtsdestotrotz sind viele Mitarbeiter:innen auch trotz positiverer Einstellung bezüglich Remote Work überzeugt, dass die persönliche Interaktion im physischen Raum durch digitale Tools nicht gänzlich ersetzt werden kann. Zum Vertrauensauf- und -ausbau ist diese auch in der digitalen Welt unersetzbar.

Durch welche Aktivitäten kann Vertrauen erschüttert bzw. enttäuscht werden?
Als erstes fällt Vertrauensmissbrauch ein: Nehmen wir an, Anna vertraut ihrem Kollegen Peter an, dass sie an einer Krankheit leidet. Nehmen wir weiterhin an, dass Anna Peter explizit darauf hinweist, diese sehr persönliche Information nicht weiterzugeben. Wenn Anna nun erfährt, dass Jana von der Krankheit durch Peter erfahren hat, so ist Annas Vertrauen in Peter erheblich erschüttert.

Vertrauen entsteht somit immer in einem (imaginären) Raum, in dem Personen sich geschützt fühlen möchten. Wenn die Regeln, die diesen Schutz bieten, wie z. B. solch eine Informationen für sich zu behalten, nicht eingehalten werden, somit wird Vertrauen zerstört.

Wie kann Vertrauen, das bereits einmal erschüttert wurde, wieder repariert werden?

An dem erheblichen Vertrauensbruch von Peter wird sich Anna sicherlich noch lange erinnern. Aufgrund der Sensibilität des Themas (Krankheit) kann es sein, dass das Vertrauen von Anna gegenüber Peter nicht mehr wiederaufgebaut werden kann. Insgesamt würde ich das Verhältnis „Vertrauen erhalten oder steigern" versus „Vertrauen missbrauchen" als mindestens 20:1 einschätzen. Das bedeutet, dass die Anstrengung, das verloren gegangene Vertrauen wiederaufzubauen, um das 20-Fache gegenüber der Schwere der Tat steigt.

Wie sehen Sie den Zusammenhang zwischen Selbstbewusstsein, Selbstwertgefühl und Resilienz einer Person und dem Umgang mit der Vertrauensthematik von dieser Person?

Ich fasse die drei Begriffe Selbstbewusstsein, Selbstwertgefühl und Resilienz einmal unter dem Oberbegriff „Selbstvertrauen" zusammen. Es besteht nach meiner Erfahrung ein sehr enger Zusammenhang zwischen dem Level an Selbstvertrauen, das eine Person ausstrahlt und suggeriert und dem Vertrauen, welches man ihr entgegenbringt, bewusst wie unbewusst.

Wie definieren Sie Vertrauen in der Wirtschaftswelt? Hat sich diese Definition im Laufe der letzten Jahre geändert?

Mir gefällt die Definition, die auf Wikipedia zu finden ist: „Vertrauen bezeichnet die subjektive Überzeugung … von der Richtigkeit, Wahrheit von Handlungen." Mein erster Impuls dazu ist, dass keine wirtschaftsspezifische Definition von Vertrauen notwendig ist. Ich beobachte allerdings in den letzten Jahren eine Betonung in der Wirtschaftswelt von zwei Aspekten zum Thema Vertrauen:

1. Der Zusammenhang von Vertrauen und Veränderungsfähigkeit
2. Das Zeigen von Verletzlichkeit als Signal für Vertrauen

Zum ersten Aspekt: In der „VUCA"-Welt (VUCA steht für Volatilität, Unsicherheit, Komplexität und Mehrdeutigkeit), in der wir heute leben und arbeiten, ist Change-Management ein immer wichtiger werdendes Thema in der Wirtschaftswelt. In einer Welt, die stetig ambivalenter und schnelllebiger wird, ist Vertrauen ein rares Gut – oder positiv ausgedrückt: Vertrauen wird eine immer bedeutendere Währung.

Coach und Beraterin Susanne Neunes, die im September 2020 im Firmenfunk Podcast von Leonid Lezner interviewt worden ist, hat es sehr treffend formuliert: Vertrauen ist die Grundvoraussetzung für Veränderung – und somit ist Vertrauen ein oder sogar der zentrale Faktor für wirtschaftlichen Erfolg.

Zum zweiten Aspekt: Traditionell ist das Bild eines erfolgreichen Managers und auch das einer erfolgreichen Managerin geprägt von Durchsetzungsvermögen, Energie und Stärke. Verletzlichkeit und Schwäche passen nicht in dieses Bild. Entsprechend ist ein hohes Maß an Selbstvertrauen in der Wirtschaft eine wichtige Voraussetzung dafür, dass einem Manager oder einer Managerin vertraut wird.

Gleichzeitig – und paradoxerweise – ist es auch stark vertrauensbildend, wenn man dem Gegenüber möglichst menschlich auftritt. Ein Kernaspekt des Menschseins ist, dass man verletzlich ist. Osterloh und Weibel haben es folgendermaßen ausgedrückt: Vertrauen ist der Wille, sich verletzlich zu zeigen. Und auch für das Zeigen dieser Verletzlichkeit braucht es ein ungeheures Selbstvertrauen.

Kann man in der Wirtschaftswelt anderen Akteuren blind vertrauen? Wenn ja, welche Rahmenbedingungen müssen vorhanden sein?
Wie in jedem Lebensbereich ist das sprichwörtliche „blinde Vertrauen" auch in der Wirtschaft nur unter der Voraussetzung möglich, dass man sich sehr gut kennt, viel miteinander erlebt (auch Krisenzeiten) und regelmäßig direkt und transparent miteinander kommuniziert.

Wie sehen Sie die aktuellen Unsicherheiten, Vertrauenskrisen und Krisen in der Welt; vor dem Hintergrund der Frage „Wem oder was kann man noch vertrauen?"
Die Welt ist im letzten Jahrzehnt deutlich transparenter und erreichbarer geworden – also geografisch unabhängiger. Die wichtigsten Gründe dafür sind bezahlbare mobile Endgeräte, bezahlbare und mobile Internetverbindungen sowie Cloud-Technologien. Dies schafft ein vorher nicht dagewesenes Level an Transparenz. Transparenz und Zugang zu Informationen ist eigentlich eine Grundvoraussetzung, um Vertrauen zu schaffen.

Gleichzeitig macht diese Entwicklung die Welt auch deutlich schnelllebiger. Informationen zu verarbeiten, einzuordnen, zu verifizieren und zu nutzen braucht Zeit. Dieser Widerspruch löst bei vielen Menschen große Unsicherheit und Überforderung aus. Sie ist treffend im Akronym der sogenannten „VUCA-Welt" beschrieben. VUCA steht für die folgenden vier englischen Begriffe:

1. Volatility
2. Uncertainty
3. Complexity
4. Ambiguity

Die Welt ist also volatil, unsicher, komplex und mehrdeutig – eine herausfordernde Basis, um Vertrauen zu schaffen und zu erhalten …

Inwiefern unterscheiden sich bestimmte Branchen von anderen Branchen, was Vertrauen betrifft?

Grundsätzlich ist Vertrauen ein wichtiger Faktor in der gesamten Geschäftswelt. Je nach Produkt oder Dienstleistung unterscheidet sich jedoch die Wichtigkeit. Für Banken und Versicherungen ist Vertrauen ein integraler Bestandteil des Geschäftsmodells. Man schließt beispielsweise häufig eine Versicherung ab auf Basis von Empfehlungen zu Menschen, denen man vertraut. Ähnlich verhält es sich, wenn Sicherheit eine zentrale Rolle spielt, beispielsweise bezüglich Auto-Marken oder Kinderspielzeug. Was ich zusätzlich noch beobachten konnte, ist, dass Offenheit, Transparenz und somit auch Vertrauen stärker in die Unternehmenskultur integriert sind, je diverser die Belegschaft des Unternehmens ist. Je uneinheitlicher kulturelle Codes, Gepflogenheiten und Herangehensweisen sind, desto mehr muss man darüber offen sprechen, sodass Missverständnisse vermieden oder beseitigt werden können und Zusammenarbeit möglich ist. Das Resultat ist meiner Erfahrung nach eine Unternehmenskultur, in der Mitarbeiter:innen und Vorgesetzte mit- und untereinander offener, transparenter und vertrauensvoller miteinander umgehen und kommunizieren.

Wie haben Sie selbst versucht, in der Wirtschaftswelt Vertrauen positiv zu beeinflussen?

Grundsätzlich kann man Vertrauen stets positiv beeinflussen, indem man Hilfe und Unterstützung anbietet, ohne direkt im Gegenzug etwas dafür zu erwarten.

▷   **Keywords** Dynamiken, Krisen, Selbstvertrauen, VUCA, Wirtschaftsfaktor.

16.13   Vertrauensvolle Digitale PR – Interview mit Stefan Rippler

Wie Vertrauen im Internet aufgebaut werden kann, dies haben wir mit dem Medienexperten Stefan Rippler besprochen.

Interview

Digitales Reputationsmanagement von Firmen benötigt sicherlich gewisse Kompetenzen. Wenn Sie dieser These zustimmen: Welche Kompetenzen würden Sie für besonders wichtig erhalten?

Authentisch sein. Entscheidend dabei: Persönlichkeiten, die die Unternehmenswerte leben. Authentische Persönlichkeiten sind dann vertrauenswürdig, wenn sie als individuelle, einzigartige Persönlichkeiten agieren. So beruht der

Erfolg mancher Firmen teilweise darauf, dass sie in der Öffentlichkeit mit einer charismatischen, authentischen Führungspersönlichkeit auftreten. Fast schon verehrt wurde der frühere Apple-Chef Steve Jobs. Auch Elon Musk von Tesla bewegt sich in Richtung Kult-Figur. Im Gegensatz dazu tritt Facebook-Gründer Mark Zuckerberg eher irritierend und wenig vertrauenswürdig auf. Diese Beispiele zeigen: Mit der Führungspersönlichkeit verbundene Attribute können sich auf die jeweiligen Marken oder Firmen übertragen und deren Erfolg oder Misserfolg prägen.

Zielgruppen-Expertise: Nur wer seine Zielgruppen kennt, kann Bedürfnisse befriedigen oder gar wecken. Wichtig dabei: Das Zielgruppenwissen muss auf Daten basieren, nicht auf Bauchgefühl. Dabei helfen: Umfragen, Studien, Kundengespräche und Co.

Verständliche Kommunikation: Im hektischen Alltag ist unsere Aufmerksamkeitsspanne überschaubar. Auf den Social-Media-Kanälen umso mehr. Hauptaussagen brauchen Hauptsätze. Aktiv formulieren – keine Passivkonstrukte. Nominalstil vermeiden. Verneinungen machen Sätze schwerer verständlich: Positivieren! Adjektive vermeiden: Sie sind nicht intersubjektiv nachvollziehbar. Besser: Beschreiben, warum etwas „innovativ", „nachhaltig", … ist. Marketinggeblubber will niemand lesen: Konkret schreiben, Beispiele bieten, Einblicke in das Unternehmen. Emotionen zeigen! Geschichten erzählen, denn: Menschen lieben es, von Menschen zu hören, lesen oder sehen.

Eine häufige Frage ist der Zeitfaktor bzw. der Umgang mit der Ressource Zeit. Wie schnell sollten Firmen auf kritische Internet-Beiträge reagieren, damit ihre Antwort auch vertrauenswürdig erscheint?
Am besten innerhalb weniger Stunden. Dabei reicht als erster Kommentar auch, sich zunächst für das Feedback zu bedanken und eine ausführliche Antwort anzukündigen, weil der Sachverhalt zunächst geprüft wird. Das zeigt: Sie haben zugehört und verstehen das Feedback, nehmen es ernst und kommen wieder mit einer Lösung zurück.

Fast wichtiger als der Zeitpunkt der Antwort: Die innere Einstellung zu kritischen oder negativen Bewertungen oder Kommentaren. Unzufriedene Kund:innen verspüren einen dringenden Impuls, etwas zu ändern. Sie wollen, dass das gekaufte Produkt vernünftig funktioniert oder die beauftragte Dienstleistung den Erwartungen entspricht. Empathie hilft: Wie würden Sie sich fühlen? Was würden Sie über das Unternehmen denken? Zeigen Sie Verständnis. Ist tatsächlich ein Fehler passiert heißt es: Entschuldigen und Problem lösen – etwa entschädigen. Eine wissenschaftliche Studie hat gezeigt: 73 Prozent der verärgerten Kund:innen verwandeln sich in zufriedene, wenn sich das Unternehmen neben einer Entschädigung oder Lösung des Problems auch entschuldigt. Bleibt eine Entschuldigung aus, gewinnt das Unternehmen lediglich 37 Prozent der Kund:innen wieder.

Welche Rolle spielt die Integration in digitale Netzwerke zur Steigerung der Reputation einer Firma, z. B. die Erstellung und Pflege einer Firmenseite auf LinkedIn?

Je besser ein Unternehmen mit seiner Zielgruppe vernetzt ist, umso höher ist die Chance auf Feedback in Form von Likes, Rezensionen, Kommentaren oder Sternchen-Bewertungen. Um mit Ihren Followern in Kontakt zu treten, ist es wichtig, regelmäßig auf deren Beiträge zu reagieren und Kommentare zu hinterlassen: vom simplen Dankeschön bis hin zu nutzwertigen Tipps oder direkten Fragen nach Meinungen zu Produkten, Produktweiterentwicklungen oder ähnlichem.

Haben Sie Ihre Social-Kanäle und Ihre besetzten Hashtags immer im Blick: Wer sich zu Ihrem Produkt, Ihrem Unternehmen oder Ihrer Dienstleistung äußert, postet das oft als Beitrag auf dem eigenen Profil. In der Regel werden Unternehmen oder Produkte dann mit einem Link (@Unternehmensprofil) erwähnt. Auf Ihrem Profil erhalten Sie daraufhin eine Benachrichtigung. Indem Sie Beiträge mit Erwähnungen überwachen und darauf reagieren, erfahren Sie nicht nur mehr über die Außenwirkung Ihres Unternehmens, sondern steigern zusätzlich die Interaktion auf dem Unternehmensprofil. Manche Social-Media-Management-Tools bieten auch die Möglichkeit, nach Posts zu suchen, die Ihren Unternehmensnamen oder Ihr Produkt thematisieren, Sie aber nicht verlinken. Auch hier sollten Sie unbedingt reagieren.

Gelten beim digitalen Reputationsmanagement andere Regeln, wenn es um eine Person geht (also der Mensch als Marke) oder eine Firma geht (z. B. Produktmarke)? Oder überwiegen die Gemeinsamkeiten?

Es gelten dieselben Regeln. Gute Reputation gibt es nur, wenn Kund:innen Sie glaubwürdig, zuverlässig, vertrauenswürdig und verantwortungsvoll einschätzen. Man spricht von den vier Dimensionen der Reputation. Nur wer Vertrauen in ein Unternehmen und seine Produkte oder Dienstleistungen hat, wird guten Gewissens eine Geschäftsbeziehung mit ihm eingehen. Hier kommen Online-Bewertungen ins Spiel. Sie unterstützen die Entscheidung, ob ein Unternehmen vertrauenswürdig ist. Wurde es von anderen Käufern als vertrauensvoll eingestuft und geht das Unternehmen mit den abgegebenen Bewertungen transparent um, bestehen gute Chancen, dass das auch so bleibt. Konkret geben Kundenbewertungen Aufschluss darüber, inwiefern ein Unternehmen glaubwürdig, zuverlässig und verantwortungsvoll handelt – etwa indem es alle Bewertungen offenlegt oder auf Bewertungen konstruktiv und wertschätzend antwortet. Nur wenn diese drei Kriterien erfüllt sind, kann Vertrauen entstehen.

Ob und wie ein Unternehmen kommuniziert, entscheidet darüber, wie glaubwürdig es Außenstehende einstufen. Authentische Kommunikation ist dabei das A und O. Neben Höflichkeit, korrekter Rechtschreibung und Grammatik zählen Verständlichkeit, kompetente Beratung und Offenheit: Transparenz ist oberstes Gebot – egal, ob es um Websitetexte, vollständige Produktinformationen oder Bewertungen geht. Mithilfe sozialer Netzwerke ist es Unternehmen außerdem möglich, jederzeit direkten Kontakt zu bestehenden sowie zu potenziellen Kunden aufzunehmen. Je unkomplizierter, direkter und verständlicher die Kommunikation, desto glaubwürdiger ist das Unternehmen.

Zuverlässigkeit schafft Vertrauen. Ein Unternehmen, ein Produkt oder eine Dienstleistung muss langfristig das erfüllen, was es den Kunden verspricht – sei es die schnelle Lieferung, einwandfreie Produkte oder ein Kundenservice, der rund um die Uhr schnell erreichbar ist. Nur wenn ein Unternehmen zu seinen Versprechen steht, kann der Kunde dauerhaft darauf zählen. Entsprechende Bewertungen sorgen dafür, dass Kunden dieses Image nachhaltig mit einem Unternehmen, einer Marke oder einem Produkt in Verbindung bringen. Das stärkt nicht nur das Vertrauen bestehender, sondern auch das Vertrauen zukünftiger Kunden. Schließlich sind Stammkunden nicht mit Gold aufzuwiegen. Denn: Jeder weiß, dass es um ein Vielfaches teurer ist, neue Kunden zu gewinnen als bestehende an sich zu binden.

Welche Trends und Herausforderungen sehen Sie beim digitalen Reputationsmanagement in der Zukunft?
Trend 1: Die Kundenerlebnisse werden immer personalisierter, etwa dank künstlicher Intelligenz und Internet of Things. Noch nie gab es mehr Daten als heute. Genau die gilt es zu nutzen, um das Kundenengagement an jedem Touchpoint zu perfektionieren. Die Bedürfnisse der Kund:innen konnten Unternehmen noch nie genauer und präziser erfüllen als heute.

Trend 2: Messaging. Nahezu jeder hat ein Smartphone. Kund:innen wollen mit Unternehmen zunehmend so kommunizieren wie mit Freunden und Familie. Das bietet viele Vorteile: Die Bindung wird enger, die Reaktionsquote steigt, kein Warten in Warteschlangen, günstiger als Call-Center.

Trend 3: Wir leben in einer Feedback-Economy. Kunden-Kommunikation ist längst keine Einbahnstraße – vielmehr ein Highway mit zwei Mal acht Spuren, voll mit Bewertungen, Meinungen, Feedback. Noch nie war die Verbraucheröffentlichkeit so groß wie heute. Das führt zu einer Demokratisierung der Märkte. Entscheidend: Die eigene, gute Reputation. Denn: 85 Prozent der Verbraucher vertrauen Online-Bewertungen genauso wie persönlichen Empfehlungen. Heißt: Gutes Reputationsmanagement ist erfolgsentscheidend und wird zunehmend wichtiger. Die bedeutendsten Plattformen: Google und Bewertungsportale wie ProvenExpert, Reputation.com, Trustpilot und Co.

Inwiefern kann Storytelling Vertrauen in eine Marke aufbauen?

Unser Leben besteht aus Geschichten. Sie machen Abstraktes verständlich, Technik lebendig, Fakten emotional. Geschichten transportieren Emotionen. Gefühle sind wichtig, um Menschen für sich zu gewinnen. Wer gute Stories erzählt, dringt in den Kopf seiner Zuhörer – und das wortwörtlich. Denn bei Geschichten, die Emotionen wecken, steigt der Oxytocin-Spiegel im Gehirn. Das Hormon ist dafür verantwortlich, dass Menschen lieben, vertrauen und mit anderen fühlen. Insofern ist Storytelling für den Vertrauensaufbau einer Marke unverzichtbar. Für den Plot einer guten Story sind Konflikt, Held und Lösung Basiszutaten. Wenn Geschichten alle Sinne ansprechen, authentisch und verständlich geschrieben sind, wächst Vertrauen von ganz allein.

Welche Rolle können Farben bei der Vertrauensbildung im Internet, z. B. Webseiten, haben?

Unser Hirn verbindet mit unterschiedlichen Farben, Farbtöne und Farbkombinationen die verschiedensten Emotionen. Gelbrote Töne transportieren Wärme, dunkelrote Farben weisen auf Gefahr hin. Helle Farben stehen für Sauberkeit und Hygiene. Grüntöne wirken beruhigend. All das nutzen Unternehmen ob on- oder offline bewusst: So haben beispielsweise Studien ergeben, dass Patienten, die im Krankenhaus auf grüne Waldtapeten schauen schneller als solche, die schlicht weiße Zimmerwände vor Augen haben. Seiten, die Dienstleistungen wie Beratung verkaufen sind oft in ein seriöses Dunkelblau kombiniert mit einem dezenten Grau getaucht. Blau vermittelt laut wissenschaftlicher Studien besondere Vertrauenswürdigkeit. Assoziationen: Sicherheit, Verlässlichkeit und Klarheit. Da überrascht es nicht, dass Blau die Farbe der Polizei geworden ist. In Online-Stores sind besondere Rabattaktionen oder Aktionen gern mal in Neonfarben zu sehen. Angebote für ältere Zielgruppen orientieren sich eher an Pastelltönen, wohingegen jüngere Zielgruppen gerne auffallendere Farbtöne sehen.

Gibt es bestimmte Trust-Signals, die im Internet, z. B. auf Webseiten, eine konkrete Wirkung erzielen können?

Vertrauenswürdige Webseiten orientieren sich meist an den folgenden 11 Regeln:

1. Einfachheit siegt: Übersichtlich, intuitiv bedienbar und klar sollte jede Webseite sein.
2. Aktualität: Nicht nur die Inhalte sollten uptodate sein, sondern auch die Technik: Reposnivness ist beispielsweise Pflicht.
3. Verschiedene Kontaktmöglichkeiten: Kunden wünschen sich direktes Feedback – auf dem Kanal, auf dem sie sich wohlfühlen. Also: Kontaktformulare, Chats, Hotlines anbieten.

4. Gütesiegel und Zertifikate: Sichtbar platzieren.

5. Referenzen: Erfolg spricht sich herum – nachhelfen lohnt sich, am besten mit einem dazu passenden auf Anhieb sichtbaren Navigationspunkt „Referenzen".

6. Authentische Kundenstimmen: Bewertungen sind Gold wert – positive wie negative. Denn negative werden erst dann zum Problem, wenn man falsch darauf reagiert. Wertschätzende, lösungsorientierte Kommunikation verwandelt negative Bewertungen in vertrauensbildende.

7. Einfache Sprache: Kurze Sätze. Verben statt Nominalstil. Eine Aussage pro Satz. Fachbegriffe erklären.

8. Menschlichkeit und Personalisierung: Firmengründer:innen, Mitarbeitende – Menschen interessieren Menschen. Einblicke hinter die Kulissen schaffen emotionale Nähe und Vertrauen.

9. Garantien geben: Von Geld-zurück- bis Geling-Garantie – einfach formuliert und ohne Wenn und Aber.

10. Mitgliedschaften: Unternehmen, die in bekannten Vereinen, Verbänden o. ä. Mitglied sind, sollten das auch zeigen.

11. Produktproben oder Tests anbieten: Kunden überzeugen sich gerne selbst. Das funktioniert auch bei Trainings oder Seminaren – etwa mit kostenlosen Webinaren.

▶ **Keywords** Digital, Klarheit, Kommunikation, Problemlösungen, Reputation.

16.14 Vertrauen und Prinzipien – Interview mit Robert Caspar Müller

Welche Prinzipien sind für die Wirtschaftswelt ratsam, um Vertrauen aufzubauen? Wir haben hierzu mit dem Gesellschafts- und Wirtschaftskommunikationswissenschaftler Robert Caspar Müller gesprochen.

Interview

Welche generellen Prinzipien, z. B. ein besonderer Kommunikationsstil, beeinflussen allgemein die Vertrauenskultur in der Wirtschaft bzw. in Unternehmen und zwischen anderen Akteuren der Wirtschaft?
Vertrauen setzt, wie jede Art der Kommunikation, ein bestimmtes Menschenbild voraus. Menschenbilder werden in politischen, ökonomischen oder juristischen Debatten in Dienst genommen, um ein bestimmtes Vorgehen zu rechtfertigen oder

Maßnahmen zu legitimieren. Die Frage nach dem zugrunde gelegten Menschenbild macht die Unterstellungen von Akteuren sichtbar.

Können Sie das etwas konkreter erklären?
So treffen beispielsweise in der Managementlehre die Theorien X und Y gegensätzliche Annahmen über Mitarbeiter in Unternehmen. Während diese nach Theorie X ihrer Arbeit prinzipiell abgeneigt sind und daher steter Incentivierung, Kontrolle oder gar Zwang bedürfen, sind sie nach Theorie Y leistungsbereit, haben Freude an ihrer Tätigkeit, streben nach Selbstverwirklichung und sind bereit, Verantwortung für sich und andere zu übernehmen. Auch in anderen ökonomischen Austauschprozessen ist das Menschenbild der Akteure eine Voraussetzung für das Entstehen von Vertrauen. Wenn alle von eigeninteressierten, strikt rationalen Nutzenmaximierern im Sinne des bekannten Homo oeconomicus ausgehen würden, wäre Vertrauen letztlich überflüssig, da sich Verhalten mittels mathematischer Modelle berechnen ließe.

Welche Rolle spielt die Kommunikation hinsichtlich des Faktors Menschenbilder?
Auch in anderen ökonomischen Austauschprozessen ist das Menschenbild der Akteure eine Voraussetzung für das Entstehen von Vertrauen. Wenn alle von eigenen Interessen geleitet, von einer strikt rationalen Nutzenmaximierung im Sinne des bekannten Homo oeconomicus ausgehen würden, wäre Vertrauen letztlich überflüssig, da sich Verhalten mittels mathematischer Modelle berechnen ließe. Nicht zuletzt in der Politik werden Menschenbilder implizit oder explizit kommuniziert. So stellt sich ganz aktuell die Frage, ob politische Entscheider auf die Vernunft der Bürgerinnen und Bürger im Sinne eines verantwortungsvoll handelnden Homo sapiens vertrauen oder ob sie eher das Bild von Homer Simpson als anthropologisches Mängelwesen vor Augen haben. Die wirtschaftlichen Konsequenzen dieses Menschenbildes können, wie man sehen kann, fatal sein. Vertrauensbildend wirken sie jedenfalls nicht. Die Indienstnahme von Menschenbildern durch politische Akteure erscheint dabei zwangsläufig paradox, denn auch die Entscheidungsfindung für politische Maßnahmen, die auf der Unterstellung eines affektgetriebenen, verantwortungslosen und deshalb schutzbedürftigen Bürgers beruhen, muss gleichermaßen das Bild des „mündigen Bürgers" voraussetzen, der als Souverän eben jene Politik einmal demokratisch legitimiert hat.

▶   **Keywords** Kommunikation, Management, Wahrnehmung, Werte, Wirtschaftsfaktor.

16.15 Vertrauensvolles Projektmanagement – Interview mit Anna Roizman

Wie wird bei Porsche mit dem Thema Vertrauen umgegangen und welche Rolle spielt hierbei das agile Projektmanagement? Hierzu haben wir mit der Porsche-Mitarbeiterin Anna Roizman gesprochen.

Interview

Die Wirtschaftswelt ist von vielen Dynamiken der Unsicherheit geprägt. Wie gehen Sie als agile Coach:in für Finanzen und IT bei Porsche damit um?
Das Motto lautet: Transformation durch Reflexion.

Ich bin hierbei die Begleiterin der Transformation auf einer agilen Reise, die von Unsicherheit geprägt ist. Um diese Unsicherheiten abzufedern, fokussiere ich Produkte und Strategien, stehe im Austausch mit dem Umsetzungsteam und kümmere mich somit um den gesamten Prozess der Transformation.

Um beim Rennsport zu bleiben: Das Team im Unternehmen tut alles, was in seiner Macht steht, um zu gewinnen, indem es seine Prozesse mit jeder Runde effizienter gestaltet. Hierbei spielt Kommunikation eine besondere Rolle und Vertrauen natürlich ebenfalls.

An welchen Schnittstellen in Ihrer Berufspraxis wird die Vertrauensfrage relevant?
Da ist zunächst einmal die Perspektive der Kund:innen. Diese vertrauen beim Kauf eines Produkts darauf, dass das Produkt mit bestem Wissen und Gewissen hergestellt wurde und dass das Unternehmen alles Wichtige gemacht hat, um die beste Qualität zu liefern. Bei großen Marken wie Porsche besitzen die Kund:innen bereits eine genaue Erwartungshaltung und damit ist auch bereits ein gewisses Vertrauen verbunden. Hinzu kommt: Produkte *Made in Germany* lösen bei den Kund:innen bereits eine hohe Erwartungshaltung aus.

Dann haben wir die Perspektive von Führungskräften, und Geschäftsführer:innen an die Mitarbeiter:innen. Hierbei geht es um Vertrauen in eine gemeinschaftliche und möglichst fehlerfreie Arbeit. Hinzu kommt die Perspektive Vertrauen von Mitarbeiter:innen an die Geschäftsführung – dass also die Geschäftsführer:innen das Unternehmen gut führen und ihre Entscheidungen bewusst treffen, um das Unternehmen zukunftssicher zu gestalten.

Nicht zu vernachlässigen ist die Perspektive der Digitalisierung. Mit der Digitalisierung eröffnen sich vollkommen neue Fragen, da sich beispielsweise die Produkte ändern. Digitale Produkte sind deutlich komplexer und durch den schnelllebigen Wandel werfen sie viele Fragen auf, die noch geklärt werden müssen.

Ein Beispiel: Durch die Akzeptanz der Datenschutzrichtlinien schenken viele Kund:innen ihre Daten dem Unternehmen. Hier liegt es am Unternehmen, dieses Vertrauen nicht zu missbrauchen.

Ist Vertrauensaufbau eher rational oder emotional geprägt?
Das hängt vom Umfeld ab, in dem der Vertrauensaufbau stattfindet. Lebt jemand in einem Umfeld, in dem die Grundlagen für Vertrauen gelegt wurden, handelt es sich um eine rationale Ebene. Arbeitet jemand in einem unsicheren Umfeld, indem er oder sie ständig verletzt wird, befindet sich Vertrauen auf einer emotionalen Ebene.

Schauen wir auf die Herausforderung, wie mit einem Vertrauensbruch umgegangen werden kann. Wie lautet Ihre Einschätzung hierzu?
Sollte der Vertrauensbruch für beide klar sein, muss ein offenes Gespräch geführt werden. Dabei sollten die Umstände aufgeklärt werden: Wurde nur aneinander vorbeigeredet? Handelte es sich um eine unbewusste Handlung? War es möglicherweise bewusst?

Bei einem bewussten Vertrauensbruch müssen die Hintergründe thematisiert und diskutiert werden. Ein Begriff, der in Unternehmen immer wieder verwendet wird: Feedbackschleife. Möglicherweise stellt sich dabei heraus, dass eine Zusammenarbeit auf menschlicher Ebene nicht mehr funktioniert.

Wie hat sich die Herausforderung Vertrauen in den letzten Jahren in der Wirtschaftswelt verändert?
Ja, in den letzten zehn bis 20 Jahren hat sich das Thema Vertrauen weiterentwickelt. Ein Beispiel: Heute vertrauen die Kund:innen darauf, dass die Mitarbeiter:innen fair behandelt und fair bezahlt werden.

Zudem haben sich neue Themen in der Wirtschaftswelt herausgebildet: Umweltschutz, das Vermeiden von Tierversuchen oder bedenkliche Schadstoffe. Hinzu kommt das Vertrauen in eine verlässliche, professionelle Zusammenarbeit mit Dienstleister:innen, die ebenso alle vorgeschriebenen und notwendigen Anforderungen erfüllen.

Wie kann Vertrauen in der Wirtschaftswelt als Strategie genutzt werden?
Das kann beispielsweise in der Unternehmenskultur integriert sein. Nehmen wir das Stichwort Pioniergeist als Teil der Unternehmenskultur. Trotz vielfacher Unsicherheiten gibt es bei diesem Anspruch stets Klarheit: Das ist unser aller Anspruch und dem folgen wir gemeinsam. Auf diese Weise kann dann Vertrauen in eine Organisation entstehen und Sicherheit vermitteln.

Gleichzeitig wird Transparenz zu den Zielen, Werten und Prinzipien innerhalb einer Firma ermöglicht. Weitere Beispiele bzw. Stichwörter können sein: Nachhaltigkeit als Leitmotiv, Diversität oder Mitarbeiter:innen als Ressource.

Welche Rolle nimmt die Kommunikation hierbei ein?
Hier sind unterschiedliche Kommunikationswege zu berücksichtigen. Da ist die externe Kommunikation via PR z. B., die Vertrauen aufbauen kann. Da ist die firmeninterne Kommunikation, beispielsweise via digitaler Austauschplattformen. Und hier spielt es abgesehen vom fachlichen Verhalten auch eine Rolle beim Vertrauensaufbau, wie man zwischenmenschlich und rein menschlich – also persönlich-sympathisch – auftritt. Nicht zu unterschätzen ist auch die Kommunikation in speziellen Netzwerken, z. B. in einer Agile Community. Wenn hier ein Austausch gelingt, der durch Offenheit und gemeinsame Unterstützung geprägt ist, so baut dies Vertrauen auf.

Wie sehen Sie die Herausforderung blindes Vertrauen?
Vollkommen blindes, unreflektiertes Vertrauen sehe ich sehr kritisch. In der Wirtschaftswelt ist blindes Vertrauen nicht ratsam.

▷   **Keywords** Kommunikation, Macht, Prozess, Vertrauensbruch, Vertrauenskultur.

16.16   Vertrauen und Risiken – Interview mit Thomas Borchert

Welche Rolle spielen Risiken, Dynamiken und Prozesse in Zusammenhang mit Vertrauen als Wirtschaftsfaktor? Hierzu haben wir mit dem Finanzexperten Thomas Borchert gesprochen.

Interview

Welche Rolle spielt Vertrauen als Wirtschaftsfaktor in der Finanzwelt?
Vertrauen kann am Markt extrem viel Geld wert sein. Ein Musterbeispiel hierfür sind Kryptowährungen wie der Bitcoin, welche in der jüngeren Vergangenheit durch exorbitante Kurssteigerungen an den Finanzmärkten für Furore sorgten.
Der Wert dieser privaten Digitalwährungen besteht einzig und allein in dem Vertrauen der Marktteilnehmer darin, dass diese von einer hinreichend hohen Zahl von Händlern als Zahlungsmittel akzeptiert werden, während die Händler wiederum darauf vertrauen, dass diese Privatwährungen am Markt ohne größere Verluste jederzeit in beliebige andere (echte) Währungen konvertierbar sind. Diese schier endlose Vertrauenskette wird auf Basis der vermeintlich sicheren Blockchain-Technologie generiert. Statt „IN GOD WE TRUST", wie auf der Rückseite jeder

Dollarnote vermerkt, könnte hier der Slogan heißen „IN BITCOIN WE TRUST". Bisher konnte es für Anleger extrem lohnenswert sein, in derart unendliches Vertrauen zu investieren, aber wehe, wenn diese Vertrauenskette brüchig werden sollte.

Prognosen sind bekanntlich schwierig bzw. unsicher, wenn sie die Zukunft betreffen. Aber wie sieht es mit dem allgemeinen Vertrauen in Prognosen aus? Finanzmärkte und das Weltklima sind äußerst komplexe Systeme, wobei Letzteres nochmal wesentlich komplexer ist als es die Finanzmärkte sind und nur auf Basis der Chaostheorie greifbar bzw. modellierbar. Das hindert Finanzanalysten und Klimawissenschaftler nicht daran, auf Basis selbst entwickelter Modelle Prognosen abzugeben. Wie der Track Record zeigt, haben Finanzanalysten nur begrenzt nachhaltigen Erfolg mit ihren Prognosemodellen. Daher ist das Vertrauen rational handelnder Investoren in Finanzmarktprognosen auch begrenzt und Prognoseunsicherheit bzw. Risiken fließen bewusst ins Investmentkalkül mit ein.

Klimawissenschaftler dagegen genießen einen bemerkenswerten Vertrauensbonus. Bemerkenswert deshalb, weil Klimasysteme erheblich komplexer und chaotischer strukturiert sind als Finanzmärkte und zum anderen, weil man sich mit Klimaprognosen sehr viel weiter in die Zukunft und damit auf ungewisses Terrain hinauswagt als bei Finanzmarktprognosen. Dennoch ist das Vertrauen in Klimaprognosen nach einer Studie des BDI alleine Deutschland mindestens 1,5 Billionen € wert, die in den nächsten 20–30 Jahren lockergemacht werden sollen, um die Welt vor dem von Computermodellen prognostizierten CO_2-induzierten Untergang zu retten. Da kann man nur hoffen, dass die planwirtschaftliche, auf Reduktion der CO_2-Emissionen basierte globale Temperaturregulierung auch wirklich funktioniert, wie es die Klimaforschergilde prognostiziert, schließlich werden hierfür gewaltige volkswirtschaftliche Ressourcen aufzubringen sein, die für sinnvolle Investitionen in den nachhaltigen Schutz vor Klimawandelfolgen am Ende fehlen. Konsequenzen von Fehlprognosen haben die recht auskömmlich situierten Klimaforscher, anders als Finanzanalysten, jedenfalls nicht zu befürchten, da die Prognosezeithorizonte deren Restlebensdauer deutlich überschreiten. Aktuell liegen die Prognosen auch im weltweiten Klimatrend, was sicherlich recht förderlich ist für das Vertrauen in planwirtschaftliche Maßnahmen zur Weltklimarettung. Aber auch für Finanzanalysten gilt bekanntlich: „The Trend is your Friend." Was aber, wenn es zum Trendbruch kommt und bisherige Prognosen nicht mehr haltbar sind?

▶   **Keywords** Digital, Kalkulation, Risiken, Unsicherheiten, Wirtschaftsfaktor.

16.17 Vertrauen und Soziologie – Interview mit Harald Wenzel

Welche Wechselwirkungen gibt es zwischen Wirtschaft, Medien, Gesellschaft und Politik? Über die Perspektive der Soziologie auf diese Frage haben wir mit Harald Wenzel gesprochen.

Interview

Nicht selten wird in der Wirtschaftswelt vorgegeben, dass Unternehmer:innen durch Selbstsicherheit und Selbstbewusstsein überzeugen. Kommen wir bei Trump an gewisse Grenzen dieser Pauschalisierung?
Selbstdarstellung ist ja in den meisten Fällen nicht frei erfunden. Selbstdarstellung muss auf Substanz beruhen: Bei Wissenschaftler:innen sind das Sachkenntnis, Felderfahrung und Methodensicherheit, in der Wirtschaft ist das die Fähigkeit, Risiken einzuschätzen, Innovationschancen zu erkennen, Organisationswissen und Projekterfahrung. Aspekte wie Nachhaltigkeit, qualitatives Wachstum und langfristige Investments werden immer wichtiger. Hier braucht man ausgeklügelte Darstellungsstrategien, die auf Vertrauenswürdigkeit, Seriosität und soziale Kompetenz abstellen und in der Lage sind, die positiven Qualitäten angemessen – und nicht überzeichnet – darzustellen. Selbstdarstellung erzeugt Aufwand, ist Arbeit an Kommunikationsverhältnissen – nur so baut sich Vertrauen auf. Das erfordert Reflexion, Transparenz und gegebenenfalls auch Planung und Einübung von Darstellungen – nicht nur des Einzelnen, sondern auch kollektiver Akteure. Erst dann kann im Ergebnis regelmäßig der Eindruck von Offenheit, Echtheit, Leichtigkeit und vielleicht sogar Beiläufigkeit erweckt werden, der der Darstellung Überzeugungskraft verleiht.

Trump war ein Sonderfall. In einer medial, politisch und kulturell polarisierten Gesellschaft konnte und musste er nur diejenigen überzeugen, die (schon) auf seiner Seite der politischen Kluft standen. Seine Selbstdarstellungen waren nie auf eine breite politische Öffentlichkeit ausgerichtet, sondern speziell auf die Mobilisierung enttäuschter, „vergessener" Bürger, die sich in der Vergangenheit ihrer (Wahl-)Stimme enthalten hatten. Diese Strategie war gegen eine Kandidatin wie Hilary Clinton erfolgreich.

Bleibt die Art des Vertrauensaufbaus im Laufe der Jahre bei dem Menschen als soziales Wesen im Grunde gleich? Oder nimmt die zunehmende Technisierung und Digitalisierung einen erheblichen Einfluss in Vergleich auf Vertrauen vor 15–20 Jahren?
Im primären Sozialisationsprozess ist der Aufbau dessen, was die Forschung ontologische Sicherheit nennt, besonders wichtig. Die verlässliche Rückkehr einer zeitweilig abwesenden Sorgeperson trägt in der Kindheit dazu entscheidend bei

und bestimmt unsere Vertrauenskapazität. Wie diese Kapazität ausgelastet wird, hängt von den sich wandelnden Lebensumständen ab – hier können 15–20 Jahre schon einen erheblichen Unterschied machen, da sich technologischer Wandel oft rasant vollzieht: Man denke nur an die Verbreitung von Mobiltelefonie bzw. Smartphones. Nur sehr bedingt wird heute der Umstand problematisiert, dass die Nutzung dieser Technik geldwerte Daten produziert und mit den so gewonnenen Konsumdaten neue Marketingmöglichkeiten entstanden sind. Überwiegend wird dieser Technik vertraut – und das typische Technikvertrauen, das ein Nicht-wissen über deren Funktionsweise impliziert, auf einer weiter entwickelten Stufe reproduziert.

Wir haben noch keine praktischen Erfahrungen mit selbstfahrenden Autos, auch hält sich der Einfluss künstlicher Intelligenz noch in Grenzen. Sollten diese Erfahrungen negativ ausfallen, bietet sich eine Zurechnung in Form von „Unfällen" an, die auch bisher ein wirkliches Misstrauen in Technik verhindert hat (sieht man etwa von Waffentechnik ab). Technisierung und Digitalisierung gelten nach wie vor als Chancen, das Leben zu erleichtern und Gestaltungsmöglichkeiten zu erweitern. Technologischer Fortschritt hat jedoch immer auch Ängste befördert. In der Soziologie hat sich das etwa im Konzept des „cultural lag" ausgedrückt: der Diagnose, dass der Menschen dem technologischen Fortschritt in der Regel (noch) nicht gewachsen ist, er ihm kulturell „hinterherhinkt".

Ob solche Ängste sich zu einer Technikpanik ausweiten und eine Renaissance der Maschinenstürmerei bewirken, ist eine offene Frage. Niemand kann die Dynamik des technischen Fortschritts voraussagen. Gesellschaften wissen sich aber in der Regel vor zu schnellem Wandel und weitreichenden Strukturver-änderungen zu schützen. Nach ihrer Einführung wurden Feuerwaffen in der japanischen Gesellschaft wieder verbannt, weil sie traditionelle Standesunter-schiede aufhob: Jeder einfache Soldat konnte mit einem Gewehr einen Samurai töten. Hinsichtlich des Potenzials für dynamische und letztlich vielleicht auch unkontrollierbare Strukturveränderungen halte ich den Klimawandel für eine größere Gefahr als Digitalisierung der Industrieproduktion und mögliche, mit ihr verbundene Jobverluste.

Die Medien haben hier allerdings eine intervenierende Funktion, indem sie die Normalität einer gemeinsam geteilten Realität reproduzieren. Wie die Covid-19-Pandemie gezeigt hat, können sich jedoch in alternativen (sozialen) Medien Echo-kammern entwickeln, die sich von einer solchen Normalität verabschieden – und auch von ihrer Unterfütterung durch wissenschaftliche Erkenntnisse. mRNA-Impfstoffe sind Zeugnis wissenschaftlichen und technologischen Fortschritts, sie sind wirksam und haben dennoch Verschwörungstheorien und Fake News beflügelt. In diesen Echokammern entsteht eine Misstrauenskultur, die ihrerseits ein hohes Gefahrpotenzial aufweist – bis zum Terrorismus.

Wen sehen wir in Zukunft als die dominierenden und einflussreichsten Akteure in der Definition, im Aufbau der Erwartungsbögen der Zukunft?
Echokammern und Filterblasen stellen ein Gefahrpotenzial dar, nicht zuletzt für Panikkommunikation. Die traditionellen Massenmedien – oft auch als Qualitätsmedien bezeichnet – erleben einen Funktionswandel, weil sie mehr und mehr auch als Korrektiv einer entgleisenden Kommunikation agieren müssen. Tatsächlich funktioniert Vertrauenskommunikation auch in Echokammern: Die dort agierenden Influencer können für ihre Adressaten sogar zu extrem vertrauenswürdigen Bezugspersonen werden. Am besten passt hier noch der Vergleich mit religiösen Sekten. Insofern ist der Verweis auf die Maschinenstürmer tatsächlich naheliegend. Computerviren und Hacks, das Lahmlegen von Computernetzen, das Verüben von Anschlägen im Medium des Digitalen sind nur erste Schritte, reale Gewalt kann folgen.

Die Akteure im Aufbau von Zukunftserwartungen sind deshalb nicht leicht zu identifizieren. Die Korrektur von Falschinformation – wir leben bereits in einer Inflation der „Faktenchecks" – ist ein defensiver Zug im Kampf um Deutungsmacht. Es hängt jedoch viel von der Fähigkeit ab, eine positive, gestaltbare Zukunftsvorstellung zu etablieren. Diese Aufgabe nimmt die Politik und ihre Kommunikation in die Pflicht, aber auch die traditionellen Massenmedien und speziell auch die Akteure in den sozialen Medien, die der Nachprüfbarkeit, Transparenz – das heißt letztlich einer wissenschaftlichen Erkenntnismethodik verschrieben sind. Den defensiven Kampf gegen Unwahrheiten und Realitätsverzerrungen in einen offenen, demokratischen Streit um eine positive gemeinsame Realitätsdefinition, eine gemeinsame Zukunftsvision zu transformieren, die allgemeine Geltung bzw. Verbindlichkeit zumuten kann, ist eine große Herausforderung, die eine nicht zu unterschätzende emotionale Dimension hat.

▷ **Keywords** Kommunikation, Medien, Prozess, Selbstdarstellung, Unsicherheit.

16.18 Vertrauensvolle Teams – Interview mit Timo Eßer

Welche besonderen Herausforderungen gelten beim Thema Vertrauen in Bezug auf Leadership und Talentmanagement? Wir haben mit dem Vertrauensexperten im Kontext von Leadership & Talent Timo Eßer hierzu gesprochen.

Interview

Aus der Sichtweise Ihrer Expertenkompetenz: Wie definieren Sie Vertrauen, worauf begründet sich Vertrauen und wie kann es aufgebaut werden?

Vertrauen ist die Bereitschaft, sich verletzlich zu machen. Das bedeutet, dass die Person, die vertraut, sich darauf verlässt, dass ihr Gegenüber (m, w, d) in deren Sinne handelt, ohne diesen zu kontrollieren bzw. kontrollieren zu können.

Vertrauen fußt maßgeblich auf zwei Säulen. Zum einen auf der Vertrauenswürdigkeit derjenigen Person, der man vertraut. Zum anderen auf der eigenen Neigung, Menschen zu vertrauen. Die Vertrauenswürdigkeit bezieht sich im Kern auf die Kompetenz, das Wohlwollen und die Integrität einer Person. Alle drei Eigenschaften müssen kumulativ erfüllt sein, dass Menschen vertrauen. Beispielsweise vertrauen Mitarbeiter:innen ihren zugeordneten Führungspersönlichkeiten dann, wenn sie:

- glauben, dass die Führungspersönlichkeit einen kompetenten Rat geben kann
- wahrnehmen, dass die Führungspersönlichkeit eine wohlwollende Absicht ihnen gegenüber hat
- den Eindruck haben, dass die Führungspersönlichkeit integer ist und ihre Versprechen einhält

Letztlich ist die Vertrauensneigung, das heißt die im bisherigen Leben gesammelten positiven und negativen Vertrauenserfahrungen, ein entscheidender Baustein dafür, ob Menschen anderen Menschen tendenziell vertrauen oder nicht. Um Vertrauen aufzubauen, ist Zeit ein unerlässlicher Baustein. Je häufiger sich ein Gegenüber als kompetent, wohlwollend und integer gezeigt hat, desto schneller und fester bildet sich Vertrauen.

Welche Stufen oder Phasen kann man beim Aufbau von Vertrauen bzw. bei einem solchen Entwicklungsprozess unterscheiden?
Im Zeitablauf kann sich Vertrauen von einem kalkülbasierten Vertrauen über ein wissensbasiertes Vertrauen hin zu einem identifikationsbasierten Vertrauen entwickeln. Was heißt das für das Verhältnis zwischen Mitarbeiter:innen und Vorgesetzten? Zum Start der Beziehung ist es häufig der Fall, dass Mitarbeiter:innen und Vorgesetzte sich eher auf Basis eines reziproken Kalküls vertrauen. Das bedeutet, dass man hofft, dass das eigene vertrauenswürdige Verhalten oder Vertrauen vom Gegenüber erkannt und erwidert wird. Das ist vor allem bei positiver oder neutraler Reputation möglich. Das heißt konkret, dass der vorauseilende Ruf nicht beschädigend wirken darf. Wird so eine positive Spirale in Gang gesetzt, entwickelt sich die Vertrauensbeziehung in der Form, dass man wissentlich, das heißt auf den eigenen Erfahrungen basierend, seinem Gegenüber vertraut. Wenn sich hieraus im Zeitablauf eine gewisse Sympathie für das Gegenüber in der Form entwickelt, das man sich mit dem Gegenüber identifiziert, das heißt, dass eine affektive Bindung entsteht, basiert das Vertrauen auf der Identifikation mit dem

Gegenüber und nicht nur auf seinem vertrauenswürdigen Verhalten im Zeitablauf oder auf einem Reziprozitätskalkül.

Welche Rolle spielen rationale und emotionale Aspekte beim Vertrauensaufbau?

Rational: Das hoffen auf Reziprozität bzw. das Kalkül, dass vertrauenswürdiges Verhalten rezipiert wird, wirkt komplexitätsreduzierend. Reziprozität kann so verstanden werden, dass Menschen dazu neigen, andere Menschen so zu behandeln, wie diese einen selbst behandeln. So wird auf Reziprozität basierendes Vertrauen, das, wie oben beschrieben, den Start einer Vertrauensbeziehung bilden kann, schon zum immensen Wirtschaftsfaktor. Denn in solchen Wirtschaftsbeziehungen, das heißt zwischen Mitarbeiter:innen und ihren Vorgesetzten oder Arbeitgeber:innen, zwischen Kund:innen und Unternehmen, Lieferant:innen und Einkäufer:innen etc., in denen dieses Verhalten vorliegt, ist Kontrolle weniger notwendig, weil die Wahrscheinlichkeit von wechselseitig vertrauenswürdigem Verhalten steigt. Das spart Zeit, Geld und Nerven. Das ist der rationale Aspekt beim Vertrauensaufbau.

Emotional: Der emotionale Aspekt des Vertrauensaufbaus ist der, dass aus Kalkül und reziprok vertrauenswürdigem Verhalten eine affektive Bindung wird, die die nächste Vertrauensstufe bedeutet. Bezüglich der Beziehung zwischen Mitarbeiter:innen und Führungspersönlichkeit bedeutet das, dass man sich mit dem Gegenüber identifiziert und so eine emotionale Bindung entsteht, die zu einem massivem Vertrauenspfeiler wird. Bei Mitarbeiter:innen von Familienunternehmen könnte man sagen, dass Mitarbeiter:innen zu Familienmitgliedern werden. Bei Kund:innen und Unternehmen könnte man sagen, dass Kund:innen zu Fans werden.

Durch welche Aktivitäten kann Vertrauen erschüttert bzw. enttäuscht werden? Wie kann Vertrauen, das bereits einmal erschüttert wurde, wieder repariert werden?

Vertrauen wird auf eine harte Probe gestellt, wenn Versprechen gebrochen werden, nicht wahrheitsgemäß und zu spät kommuniziert oder nicht partizipativ und bedürfnisorientiert geführt wird. Allgemein kommt es zu einem Vertrauensbruch, wenn die Erwartungen desjenigen, der vertraut, enttäuscht werden. Die Reparatur von erschüttertem Vertrauen ist sehr diffizil und zeitaufwendig. Ähnlich wie bei einem Haus ist es mit Vertrauen. Der Aufbau dauert jahrelang und zerstören lässt es sich an einem Tag bzw. mit einer Handlung. Ist dies geschehen, hilft ein offener und authentischer Umgang mit den Gründen für das nicht vertrauenswürdige Verhalten sowie nachvollziehbare und transparente Maßnahmen, wie das gebrochene Vertrauen wieder tragfähig aufgebaut werden kann.

Wie charakterisieren Sie das Phänomen *Vertrauen in der Wirtschaftswelt*? Hat sich der Umgang mit dem Thema *Vertrauen in der Wirtschaftswelt* im Vergleich Vergangenheit – Gegenwart etwas geändert?
Für die Wirtschaftswelt ist Vertrauen seit jeher ein essenzieller und hoch erfolgsrelevanter Faktor. In Bezug auf das Vertrauensverhältnis zwischen Mitarbeiter:innen und ihren Vorgesetzten (m, w, d) oder Arbeitgeber:innen und darüber hinaus ist Vertrauen wichtiger denn je und wird in Zukunft noch wichtiger. Das liegt vor allem an drei Aspekten.

1. Arbeitswelt von heute und morgen (New Work): In einer hochtechnisierten, digitalen Arbeitswelt mit immer spezifischeren Anforderungen, Remote Work und multidisziplinären sowie multinationalen Teams kann ein:e Vorgesetzte:r nicht alles kontrollieren, geschweige denn selbst erledigen. Hier ist Vertrauen notwendig, um Komplexität zu reduzieren und die so gewonnenen Ressourcen in zukunftsträchtige Themen zu investieren. Hier sollte ein:e Vorgesetzte:r als Coach:in fungieren, der auf einer vertrauensvollen Basis Mitarbeiter:innen dabei unterstützt, ihr gesamtes Potenzial entfalten zu können. Ein:e Vorgesetzte:r muss hierfür nicht ein:e Fachexpert:in sein.
2. Innovationen und Disruption: Die Digitalisierung reduziert Produktlebenszyklen und macht eine ganz neue Innovationskultur notwendig, um langfristig und immer wieder aufs Neue wettbewerbsfähig zu bleiben. Vertrauen ist die Basis dafür, dass, frei von Angst, Ideen geäußert werden können, die in einem iterativen und wertschätzenden Innovationsprozess eine Marktrelevanz entfalten und die Zukunftsfähigkeit des Arbeitgebers sichern können.
3. Fachkräftemangel und demografischer Wandel in Verbindung mit Social Media im Arbeitskontext: Aufgrund des Fachkräftemangels sowie des demografischen Wandels sind Talente rar gesät und werden in Zukunft noch rarer sein. Fehlverhalten von Vorgesetzten oder Arbeitgeber:innen wird durch soziale Medien im Arbeitskontext in nie dagewesener Form offenkundig und der breiten Öffentlichkeit auf Knopfdruck zugänglich. Das schädigt Vertrauen nachhaltig und wird zum ökonomischen Bumerang. Eine vertrauensvolle Arbeitsatmosphäre, die sich jeder Mensch wünscht, kann so zum Erfolgsfaktor im Kampf um Talente sowie in der weiteren Potenzialentfaltung dieser Talente sein. Die sozialen Medien befeuern diese Entwicklung nur. Sie sind nicht ihr Auslöser. Denn auch private Empfehlungen und subjektive Wahrnehmungen, die auf Erfahrungsberichten von anderen beruhen, sind ein nicht zu unterschätzender Faktor, wie ein Unternehmen als Arbeitgeber oder wie Einzelpersonen als Führungspersönlichkeiten im Vertrauenskontext gesehen werden. Das hat direkt Konsequenzen auf die Fähigkeit, Talente zu gewinnen, zu entwickeln und langfristig erfolgreich zu binden. Somit ist der Vertrauens-Track-

Record als Vorgesetzte:r und Arbeitgeber:in ein massiver wirtschaftlicher Erfolgsfaktor.

Generell betrachtet: Wie kann Vertrauen als Strategie in der Wirtschaftswelt eingesetzt und genutzt werden?
Vertrauen als Strategie in der Wirtschaftswelt kann auch als Vertrauensmanagement tituliert werden. Man kann Vertrauen managen, allerdings nur in limitiertem Umfang und nur mit authentischer und ehrlicher Absicht. Sonst handelt es sich um eine kurzfristige Strategie mit nachhaltigen und zum Teil irreversiblen Schäden.

Welche generellen Prinzipien, z. B. ein besonderer Kommunikationsstil, beeinflussen allgemein die Vertrauenskultur in der Wirtschaftswelt bzw. in Unternehmen und zwischen anderen Akteuren der Wirtschaftswelt?
Zwischen Mitarbeiter:innen und Vorgesetzten ist eine offene, ehrliche, respektvolle, authentische, geradlinige und proaktive Kommunikation der Grundstein für Vertrauen. Darüber hinaus ist nicht zu unterschätzen, dass eine schnörkellose und, wenn angebracht und wohldosiert, humorvolle Kommunikation Barrieren einreißt und sich so Vertrauen spielerisch durch eine angenehme Kommunikation bilden kann. Außerdem ist eine partizipative Kommunikation wichtig, die es Mitarbeiter:innen erlaubt, ihre Ziele, Bedürfnisse und Sorgen angstfrei äußern zu können. Das ist die Grundlage für kollaborative Entscheidungen, in die Mitarbeiter:innen vertrauen können.

Kann man in der Wirtschaftswelt anderen Akteuren blind vertrauen? Wenn ja, welche Rahmenbedingungen müssen vorhanden sein?
Blindes Vertrauen ist nie ein guter Ratgeber. Wenn das gewünschte Verhalten bzw. Ergebnis eintritt, ist dies eher mit Glück oder Hoffnung gleichzusetzen als mit einer bewussten Vertrauensentscheidung, aufgrund der Beurteilung der Vertrauenswürdigkeit des Gegenübers. Allgemein wichtige Rahmenbedingungen im Vertrauens-/Wirtschaftskontext sind, dass Fehlverhalten oder Vertrauensbrüche mit Sanktionen belegt werden sollten, um eine Vertrauenskultur nicht zu gefährden. Denn diese kann nicht aufgebaut bzw. konserviert werden, wenn man sich nicht vertrauensvoll oder opportunistisch, ohne negative Konsequenzen, verhalten kann. Opportunistisches Verhalten darf, für eine starke Vertrauenskultur, nicht als smartes oder schlitzohriges Verhalten kommentiert und damit salonfähig gemacht werden. Vielmehr ist eine klare Kommunikation der negativen Konsequenzen aus so einem Verhalten wichtig, um die Personen zu schützen und nicht zu entmutigen, die positiv mit dem hohen Gut der Vertrauenskultur umgehen.

**Wie sehen Sie den Zusammenhang zwischen Selbstbewusstsein, Selbstwert-
gefühl, Resilienz einer Person und dem Umgang mit der Vertrauensthematik
von dieser Person? Inwiefern hat dieser Aspekt Einfluss auf das Phänomen
*Vertrauen als Wirtschaftsfaktor?***

Selbstvertrauen ist eng verwandt mit dem Konstrukt der Selbstwirksamkeitserwartung. Personen mit hoher beruflicher Selbstwirksamkeitserwartung haben
demnach das Gefühl, dass sie kompetent und leistungsfähig sind sowie dass sie
tolle Arbeitsergebnisse erzielen können. Eine hohe berufliche Selbstwirksamkeitserwartung resultiert unter anderem aus eigenen positiven beruflichen Erfolgserleb-
nissen, aus positiven Erfahrungen und Erfolgen von Kolleg:innen und Peers, aber
auch aus verbaler Ermutigung und Motivation von Vorgesetzten und Kolleg:innen.

Es besteht ein starker Zusammenhang zwischen dem Vertrauensverhalten
von Vorgesetzten gegenüber ihren Mitarbeiter:innen und der Selbstwirksamkeitserwartung dieser. Eigene Erfolgserlebnisse stellen sich ein, wenn ein:e
Mitarbeiter:in einen Vertrauensvorschuss erhält und er diese Freiheiten ruhig und
ohne Angst sinnvoll nutzt. Hierfür ist eine positive und wertschätzende Fehlerkultur, oder besser Lernkultur, notwendig, in der Fehler als iterative Prozessschritte auf dem Weg zu erfolgreichen Produkten oder Services verstanden werden.
In einer auf Vertrauen basierenden Teamstruktur gewinnt man Selbstvertrauen
auch an den Erfolgen der Teamkollegen, weil die vertrauensvolle Teamdynamik
es ermöglicht, auch eigene Erfolge feiern zu können. Man arbeitet sozusagen auf
dem gleichen fruchtbaren Boden, wie das erfolgreiche Vorbild und hat damit die
gleichen Möglichkeiten. Letztlich hat der/die Vorgesetzte durch eine vertrauensvoll aufbauende Kommunikation und durch gezieltes Coaching die nicht zu unterschätzende Chance das Selbstvertrauen von Mitarbeiter:innen durch das eigene
Vertrauen in diese zu steigern.

Im Ergebnis sorgt Selbstvertrauen dafür, dass Mitarbeiter:innen beruflich und
privat zufriedener sind. Denn Leistung und die Wertschätzung eigener Erfolge
machen Spaß. Außerdem sind sie motivierter, innovationsfreudiger und resilienter.
Das sind massive wirtschaftliche Erfolgsfaktoren. Eine hohe Selbstwirksamkeitserwartung von Mitarbeiter:innen resultiert wiederum in erhöhtem Vertrauen dieser
in ihre zugeordneten Führungspersönlichkeiten und Kolleg:innen. Denn wenn sich
Mitarbeiter:innen selbst als wirksam wahrnehmen, gehen sie auch eher das Risiko
ein, Vorgesetzten zu vertrauen.

**Wie haben Sie selbst versucht, in der Wirtschaftswelt Vertrauen positiv zu
beeinflussen? Welche positiven und negativen Beispiele bzw. Erfahrungen aus
der Wirtschaftswelt können Sie berichten?**

Vertrauen positiv beeinflussen und negative Beispiele:

1. Vorschussvertrauen zum Start jeder Vertrauensbeziehung geben, anstatt zu misstrauen.
2. Mitarbeiter:innen ab Tag eins dazu befähigen, ihren eigenen Fähigkeiten zu vertrauen, anstatt Freiheit einzuschränken, Handlungsspielräume eng zu setzen und den Eindruck erwecken „Es geht nur mit Vorgesetzten".
3. Konsultativ/coachend Mitarbeiter:innen zur Seite stehen, anstatt zu kontrollieren.

Eine vertrauensvolle Teamdynamik mit einer authentischen Fehlerkultur oder besser: Lernkultur aufzubauen, anstatt Egoisten zu entwickeln und Fehler-Mikromanagement zu betreiben.

▷ **Keywords** Führungskräfte, Management, Prozess, Teams, Wirtschaftsfaktor.

16.19 Vertrauen und Transparenz – Interview mit Leo Hoffmann-Axthelm

Wie sieht man bei Transparency International das Thema Vertrauen und welche Faktoren prägen den Umgang mit diesem Einflussfaktor? Hierzu haben wir mit Leo Hoffman-Axthelm gesprochen.

Interview

Welche Rolle spielt Transparenz, wenn man über Vertrauen generell sowie im Kontext von Politik und Wirtschaft nachdenkt?
Transparenz gewinnt hierbei zunehmend an Bedeutung, denn beide Faktoren sind miteinander verbunden. Wenn ich Vertrauen gewinnen will, so muss ich mich erklären, muss Dinge von mir preisgeben. Und so wird beispielsweise seit einiger Zeit ein Transparenzregister für Lobbyismus diskutiert, auch wenn der aktuelle Entwurf noch nicht gut genug ist. Die Tatsache, dass solche Dinge diskutiert werden, ist bereits ein Fortschritt. Was man auch sagen muss: EU-Institutionen sind grundsätzlich deutlich transparenter als nationale Institutionen, die Bringschuld und Messlatte ist hier einfach höher. Ein direktes Beispiel ist die Kommission, die nun Transparenz immer mehr in den Mittelpunkt stellt, indem sie gerade aktuell Verträge mit Impfherstellern veröffentlicht. Natürlich muss man da aufpassen, da sie gerne nur das veröffentlichen, was ihnen gerade gut passt. Dieses Beispiel zeigt, dass Transparenz immer auch instrumentalisiert werden kann.

Welche Rolle können Netzwerke bei der Etablierung von vertrauensvoller Transparenz spielen?
Netzwerke können helfen. Wenn deine Peergroup ihre Transparenz erhöht, dann steigt auch die eigene Bereitschaft, ähnliche Schritte zu gehen – seien dies Ministerien, die Lobbytreffen veröffentlichen oder Banken, die ihren Berichtspflichten im Kampf gegen Geldwäsche und Steuerhinterziehung nachkommen. Sie dienen als Vorzeigebeispiel, dass Transparenz erfolgreich sein kann und notwendig ist. Zur Wahrheit gehört aber auch: Gerade im privaten Bereich sind gesetzliche Transparenzverpflichtungen deutlich effektiver als Peergroups.

Welche Abläufe oder Standards sind beim vertrauensvollen Netzwerken zu beachten?
Es gibt spezielle Programme und Tools, die einem dabei helfen, Daten so übersichtlich und nützlich wie möglich zu veröffentlichen. Die Kenntnis über international vereinbarte Open-Data-Standard ist dabei essenziell.

Nichts blockiert die Verwertung öffentlich verfügbarer Daten so sehr wie gescannte PDFs, um ein plakatives Beispiel zu nennen. Wenn man solch kleine Details beherzigt, kann man viel effizienter arbeiten und produktiv Daten zur Verfügung stellen.

Schauen wir auf den Faktor Ressourcen: Welche Rolle spielt das Vorhandensein von relevanten Ressourcen, um mit Transparenz Vertrauen aufbauen zu können?
Idealerweise würde man extra Ressourcen schaffen, um Daten noch besser zur Verfügung zu stellen. „Perfect shouldn't be the enemy of the good." Aber die Eigeninitiative ist bedeutend, denn das Aufbereiten ist kein Teufelswerk. Je einfacher, desto besser ist die Devise.

Zum Schluss eine Frage zu den Grenzen von Transparenz: Gibt es hierbei Grenzen oder anders formuliert, gilt bei vertrauenswürdiger Transparenz das Motto „Viel hilft viel"?
Ganz klar gesagt: Es gibt Grenzen. Und dafür sprechen verschiedene Gründe. Einmal allein die Komplexität an möglichen Daten bzw. Informationen, die transparent öffentlich gemacht werden könnten. Hier stellt sich natürlich schon irgendwann die Frage, wie man die Fülle an Details sinnvoll verarbeiten kann. Aber der noch wichtigere Grund ist die generelle Relevanz. Nicht jedes Detail eines Projekts, nicht jedes Detail einer Initiative sollte jeder Person auf dieser Welt transparent zugänglich sein. Ein Beispiel: In der EU macht es aus Sicherheitsgründen durchaus Sinn, gewisse heikle Themen zunächst im kleineren Kreis transparent und vertrauensvoll zu besprechen. Wenn dann jedoch Entscheidungen getroffen

worden sind, so sollten diese klar und detailliert der Öffentlichkeit präsentiert werden.

▶   **Keywords** Digital, Macht, Politik, Prozess, Transparenz.

16.20 Vertrauenserweckende Wissenschaft – Interview mit Dominic Heinz

Wie ist die Perspektive der Wissenschaft auf das Thema Vertrauen sowie die Verbindung zur Wirtschaftswelt? Hierzu haben wir den Wissenschaftler Dominic Heinz interviewt.

Interview

Wie definieren Sie Vertrauen?
Vertrauen wird unterschiedlich in der Wissenschaft definiert. Meine Definition von Vertrauen ist eng verbunden mit dem Begriff der „Institution". Vertrauen geht basierend davon aus, dass sich Personen nicht kennen. Wie kann dennoch Vertrauen zwischen den Personen existieren, die sich nicht kennen bzw. anonym sind? Dies geschieht durch bestimmte Spielregeln.

Eine natürliche Person kann einer unbekannten bzw. anonymen Person nicht vertrauen. Vertrauen entsteht durch die Befolgung der gesellschaftlichen akzeptierten Spielregeln, die ich als Definition vom Begriff Institution sehe. Zwar kennen sich nicht alle Personen, aber alle können darauf vertrauen, dass die Spielregeln eingehalten werden. So gelingt ein Vertrauen, auch wenn sich die beteiligten Personen nicht kennen.

Es kann davon ausgegangen werden, dass auch unbekannte Personen die Spielregeln befolgen. Bei Nichtbefolgung der Spielregeln zwingt Recht und Gesetz die einander unbekannten Personen dazu, die Spielregeln zu befolgen. Dies ist die Grundlage für Vertrauen.

Worauf begründet sich Vertrauen?
Letzten Endes ist das nicht mit abschließender Sicherheit klar. Meiner Meinung nach zumindest sieht man in der Politik der Länder in Deutschland zwei unterschiedliche Aspekte, auf die sich Vertrauen in die Politik gründen.

Einerseits gründet sich Vertrauen im weitesten Sinne auf den Austausch von Gütern. Es müssen nicht haptische Güter sein. Andererseits findet politisch gesehen eine Umdefinition der Frage „Wer ist Verlierer:in und wer ist Gewinner:in" in die Frage „Wer ist erster Gewinner:in und wer ist zweiter

Gewinner:in" statt. Denn so wie die Regeln des politischen Systems in Deutschland in der Vergangenheit seit dem Ende des zweiten Weltkriegs funktionierten, war der/die Gewinner:in der Bundestagswahl gleichzeitig Verlierer:in der folgenden Landtagswahlen und umgekehrt. Der/Die Verlierer:in der Bundestagswahlen war der/die Gewinnerin von Landtagswahlen. In politikwissenschaftlicher Forschung wurde diese Besonderheit unter das Konzept der sogenannten „second order elections" subsumiert. Das Konzept gab es bereits in den USA mit den sogenannten „mid term elections" und in Großbritannien mit den sogenannten „by elections". Der Zusammenhang zwischen Bundestags- und Landtagswahlen wurde in den ähnlichen Kontext gestellt. Doch das funktionierte mal besser, aber auch mal schlechter. Dabei spielten Personen genauso eine Rolle wie landestypische Besonderheiten. Erst recht in der Zeit nach der Deutschen Einheit zeigt sich das Konzept mit größeren Schwierigkeiten.

Meine Antwort, ohne dass ich mehr über die Richtigkeit darüber weiß, ist, dass das Konzept seit der Deutschen Einheit nicht mehr so gut funktioniert, möglicherweise weil sich in den neuen Ländern ein anderes Vertrauen in politische Institutionen etabliert hat. Das war möglicherweise schon früher auch mit ein Grund für eine politische Wende der ehemaligen DDR. Denn dort erscheint ein eigenes politisches Vertrauen zu existieren. Im Vergleich zum politischen Vertrauen im ehemaligen Westen Deutschlands, bzw. in der BRD, gründet sich in der ehemaligen DDR Vertrauen scheinbar auf die Zugehörigkeit zu einer (wie auch immer gearteten) Gemeinschaft. Politisches Vertrauen gründet sich möglicherweise dem folgend nicht auf einen Austausch von Gütern wie im Westen Deutschlands, sondern auf die Zugehörigkeit zu einer Gemeinschaft.

Im Moment profitiert die Partei „Alternative für Deutschland" von dieser Art des politischen Vertrauens, jedoch profitiert auch die politische Partei „Die Linke" von diesem auf Gemeinschaft (und nicht auf Austausch oder Tausch) basierendem Vertrauen. In politikwissenschaftlicher Literatur ist bereits der Unterschied dieser beiden Dimensionen von Vertrauen eingegangen worden, sodass der Gedanke nicht neu ist. Sehr wohl neu ist die Anwendung der Idee auf die Länder in Osten und Westen Deutschlands.

Welche Stufen oder Phasen können beim Aufbau von Vertrauen bzw. bei einem solchen Entwicklungsprozess unterscheiden?
Bisher erkenne ich in der Literatur unterschiedliche Sichtweisen. Ob das Vertrauen da ist oder nicht, es muss beim Aufbau von Vertrauen gewisse Stufen geben. Bisher sehe ich darin einen iterativen Prozess aus wiederholten Spielen, in denen die Motive bzw. die Strategien nur effizient sind, wenn es Vertrauen zwischen den Teilnehmenden des Spiels bereits gibt.

Die Stufen oder Phasen bestehen aus einer Qualifikation des Verhaltens der Akteure auf einer Skala als egoistisch oder gemeinschaftsverträglich. Einander abwechselnde Entscheidungen steigern oder mindern die Vertrauenswürdigkeit solcher Akteure.

Welche Rolle spielen rationale und emotionale Aspekte beim Vertrauensaufbau?
Beide Aspekte erscheinen mir nur wichtig, wenn sich beide Akteure darauf einstellen können. Vertrauen kann existieren, wenn von allen Beteiligten gleichzeitig emotionale oder rationale Aspekte eine Rolle spielen und z. B. durch Kommunikation ein handlungsleitender Aspekt hergestellt wird.

Durch welche Aktivitäten kann Vertrauen erschüttert bzw. enttäuscht werden?
Aus der Ungleichzeitigkeit von emotionalen und rationalen Aspekten kann Vertrauen erschüttert werden. Das bedeutet, dass auf rationale Aspekte emotional geantwortet wird oder dass umgekehrt auf emotionale Aspekte rational geantwortet wird. Aber Vertrauen kann auch durch andere Gründe erschüttert werden. Durch die Ungleichzeitigkeit von Emotionen und der Reaktion kann ein Misfit existieren. Doch falls es einen entsprechendes Misfit gibt, bedeutet das nicht sofort das Ende von Vertrauen. Zwar wird das Vertrauen erschüttert, aber für mich erscheint es unklar, ob deswegen eine Person der anderen deshalb gar nicht mehr vertraut.

Wie kann Vertrauen, das bereits einmal erschüttert wurde, wieder repariert werden?
Dazu muss meiner Meinung nach ein entsprechender sprachlicher Akt erfolgen, der im Einklang mit den folgenden Handlungen steht. Dann besteht die Möglichkeit, wieder Vertrauen aufzubauen, dass einmal verloren wurde. Es ist mir unklar, wie oft eine Abfolge von sprachlichen oder kommunikativen Akten erfolgen muss und die Handlung danach erfolgt. Die kann zwischen den jeweiligen Partien auch ausgehandelt werden, um Vertrauen wieder zu reparieren. Ebenso erscheint die Konstellation der Akteure dafür relevant zu sein. Zum Beispiel scheint sich der Aufbau von Vertrauen anders zu gestalten bei Geschäftsbeziehungen als bei privaten Beziehungen.

Vertrauen als Wirtschaftsfaktor: Wie charakterisieren Sie das Phänomen Vertrauen in der Wirtschaftswelt?
Es gibt mit Geld oder seinen Äquivalenten, in der Wirtschaftswelt ein klares Tauschmedium, dass es so in der Politik nicht gibt. Zwar ist auch da Geld in der Politik wichtig, aber Wähler:innenstimmen, Posten oder politische Inhalte sind andere Aspekte, die für Politik eine Rolle spielen.

Hat sich der Umgang mit dem Thema Vertrauen in der Wirtschaftswelt im Vergleich zur Vergangenheit – Gegenwart etwas geändert?

Meiner Ansicht nach hat sich das Thema Vertrauen durchaus verändert in der Wirtschaftswelt, weil sich die Wirtschaftswelt verändert hat. Etwa kann in der Wirtschaftswelt eine zunehmende Globalisierung der Märkte beobachtet werden. Entsprechend scheint sich auch Vertrauen auf diesen globalisierten Märkten verändert zu haben.

Wie kann Vertrauen als Strategie in der Wirtschaftswelt eingesetzt und genutzt werden?

Meiner Ansicht nach kann Vertrauen nicht bewusst als Strategie eingesetzt werden, weil Vertrauen meiner Ansicht nach kein bewusster Prozess ist. Wenn man sich bewusst dafür entscheidet, einer Person oder einem Akteur zu vertrauen, dann ist es kein Vertrauen, was stattfindet.

Welche generellen Prinzipien, z. B. ein besonderer Kommunikationsstil, beeinflussen allgemein die Vertrauenskultur in der Wirtschaftswelt bzw. in Unternehmen und zwischen anderen Akteuren der Wirtschaftswelt?

Meiner Ansicht nach beeinflusst der Zweck, der das Resultat oder das Ergebnis der Vertrauensbeziehung bestimmt, die Vertrauenskultur. Eine völlig zweckfreie Vertrauenskultur erscheint mir weder in der Politik noch in der Wirtschaft gegeben zu sein. Zwar spielt Kommunikation eine wichtige Rolle zur Verdeutlichung der Vertrauenskultur. Doch nur wenn die Kommunikation in entsprechende Handlungen eingebettet ist.

Kann man in der Wirtschaftswelt anderen Akteuren blind vertrauen? Wenn ja, welche Rahmenbedingungen müssen vorhanden sein?

Meiner Ansicht nach ist ein blindes Vertrauen in der Wirtschaftswelt nur in einem rechtlichen Kontext möglich, denn dann ist jeder oder jedem Wirtschaftsakteur:in das Verfahren bewusst, nach welchem eine Konfliktsituation verläuft. Wenn alle Teilnehmenden einer wirtschaftlichen Transaktion einem gemeinsamen Kontext bzw. gemeinsamen Regeln folgen (oder zumindest wissen, was im Falle eines Konfliktes passiert), dann ermöglicht dies eine wirtschaftliche Transaktion. Für Fälle, in denen es diese gemeinsamen Regeln oder den gemeinsamen Kontext nicht geben sollte, kommt eine wirtschaftliche Transaktion nur mit hohem Risiko zustande.

Kommen wir zum Thema Selbstvertrauen. Wie sehen Sie den Zusammenhang zwischen Selbstbewusstsein/Selbstwertgefühl/Resilienz einer Person und den Umgang mit der Vertrauensthematik von dieser Person?

Meiner Ansicht nach gibt es einen Zusammenhang zwischen Selbstbewusstsein, Selbstwertgefühl und Resilienz zu Vertrauen. Allerdings stehen diese Aspekte bei unterschiedlichen Menschen in einem individuellen Zusammenhang. Wenn sich der Kontext ändert, können sich auch Stärke und Richtung des Zusammenhangs von Selbstwertgefühl, Selbstbewusstsein und Resilienz zu Vertrauen ändern.

Inwiefern hat dieser Aspekt Einfluss auf das Phänomen Vertrauen als Wirtschaftsfaktor?
Meiner Ansicht nach spielt der Aspekt Selbstbewusstsein eine zentrale Rolle für die Frage, ob wirtschaftliche Transaktionen zustande kommen. Dabei ist es mir unklar, ob nur wirtschaftliche Transaktionen gelingen, wenn gleiche oder unterschiedliche Wirtschaftsakteure beteiligt sind und es ist mir auch unklar, welche Rolle der Preis einer Wirtschaftstransaktion spielt.

Ein weiterer wichtiger Aspekt sind die Rahmenbedingungen. Wie sehen Sie die aktuellen Unsicherheiten, Vertrauenskrisen und Krisen in der Welt; vor dem Hintergrund der Frage „Wem oder was kann man noch vertrauen?"
Einerseits kann man meiner Ansicht nach sagen, dass durch aktuelle weltpolitische Ereignisse Vertrauen verloren geht oder man kann auch sagen, dass sich Vertrauen verändert. Es kann meiner Meinung nach nicht so ganz eindeutig bestimmt werden, ob sich Vertrauen verändert oder Vertrauen verloren geht. Entsprechend hat sich Vertrauen durch Unsicherheiten, Vertrauenskrisen, Krisen auch in der Vergangenheit schon geändert, insofern erscheint die Frage „Wem kann man noch Vertrauen?" zwar im Moment richtiger denn je, aber auch zu anderen Zeiten gab es die Berechtigung, diese Frage zu stellen.

Welche allgemeinen Rahmenbedingungen beeinflussen die Vertrauensthematik in der Wirtschaftswelt?
Meiner Ansicht nach spielen Stabilität und Wandel für das Vertrauen in gemeinsame Entscheidungen eine zentrale Rolle. Aus einem „Entweder-oder-Zusammenhang" von Stabilität und Wandel muss ein „Sowohl-als-auch-Zusammenhang" werden. Allerdings bleibt für mich offen, ob diese Rahmenbedingung eine Vorbedingung oder ein Resultat von Handlungen ist.

Inwiefern unterscheiden sich bestimmte Branchen von anderen Branchen, was Vertrauen betrifft?
Meiner Ansicht nach gibt es je nach Branche einen unterschiedlichen Umgang mit Vertrauen und auch wie unterschiedliche Länder mit Vertrauen umgehen. In jedem dieser Fälle, und das ist meiner Ansicht nach die Gemeinsamkeit, stellt sich die Frage, ob man weiß, wie man mit dem Vertrauen in der Branche oder dem Land

umgeht oder nicht. Handelt es sich bei den Akteuren um Insider oder Outsider? Je nachdem spielt das für ein Vertrauen in einer Branche oder einem Land eine Rolle.

Inwiefern unterscheiden sich bestimmte Länder von anderen Ländern, was Vertrauen betrifft?
Meiner Ansicht nach unterscheiden sich Länder nicht so sehr in der Frage, ob es Vertrauen gibt oder nicht. Sondern vielmehr unterscheiden sich Länder in der Frage, wie sie mit Vertrauen umgehen. Das trifft besonders zu, wenn es um politische Institutionen geht. Denn dort werden Gewinner und Verlierer des politischen Spiels deutlicher herausgestellt. Etwa geht es in Großbritannien um eine Parlamentsmehrheit und in Frankreich um die Person des Präsidenten.

▶   **Keywords** Krisen, Prozess, Vertrauensbruch, Vertrauenskultur, Wirtschaftsfaktor.

16.21   Vertrauen und Zukunft – Interview mit Hana Licina

Welche Erwartungen gibt es bei der ganz jungen Generation an die Arbeitswelt der Zukunft? Hierzu haben wir Hana Licina befragt, Journalismus-Studentin im Master, die mit Anfang 20 vertrauensvoll auf die zukünftige Berufspraxis schaut.

Interview

Welche besonderen Herausforderungen bestehen für junge Menschen aktuell und in der Zukunft?
Ganz aktuell besteht die größte Herausforderung für junge Menschen darin, in sehr unsicheren Zeiten, nämlich während einer globalen Pandemie und einem schrecklichen Krieg in der Ukraine, Vertrauen aufzubauen. Persönlicher Kontakt ist weiterhin eingeschränkt möglich und digitale Kommunikationsmittel die schnellste und sicherste Kommunikationsmöglichkeit für die Generation der Anfang 20-Jährigen. Deutschland hat für diese Kommunikation in den letzten Jahrzehnten leider nicht die richtigen Voraussetzungen geschaffen. Neben der globalen Pandemie ist das digitale Zeitalter an sich bereits eine große Herausforderung für die junge Generation in Deutschland. Als eines der wirtschaftsstärksten Länder befinden wir uns, was die digitale Infrastruktur angeht, nur im Mittelfeld.

Viele Unternehmen möchten auch weiterhin alles zentriert vor Ort kontrollieren und koordinieren. In der deutschen Wirtschaftswelt bedeutet deshalb persönlicher

Kontakt gleich Vertrauen und das muss sich ändern, möchten deutsche Unternehmen auch weiterhin an der Spitze bleiben. Mit Partnern, die überall auf der Welt verstreut arbeiten, machen persönliche Treffen keinen Sinn mehr. Natürlich birgt eine Zusammenarbeit auf große Distanz auch Risiken, doch wiegen die wirtschaftlichen Erfolge deutlich mehr. Das digitale Zeitalter macht diesbezüglich eines ganz deutlich: Nur wer selbst gewisse Dinge aus der Hand geben kann und seinem Gegenüber Vertrauen entgegenbringt, kann in der Zukunft mit Erfolgen rechnen.

Weitere Herausforderungen der Zukunft sind der richtige Einsatz von sozialen Medien, der vertrauensvolle Umgang mit persönlichen Daten, die Gefahr von Fake News, der effiziente Einsatz von Homeoffice, die fortschreitende Gleichberechtigung in der Wirtschaftswelt, Umweltschutz und vieles mehr.

Welche Erwartungen verbindet die junge Generation mit der zukünftigen Wirtschaftswelt?

Mit einem geschärften Blick für die zukünftige Wirtschaftswelt erwartet besonders die junge Generation deutliche Veränderungen einer sehr statischen und verstaubten Unternehmenskultur. Junge Unternehmen und besonders Start-ups machen es bereits vor. Mit beispielsweise mehr Freiheiten in Form von Remote Work oder verstärktem Homeoffice. Diese dynamischen Arbeitsformen führen erwiesenermaßen zu besseren Ergebnissen und sparen deutlich an Finanzen ein. Der zunehmende Einsatz von digitalen Medien spart Papier, aber auch Fahrtkosten und trägt somit zum Umweltschutz bei. Weitere wichtige company values neben Umweltschutz sind soziales Engagement, Toleranz und Gleichberechtigung. Unternehmen und Marken, die sich authentisch mit diesen Werten identifizieren, erlangen auch in der Zukunft erfolgreich das Vertrauen von Mitarbeiter:innen sowie Kunden und Kundinnen.

Welche Baustellen sind bei der Gleichberechtigung offen?

Diese Frage ist sehr wichtig, da die vollkommene Gleichberechtigung in der Wirtschaftswelt bisher nachweislich nicht umgesetzt wurde. In einem Arbeitsumfeld, in dem sich eine große Gruppe nicht gleichberechtigt behandelt fühlt, kann kein Vertrauen entstehen. Frauen aber auch LGBTQIA+, Personen anderer Herkunft oder Religion werden bereits in der Bildsprache und im Wording der Wirtschaftswelt nicht genug beachtet. Männer verdienen weiterhin im Durchschnitt mehr für die gleiche Arbeit und gelangen eher in eine Führungsposition als Frauen. Dort wo Frauen Führungspositionen einnehmen, haben sie auch heute noch mit Stereotypisierungen zu kämpfen.

Erste Versuche, die strukturell bedingte Diskriminierung zu verändern, werden oft als unpraktisch oder unnötig abgetan. Dabei geht es besonders darum, zu sensibilisieren. Wir befinden uns vermutlich noch weit vom idealen Ziel entfernt. Jedoch müssen vor allem Unternehmen und Führungskräfte signalisieren, dass sie aktiv an diesem Wandel beteiligt sind. Passende Schulungen, Projektgruppen oder Workshops sind dabei sehr produktive Mittel. Kritiker:innen und Befürworter:innen werden dabei gleichermaßen abgeholt und arbeiten gemeinsam an einem definierten Ziel.

Was sollten Firmen aktiv unternehmen, um für junge Bewerber:innen sowie Mitarbeiter:innen eine attraktive Vertrauenskultur zu etablieren?

Nur durch Offenheit und Transparenz gewinnt man in einem ersten Schritt Mitarbeiter:innen für sich. Damit wird eine erste Vertrauensgrundlage aufgebaut, die beiderseits stetig gepflegt werden muss. Unternehmen, die bei der Rekrutierung verstärkt auf soziale Medien setzen, haben dabei bessere Erfolgschancen. Besonders attraktiv wirken Insights wie Fotos und Videos vom zukünftigen Arbeitsplatz, aber auch der Mitarbeiter:innen mit persönlichen Interviews.

Bei der aktiven Zusammenarbeit gilt es, den Angestellten zu vermitteln, dass sie gebraucht werden und gute Arbeit leisten. Dabei sind stetig neue Herausforderungen wichtig, sowie Motivation, Unterstützung und Ansporn. Chef:innen, die sich im Büro einsperren, schaffen nur Distanz. Offenheit und rege Kommunikation sorgen für ein Umfeld, in dem Mitarbeiter:innen ihre Probleme, Bedenken und Unzufriedenheiten, aber auch neue Ideen und Konzepte teilen möchten.

Was können Mitarbeiter:innen positiv beeinflussen, um eine Vertrauenskultur am Arbeitsplatz zu etablieren?

Ähnlich sieht es bei der Kommunikation zwischen den Mitarbeiter:innen aus. Ehrlichkeit, Offenheit und direkte Kommunikation schaffen ein gesundes Arbeitsumfeld. Aktivitäten außerhalb der Arbeitszeit sind für den ein oder anderen eher unnötige Zwangsveranstaltungen, doch sind sie für eine lockere Zusammenarbeit sehr zu empfehlen. Da tut es auch das altbekannte Feierabendbier via Videochat.

Wie kann man mit Vertrauensbrüchen in der Arbeitswelt umgehen z. B. enttäuschte Erwartungen in der Zusammenarbeit mit jungen Teammitglieder:innen oder Chefs?

Gestellte Erwartungen müssen im Vorfeld immer offen kommuniziert werden. Werden sie dennoch nicht erfüllt, ist auch hier wieder Kommunikation das Heilmittel. Dabei sollten nun vor allem gewisse Fragen beantwortet werden: An welchen Stellen wurden gestellte Erwartungen nicht erfüllt? Weshalb wurden diese Erwartungen nicht erfüllt? Waren die gesetzten Ziele zu hoch angesetzt? Hat es an Ressourcen, an Zeit oder anderen Kapazitäten gemangelt? Und so weiter. In diesem Bereich ordne ich auch Vertrauensbrüche ein, die nicht mutwillig und mit bösen Absichten gemacht wurden.

Böswillige Vertrauensbrüche stellen eine vollkommen andere Dimension dar. Da besonders in der Wirtschaftswelt viel auf dem Spiel steht, kann solch ein Vertrauensbruch zur Beendigung einer Zusammenarbeit führen. Daraus sollten alle Beteiligten lernen, sich nicht entmutigen zu lassen und erst recht nicht das Vertrauen in zukünftiges Zusammenarbeiten verlieren. Manchmal muss eine Zusammenarbeit nach einem böswilligen Vertrauensbruch dennoch weitergehen. Dann kann das Vertrauen nur wiederaufgebaut werden, indem alle Schritte rechtlich abgesichert werden. Mit unserem sehr detaillierten und ausgefeilten deutschen Wirtschaftsrecht ist es sogar möglich, ohne Vertrauen zusammenzuarbeiten. Dies gestaltet sich jedoch deutlich schwieriger, ist um einiges zeitaufwendiger und mit deutlich mehr Kosten verbunden.

Vor dem Hintergrund der zunehmend globalisierten Arbeitswelt: Wie kann interkulturelle Zusammenarbeit für junge Menschen vertrauensvoll gelingen?
Jedes Individuum arbeitet anders, hat andere Gewohnheiten, Routinen, Stärken und Schwächen. Sich darüber im Klaren zu sein, dass nicht alle genauso arbeiten wie man selbst, ist bereits der erste Schritt auf dem Weg zu einer erfolgreichen Zusammenarbeit. Gewisse Unterschiede lassen sich auf unterschiedliche kulturelle Backgrounds zurückführen. Zu Beginn einer solchen Partnerschaft ist es somit sehr ratsam, einander besser kennenzulernen. Das geschieht nicht unbedingt, indem man persönliche Fragen stellt, denn dies ist in gewissen Kulturkreisen höchst unhöflich. Kurze Pläuschchen vor und nach dem Meeting, ein gemeinsames Feierabendbier oder weitere Feste und Aktionen können das Eis sehr gut brechen, ohne gleich zu privat zu werden. Hinzu kommt, dass hierarchische Strukturen in Unternehmen immer unbeliebter werden. Das *Du* hat bereits vor einigen Jahren das *Sie* ersetzt.

Besonders die junge Generation sieht in Multikulturalität, aber auch Individualität am Arbeitsplatz viel mehr die großen Chancen und großes Potenzial als Gefahren und Risiken. Diese Einstellung führt automatisch dazu, dass die unterschiedlichen Skills, Einstellungen und Erfahrungen maximal effektiv genutzt und optimal für das Unternehmen eingesetzt werden. Unabsichtliche Fehltritte können immer wieder passieren. Sie werden in einer offenen und toleranten Atmosphäre auch als solche aufgenommen und produktiv aufgearbeitet. Man darf schließlich nicht vergessen, dass Multikulturalität sowie Individualität heute zu extrem wichtigen *company values* zählen, auf die potenzielle Kund:innen und Partner:innen sehr großen Wert legen!

> **Keywords** Arbeitswelt, Kultur, Rituale, Vertrauensbruch, Vertrauenskultur.

Literatur

Dichmann M, Gebauer I (2020) Demokratien in Gefahr. Tendenz zu autokratischen Systemen steigt. Deutschlandfunk Nova. https://www.deutschlandfunknova.de/beitrag/autokratie-demokratien-zunehmend-durch-autokratische-systeme-gefaehrdet. Zugegriffen: 12. Mai 2022

„Der Schein trügt." (Alte Volksweisheit)

Top 1: Vertrauen als Wagnis

Vertrauen ist und bleibt mit Unsicherheiten verbunden. Ob nun im Alltag oder der Wirtschaftswelt: Eine vollständige Sicherheit wird es für Führungskräfte nie geben. Und doch können beispielsweise durch Informationsrecherche und kluge Kommunikation sowie versierte Mediennutzung Unsicherheiten reduziert werden.

Top 2: Vertrauen in das Selbst

Im kompetenten Umgang mit Unsicherheiten, komplexen Herausforderungen oder undurchsichtigen Technologien gilt es nicht an sich selbst zu (ver)zweifeln. Vertrauen an das eigene Selbst kann für Führungskräfte eine sich selbsterfüllende Prophezeiung werden.

Top 3: Vertrauen und Vertrauenskultur

In der Wirtschaftswelt sind von Führungskräften konkrete Rahmenbedingungen zu etablieren, die einen Vertrauensaufbau positiv beeinflussen. Dazu gehören beispielsweise Vorgaben zur Förderung von Kreativität sowie eine adäquate Kultur zum Umgang mit Fehlern.

Top 4: Vertrauen und Werte

Zeitlose Werte und Prinzipien, wie z. B. Fairness, Offenheit und Respekt, erleichtern in der Wirtschaftswelt den Vertrauensaufbau. Es mag Situationen geben, bei denen auch ohne Werte Ziele erreicht werden können. Jedoch, langfristig erfolgreiche Vertrauensbeziehungen benötigen ein stabiles Wertefundament.

© Springer Fachmedien Wiesbaden GmbH, ein Teil von Springer Nature 2022
N. Bogott und B. Woischwill, *Vertrauen. Macht. Wirtschaft.*,
https://doi.org/10.1007/978-3-658-37400-6_17

Top 5: Vertrauen und Missverständnisse

Missverständnisse in der Wirtschaftswelt können überaus schnell entstehen und dies kann schnell einen bedeutsamen wirtschaftlichen Schaden erzeugen. Verständnis funktioniert als Prozess. Dies gilt es nie zu vergessen.

Top 6: Vertrauen und Kommunikation

Vertrauen benötigt eine situativ angepasste Kommunikation, beispielsweise zur Darstellung der eigenen Vertrauenswürdigkeit oder der beruflichen Fachkompetenz. Aber auch beim so wichtigen Faktor Empathie ist für Führungskräfte Kommunikation wichtig. Und nicht zu vergessen die Herausforderung der Digitalität, bei der situativ angepasste Kommunikation ebenfalls unabdingbar ist.

Top 7: Vertrauen und Netzwerke

Vertrauen ist in Firmen/Institutionen/Organisationen mit der Integration in Netzwerke verbunden. Vertrauen benötigt die Integration in Netzwerke und die Unterstützung von Netzwerken. Gemeinsam kann hierbei Wissen ausgetauscht oder auch der Zugang zu Ressourcen vereinfacht werden. Und wer über vertrauenswürdige Netzwerkpartner:innen verfügt, der wirkt auch selbst vertrauenswürdiger.

Top 8: Vertrauen und Ressourcen

Vertrauen ist in Firmen/Institutionen/Organisationen mit dem Einsatz von Ressourcen verbunden. Führungskräfte können jedoch den Einsatz von Ressourcen gezielt steuern und somit den Aufbau einer Vertrauenskultur fördern.

Top 9: Vertrauen und Wissen

Vertrauen ist in Firmen/Institutionen/Organisationen mit dem Zugang zu Wissen verbunden. So ist beispielsweise eine gewisse Fachkompetenz notwendig, um bestimmte Aufgaben professionell und vertrauensvoll bearbeiten zu können. Wissen ist aber auch relevant, wenn es darum geht, wie in unterschiedlichen Situationen zu agieren, welche Rolle übernommen wird, mal als Leader:in, mal als Coach:in, mal als Konfliktlöser:in. Flexibel dynamisch sich anpassen können, was mit dem richtigen Wissen gelingen kann, baut Vertrauen auf.

Top 10: Vertrauen und Macht

Wer als Führungskraft Vertrauen aufbauen kann, kann Macht und Einfluss erlangen und somit wirtschaftliche Ziele einfacher erreichen. Die in diesem Buch vorgestellten Theorien sowie Praxisempfehlungen stellen mit den drei wirtschafts- und sozialwissenschaftlich belegten Säulen Wissen, Netzwerke und Ressourcen konkrete Herausforderungen dar, die durch eine kluge Umsetzung Vertrauen als Wirtschaftsfaktor sichtbar werden lassen.

▶   Vertrauen Sie, denn Vertrauen ermöglicht machtvolle Verbindungen.

Nachwort

„Ende gut, alles gut." (Alte Volksweisheit)

Vertrauen, Macht und Wirtschaft. Ja man könnte auch sagen: Vertrauen macht Wirtschaft! Mit dem Phänomen Vertrauen als Wirtschaftsfaktor und der Relevanz für Führungskräfte hat sich das Buch intensiv, vielfältig beschäftigt und aus verschiedenen Perspektiven analysiert. Mit Blick auf den Anfang dieses Buches rücken die vielfach genannten kontemporären Krisen in den Vordergrund. Die Expert:inninterviews, sowie die Kapitel am Ende des Buches belegen die Zeitlosigkeit des Themas. Und hier lässt sich der Kreis schließen: Krisen gab es in der Vergangenheit, Krisen gibt es in der Gegenwart, Krisen wird es in der Zukunft geben. Krisen bleiben eine ständige Begleiterscheinung unserer Welt und besonders von der Wirtschaftswelt. Dies ist ein Fakt, den es zu akzeptieren gilt. „Wo gehobelt wird, da fallen Späne". Die Volksweisheiten am Anfang eines jeden Kapitels zeigen auf, dass auch der Volksmund mit der Volatilität der Gegebenheiten und der eigenen Wirkungsmacht haderte und durch Weisheit Wahrheiten greifbar machte.

Was allerdings aktiv beeinflusst werden kann, dies ist die Vorbereitung auf Krisen und die Auseinandersetzung mit Krisen. Besonders in Phasen, die weniger stürmisch sind, ist es wichtig, die eigenen Kompetenzen, die vertrauensfördernde Wirkung haben können, aufzubauen und auszubauen. Somit kann im Ernstfall Ruhe bewahrt werden. Und hierbei ist Vertrauen ein zentraler Erfolgsfaktor, um wirtschaftliche Macht zu erhalten und zu behalten. Das Vertrauen ins Selbst, das Vertrauen in andere und auch das Vertrauen in die Welt als solche. Auf diesen Ebenen können wir kontinuierlich Vertrauen aufbauen.

Ein Ziel von diesem Buch war die schrittweise Erarbeitung eines Modells, um Führungskräften die Chance zu gehen, auch bei extrem unsicheren Rahmenbedingungen wirtschaftliche Ziele zu erreichen – das Power-Triangle®-Modell von Nicole Bogott und Branko Woischwill. Durch vertrauensfördernde Aspekte kann der eigene Gestaltungsspielraum schrittweise erweitert werden.

„Wir brauchen Modelle, denen wir vertrauen, damit wir sie konsultieren können, wenn wir sie brauchen. Vertrauenswürdige Modelle können einen bedeutenden Beitrag nicht nur zur Krisenheilung, sondern vor allem zur Krisenprophylaxe leisten: Es gilt, die

© Springer Fachmedien Wiesbaden GmbH, ein Teil von Springer Nature 2022   177
N. Bogott und B. Woischwill, *Vertrauen. Macht. Wirtschaft.*,
https://doi.org/10.1007/978-3-658-37400-6

Krisengenese zu verstehen und dadurch Krisen zu vermeiden. Das wäre Prävention aus Einsicht. Ein gutes Modell kann genau das liefern: Erkennen, wie die Krisenmechanismen „ticken" und damit wissen, wie man von Anfang an handeln muss, damit keine Krise eintritt. Das ist nicht unbedingt leicht. Relativ leicht ist das Kognitive, das Erfassen der Wirkungszusammenhänge, wenn man einmal das Modellieren gelernt hat und die einschlägige Sachkenntnis verfügbar ist. Allerdings gibt es keine Erfolgsgarantie. Immer können Faktoren übersehen werden oder auch übermächtig sein. Jederzeit können neue Strukturen oder Muster auftreten, die nicht erfasst wurden, respektive nicht vorhergesehen werden konnten (Vollmar et al. 2013)."

Die Erkenntnis in diesem Buch ist eindeutig: Der Vertrauensaufbau kann von Führungskräften aktiv beeinflusst werden. Vertrauen kann ein Teil der Unternehmenskultur sein. Vertrauen kann verloren gehen und wieder zurückgewonnen werden. Die Strategien zur Umsetzung sind in unterschiedlichster Form in diesem Buch vorgestellt worden. Vertrauen ist und bleibt eine Dynamik, die gewissermaßen ein Eigenleben besitzt, da sie zwischen zwei oder mehr Polen stattfindet. An einem dieser Pole können wir immerwährend arbeiten und das ist unser Selbst. Somit können wir Dynamiken beeinflussen. Vertrauen ist somit ein wichtiger Einflussfaktor. Wichtig ist, dass deutlich wird: Vertrauen fällt nicht einfach durch glückliche Fügung vom Himmel, sondern bedarf einer professionellen Kommunikation sowie passender Rahmenbedingungen. All dies können Führungskräfte gezielt voranbringen. Sie haben die Gestaltungsmacht und können durch Vertrauen die eigene Macht sowie die Wirtschaftsmacht ihrer Unternehmung stärken.

Anpassungsfähigkeit ist hierbei ein zentraler Begriff: „Die Anpassungsfähigkeit an sich verändernde Umweltbedingungen ist für jede Spezies von entscheidender Bedeutung für das Überleben. Im wirtschaftlichen Kontext sind Veränderungsprozesse und die erfolgreiche Implementierung von neuen Technologien und Arbeitsmethoden für die erfolgreiche Entwicklung jedes Unternehmens von übergeordneter Bedeutung (Schön 2020)."

Wir wünschen Ihnen gutes Gelingen im Gestalten von vertrauensvollen Dynamiken. Wenn Sie mehr über das Power-Triangle®-Modell wissen möchten oder uns ein Feedback übermitteln wollen, so finden Sie über LinkedIn direkte Kontaktoptionen.

Literatur

Schön W (2020) Vertrauensorientiertes Projektmanagement. Springer, Wiesbaden, S 9
Vollmar S, Becker R, Hoffend I (2013) Macht des Vertrauens. Springer, Wiesbaden, S 62

© Springer Fachmedien Wiesbaden GmbH, ein Teil von Springer Nature 2022
N. Bogott und B. Woischwill, *Vertrauen. Macht. Wirtschaft.*,
https://doi.org/10.1007/978-3-658-37400-6

The manufacturer's authorised representative in the EU is Springer
Nature Customer Service Centre GmbH, Europaplatz 3, 69115 Heidelberg,
Germany. If you have any concerns regarding our products, please
contact ProductSafety@springernature.com

Printed and bound by CPI Group (UK) Ltd, Croydon, CR0 4YY

28/04/2026

02098499-0008